마녀는 꿈을 지킨다

마녀는 꿈을 지킨다

무라야마 사키 지음 | 한성례 옮김

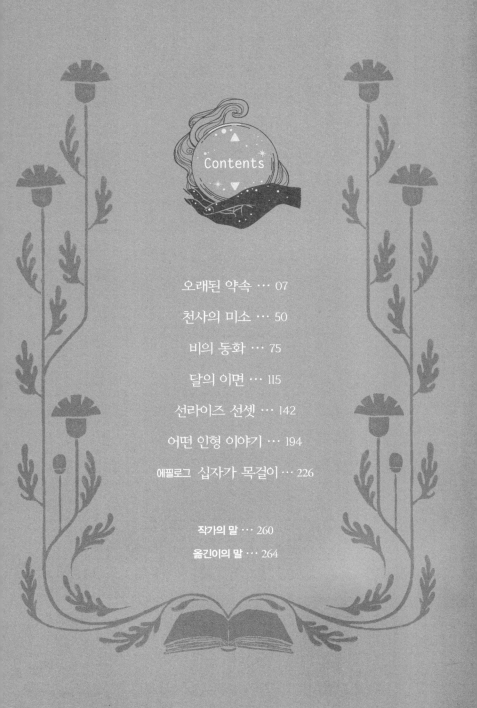

Contents

오래된 약속 ··· 07

천사의 미소 ··· 50

비의 동화 ··· 75

달의 이면 ··· 115

선라이즈 선셋 ··· 142

어떤 인형 이야기 ··· 194

에필로그 십자가 목걸이 ···226

작가의 말 ··· 260

옮긴이의 말 ··· 264

오래된 약속

그 거리는 유서 깊은 항구 도시에 있다. 한낮에는 거리를 오가는 차량들과 사람들이 만들어내는 온갖 소음들 때문에 잘 들리지 않지만 늦은 밤이나 새벽녘에 가만히 귀를 기울이면 파도 소리가 희미하게 들려온다.

봄을 맞은 항구 도시의 거리와 길가에 벚꽃이 흐드러지게 피어 있다. 세찬 바람이 불 때마다 우수수 떨어진 꽃잎들이 하늘로 날아올랐다가 이내 거리에 흩뿌려진다.

항구 근처에 있는 기차역 상공에도 벚나무에서 떨어진 꽃잎들이 하얀 눈송이처럼 흩날렸다. 해질녘, 석양빛이 물든 플랫폼으로 열차가 미끄러져 들어왔다. 긴 코트 차림에 부츠를 신은 빨간 머리 소녀가 캐리어를 끌고 플랫폼에 살포시 발을 내려놓았다.

소녀는 검은 고양이 인형을 안고 있었고, 날아갈 듯 즐거운 표정이었다. 소녀의 빨간 머리카락이 바람에 나부꼈다.

10대? 아니면 20대 초반?

빨간 머리 소녀는 얼굴 표정이 변화무쌍한데다 눈동자가 여기저기로 빠르게 옮겨 다녔다. 언뜻 천진난만한 어린아이처럼 보이지만 간혹 신중하고 침착한 표정을 지을 때면 적어도 10대 철부지로 보이지는 않았다.

나이 지긋한 역무원이 방금 전 가벼운 발걸음으로 눈앞을 지나간 소녀의 뒷모습을 따라잡다가 이상한 일이라는 듯 고개를 갸웃거렸다.

'저 아이가 살아 있는 고양이를 데리고 있었나?'

검은 고양이가 꼬리를 살랑살랑 흔들며 소녀를 뒤따라 걷고 있었다. 소녀가 가끔 뒤를 돌아보며 고양이에게 말을 건네는 걸 보아하니 동행이 분명했다.

'이상하네. 아까는 분명 고양이 인형이었는데?'

역무원은 계속 믿기 힘든 일이라는 듯 고개를 갸웃거렸다. 방금 전까지 빨간 머리 소녀가 고양이 인형을 품에 안고 있었는데 이제 보니 살아있는 고양이였다.

'아까는 내가 잘못 봤나? 아니야, 아직 내 눈은 정확해. 분명 살아있는 고양이가 아니라 인형이었어.'

검은 고양이가 역무원이 있는 쪽으로 힐끔 고개를 돌리더니 금빛 눈을 빛내며 방긋 미소를 지었다.

'고양이가 웃다니? 내가 헛것을 본 건가? 나도 이제 늙었나봐. 고양이가 웃을 리 없잖아.'

빨간 머리 소녀는 커다란 캐리어를 끌며 개찰구를 향해 걸어 갔다.

그때 중앙공원의 시계탑에서 종소리가 울려 퍼졌다. 소녀는 잠시 걸음을 멈추고 종소리가 울려 퍼지는 하늘을 올려다보았다.

"이 항구 도시는 예전 그대로야. 그다지 달라진 게 없어. 중앙 공원의 시계탑 종소리도 여전하네."

검은 고양이가 금빛 눈을 가늘게 뜨고 고개를 끄덕였다.

"그러게, 내가 보기에도 딱히 변한 게 없어."

"미카즈키 거리도 그대로일까? 많이 변하지는 않았겠지?"

"나도 어떻게 달라졌는지 궁금해."

검은 고양이가 빨간 머리를 나부끼며 개찰구를 향해 걸어가는 소녀를 바짝 따라붙었다. 개찰구 너머로 석양빛에 물든 항구 도시의 풍경이 펼쳐져 있었다. 소녀와 검은 고양이는 빌딩숲이 우거진 번화가로 걸음을 옮겨놓기 시작했다. 소녀의 머리 위로 벚 꽃이 하늘거리며 떨어져 내렸다.

* * *

역 앞 상점들이 하루의 영업을 마치고 문을 닫기 시작했다. 가로등 불빛이 도시를 희미하게 밝히고 있을 뿐 아직 초저녁인데 거리는 벌써부터 적막감이 흘렀다. 아직 한기를 머금은 바람 속에 싱그러운 봄의 향기가 스며있었다. 하늘에서는 보름달이 빛나고 있었고, 사람들은 찬바람이 불어오자 얇고 가벼운 코트 자락을 여미며 걸음을 재촉했다. 환한 달빛이 도시를 물들이는 가운데 뭔가 신비한 일이 벌어질 것 같은 느낌이 감돌았다. 보름달이 금가루와 은가루를 흩뿌려놓은 듯 거리에 온통 영롱한 빛이 흐르는 데다 해무까지 가세해 신비감을 더했다. 도시를 오가는 차량 행렬도 뜸해 가끔 한두 대만이 빠르게 지나갔다. 밤이 깊어지면서 번화가의 불빛도 하나 둘 꺼지기 시작했다.

항구 근처 미카즈키 거리에는 작은 가게들이 옹기종기 모여 있었다. 대부분 문을 닫은 가게들이었다. 항구에 인접해있는 거리라서 어느 집에서나 창문을 열면 바다가 내다보였다. 오래된 창고와 낡은 건물들이 많은 거리였고, 밤만 되면 인적이 끊겼다. 선원들이 주로 이용하는 여관과 술집, 식당들만이 밤늦은 시간까지 불을 밝히고 있었다. 아직 예전의 풍물이 많이 남아있는 거리였고, 간혹 진위를 확인할 수 없는 뒤숭숭한 소문이 나도는 곳이었다. 제2차 세계대전이 끝난 직후만 해도 그 거리의 술집들은 밤새도록 손님들을 맞느라 시끌벅적했고, 간혹 야쿠자들의 칼부림 사건이 벌어지기도 했지만 요즘은 적막하고 한산한 거리로 변했다.

미카즈키 거리에 젊은 여성 하나가 모습을 드러냈다. 회색 코트 차림에 새우처럼 등을 잔뜩 구부린 그녀는 뒤로 묶은 머리에 유행이 한참 지난 안경을 착용하고 있었다. 달빛을 등에 업고 시선을 바닥에 둔 채 무거운 발걸음을 떼어놓는 그녀의 모습이 마치 조문객 없는 장례식의 상주처럼 쓸쓸해보였다. 그녀가 등에 메고 있는 백팩에는 책이 잔뜩 들어있었고, 손가방에도 책이 한 권 들어있었다.

그녀의 이름은 히라타 가나에, 번화가에 위치한 서점 직원이었다. 책을 좋아하는 가나에는 나름 자부심을 갖고 열심히 일해 왔다. 점장이 판매가 부진하자 직원 수를 줄이는 바람에 요즘은 항상 눈코 뜰 새 없이 바빴다. 아무리 힘들어도 꾹 눌러 참으며 묵묵히 일해 왔는데 발전적인 전망이 전혀 보이지 않아 마음이 답답했다.

"이젠 그만 끝내고 싶어."

가나에의 입에서 금방이라도 주저앉을 것처럼 힘없는 소리가 새어나왔다. 서점에서는 언제나 허리를 곧게 펴고, 고개를 반듯하게 들고, 상냥한 표정으로 고객들을 상대했지만 지금은 구부정한 자세로 힘없이 걷고 있었다. 서점에서 친절하고 상냥한 표정으로 책을 소개해주던 가나에를 본 사람이라면 저절로 고개가 갸웃거려질 수밖에 없는 모습이었다.

"이제 더는 견디기 힘들어."

가나에는 달빛을 머금은 바다를 바라보며 무작정 걸었다. 코로 익숙한 바다 냄새가 스며들었다. 바다에서 불어온 바람에 머리카락이 흩날리는 가운데 목덜미가 서늘했다. 달빛 어린 해수면에서 잔물결이 일었고, 바람에 흩날리는 벚꽃이 밤하늘을 하얗게 수놓왔다.

봄이었지만 아직 밤이 되면 겨울인 듯 쌀쌀했다. 오래전 학창 시절에도 올해처럼 유난히 추운 봄이 있었다.

찬바람이 심하게 불던 그해 봄, 가나에는 고교 2학년이었다. 그 당시 읽은 미야자와 겐지(《은하철도의 밤》으로 유명한 작가 - 옮긴이 주)의 《바람의 마타사부로》가 떠올랐다. 마타사부로는 유리 망토를 걸 치고 하늘을 나는 신비한 아이였다.

가나에는 어릴 때부터 책을 유난히 좋아했다. 가나에의 부모는 소설책에 푹 빠져들면 학교 공부를 소홀히 하게 된다는 편견을 갖 고 있었다. 그런 생각을 가진 부모가 소설책을 사줄 리 없었다.

가나에는 집에 책이 없어 학교 도서관을 자주 이용했다. 미야 자와 겐지 전집도 도서관에서 빌려 읽었다.

'그 아이를 만난 게 언제였더라? 고교 2학년 봄이었을 거야.'

오래 전 일이라 얼굴이 가물가물했지만 그 아이와 함께했던 기 억들은 여전히 지워지지 않고 가슴 깊이 남아있었다.

책을 몰입해 읽다가 가끔 위험한 일을 겪기도 했다. 책에 푹 빠 져 정신없이 걷다가 하마터면 차에 치일 뻔했던 적도 있었다. 가 나에의 부모는 학교 공부를 우선시하는 분들이라 소설에 빠져 지 내는 딸을 툭하면 꾸짖었다. 그 당시에는 너무 어려서 부모의 사 랑을 헤아리지 못했다. 부모로부터 꾸중을 들을 때마다 혹시 친 부모가 아닐 수도 있다는 삐딱한 생각을 해본 적도 있었다.

가나에는 친구들과 어울려 놀기보다는 조용히 혼자 지내는 아이였다. 공상에 빠져 혼자 멍하니 앉아있는 경우도 많았다.

'미래에 대한 계획도 없이 책과 공상에 빠져 지내다가 어른이 되었어.'

해수면에 어린 달빛과 머리 위에서 흩날리는 벚꽃이 아름다운 조화를 만들어냈다. 가나에는 바닷가 바위에 앉아 어두운 해수면을 바라보았다. 바람이 몸을 날려버릴 듯 세차게 불어와 하마터면 꼼짝없이 아래로 굴러떨어질 뻔했다. 몸을 낮추고 팔에 힘을 주며 버틴 결과 가까스로 위기를 모면할 수 있었다.

가나에는 어두운 해수면을 바라보며 나지막이 중얼거렸다.

"차라리 바다로 굴러떨어질걸 그랬어. 내가 없어도 세상은 아무렇지 않게 잘 굴러갈 거야. 난 사라져도 그만인 존재야."

미래에 대한 전망이 없을 뿐 먹고사는 문제는 걱정 없었다. 평소 식사도 잘했고, 몸도 건강한 편이었다. 가끔 만나 수다를 떨 친구도 있었다. 여전히 책을 좋아해 일과가 끝나면 주로 독서를 하며 시간을 보냈다. 다만 아무리 거대한 바위도 오랜 세월 밀려온 파도에 부딪치다보면 마모되거나 갈라지기 마련이었다. 아무리 책을 좋아한다지만 서점에서 너무 오래 일하다보니 점점 버티기 힘들 만큼 지쳐가고 있었다.

잠깐 한눈을 판 사이 책을 도둑맞거나 어떤 손님이 비가 흠뻑 젖은 접이식 우산을 신간 잡지 위에 올려놓거나 하필이면 책이 잔뜩 입고되는 날에 아르바이트생이 결근하는 경우 짜증이 일며 기분이 우울해졌다. 직원이나 아르바이트생이 일을 그만두면 즉시 충원해주어야 마땅한데 점장은 판매부진 탓을 하며 슬쩍 넘어가 버렸다. 그러다보니 일이 점점 늘어날 수밖에 없었다.

오늘 낮에는 신작 만화의 POP 광고를 만들고 있는데 점장이 인상을 잔뜩 찌푸리며 말했다.

"가뜩이나 일이 바쁜데 POP 광고는 왜 만들어?"

점장의 말이 비수가 되어 가슴에 꽂혔다. 가나에가 아르바이트 생일 때 정식 직원으로 채용해준 사람이 점장이라서 늘 마음속으로 고마워해왔다. 그런 사람으로부터 핀잔을 들으니 기분이 우울했다.

POP 광고 제작은 고객들의 관심을 끌어내기 위해 늘 해오던 일이었다. 가나에는 좋아하는 책을 고객들에게 소개시켜주고 싶은 마음에 언제나 각별한 애정을 갖고 POP 광고를 만들어왔다. 점장이 그런 마음을 잘 헤아리고 있을 거라고 믿었는데 예상하지 못한 핀잔을 듣자 기분이 좋을 리 없었다.

'지금껏 내가 해온 일들을 하찮게 생각했나봐.'

가나에는 매일이다시피 흥미로운 책을 고객들에게 소개해주며 큰 보람을 느껴왔다. 다른 직종과 달리 쉬는 날이 드물어 좋아하는 여행도 포기하다시피하며 살았다. 매일이다시피 새 잡지와 신간이 입고되면 무거운 상자를 매장으로 옮겨 진열대에 배열하는 일을 했고, 언제나 친절하게 손님들이 문의하는 책을 찾아주었고, 오랫동안 팔리지 않는 책들을 수거해 반품 상자에 담았다. 수시로 손가락을 베이고, 무거운 상자를 나르느라 허리를 삐끗하기 일쑤였지만 단 한 번도 힘들다고 불만을 토로한 적이 없었다.

밤늦게 일을 마치면 한시도 앉지 못하고 일하느라 뻣뻣해진 다리를 이끌고 아무도 기다리지 않는 집으로 갔다. 저녁 식사는 드라마나 애니메이션을 보며 편의점에서 사온 도시락으로 해결했다.

힘든 날들이었지만 나름 보람되고 즐겁게 살고 있다고 믿었다. 가족들이나 친구들에게도 늘 잘 살고 있다고 말해주었다. 정말이지 고객들에게 좋은 책을 소개해주는 건 기쁘고 보람 있는 일이었다.

그 모든 일들이 혼자만의 착각은 아니었는지 회의감이 일었다.

'이젠 지쳤어.'

문득 바다에서 들려오는 파도 소리가 다정하게 느껴졌다.

'마치 바다가 나를 부르는 소리 같아.'

바다에선 모든 시름을 잊고 깊이 잠들 수 있을 것 같았다.

매일 피곤에 찌들어 잠들었다가 알람소리를 듣고 겨우 눈을 뜨는 일상이 허망하게 느껴졌다. 쳇바퀴 돌듯 언제나 똑같이 반복되는 일상에서 벗어나고 싶었다.

'앞으로 몇 발짝 걸어가 바다로 뛰어들면 다 끝낼 수 있어. 다시는 피곤한 아침을 맞지 않아도 돼. 이렇게 간단히 끝낼 수 있는 방법이 있다는 걸 왜 미처 몰랐을까?'

바다가 한없이 다정해보였고, 솜이불보다도 편안한 잠자리 같았다.

그때 누군가의 손이 어깨에 닿았다.

작고 따뜻한 손이었다.

"기분이 우울할 때 어두운 바닷가에 혼자 오면 안 돼!"

살랑살랑 불어오는 봄바람처럼 부드러운 목소리였다. 뒤를 돌아보자 빨간 머리 소녀가 희미한 달빛 아래에서 미소를 지으며 서 있었다. 소녀인지 어른인지 언뜻 봐서는 나이를 분간하기 힘들었다. 왠지 낯이 익어 보이는 얼굴이었다.

'분명 언젠가 본 적이 있는 얼굴이야.'

언뜻 그렇게 생각했지만 언제 어디에서 보았는지 기억나지 않았다. 고교생이나 대학 초년생쯤으로 보이는데 근래에 알고 지낸 사람 가운데 그 나이 또래는 없었다.

'어디서 보았더라? 서점에 왔던 손님인가?'

서점에서 책에 대한 이야기를 나누었던 손님일지도 모른다는 생각이 들었다. 가나에는 그다지 사교적인 성격이 아니라서 처음 대면하는 사람들과는 말을 트기 쉽지 않았지만 대화의 주제가 책일 경우에는 사정이 달랐다. 손님들이 원하는 책이 어디에 있는지 훤히 꿰고 있었고, 어떤 책이든 내용을 간단하게나마 숙지하고 있었다. 책에 대해서라면 다양하고 풍성한 화젯거리가 있었고, 마음에 쏙 들게 소개해줄 자신이 있었다. 책에 대한 소개를 들은 손님들의 얼굴에서 만족스러운 미소를 발견하는 것이야말로 그녀가 일을 하는 보람이자 의미였다.

가나에는 초중고를 다니는 동안 도서위원으로 활동했다. 어려서부터 책이 좋았다. 책을 읽기 위해 살아왔다고 해도 과언이 아니었다. 책 속에서 꿈을 찾았고, 모험을 했고, 신비한 마법의 세계를 발견했다. 책에는 광활한 초원과 하늘, 거대한 우주가 담겨있었다. 현실 세계에서는 좋아하는 사람들을 만나기 힘들었지만 책 속에서는 매력적인 인물들, 다정하고 의리 있는 친구들, 더없이 멋진 연인들을 맘껏 만날 수 있었다.

가나에는 학창 시절에 실망스러운 일이나 짜증나는 일이 있을 때마다 책에서 위안을 찾았다. 책을 읽다보면 어느새 슬픔이나 아픔이 저만큼 멀리 물러나 있었고, 다시 용기를 내 살아갈 수 있는 힘을 얻었다.

가나에는 어른이 되면서 책이 인생의 나침반이 되어주지 않아도 나름 적당히 만족하며 살아가는 방법을 터득하게 되었다. 일이 끝나면 서점 동료들과 어울려 노래방에 가거나 맥주를 마시는 정도로도 피곤했던 하루 일과를 기분 좋게 마무리할 수 있었다. 친구들과 메신저로 수다를 떠는 정도로도 하루의 스트레스를 날려버릴 수 있었다. 집에서 나와 혼자 떨어져 살기 시작하면서 부모의 사랑을 조금이나마 이해할 수 있게 되었다. 가끔 엄마 아버지가 서점에 들르면 주로 화제의 책이나 실용서를 골라주며 보람을 느꼈다. 형제들과도 허물없이 잘 지내고 있었다.

가나에는 어른이 된 지금도 독서를 좋아했고, 책을 사랑하는 마음은 달라지지 않았다. 누군가가 책을 읽고 행복해하는 모습을 보면 덩달아 기분이 좋았다. 세상 사람들 모두가 책에서 즐거움을 찾을 수 있기를 바랐다. 성격이 내성적이라 사교성도 없고, 남달리 뛰어난 재주도 없고, 얼굴이 예쁘지도 않았던 자신이 책에서 위안을 찾고 용기를 얻었듯이 다른 사람들도 그랬으면 좋겠다는 생각이 들었다.

가나에는 자신의 삶이 불행하거나 슬프다고 생각하지 않았다. 마음이 맞는 친구도 있고, 마음 깊이 이해해주는 부모도 있었다. 인생의 여정에서 책이 가까이 있어 외롭지 않았다. 얼마 전까지 분명 긍정적인 마인드와 넉넉한 시선으로 세상을 바라볼 수 있는 여유가 있었는데 갑자기 부정적인 생각에 빠져든 이유를 알 수 없었다.

'믿었던 점장에게 기분 나쁜 말을 들었기 때문일까?'

솔직히 기분이 나쁘긴 했지만 혼자 밤거리를 헤매다 바닷가에 와서 인생을 끝내버릴 생각을 품을 정도는 아니었다.

빨간 머리 소녀가 작고 하얀 손을 내밀며 장난스럽게 말했다.

"기분이 울적할 때 어두운 바닷가에 혼자 나와 있으면 마가 끼는 법이지. 자, 어서 밝은 곳으로 가자."

"마가 낀다고?"

가나에는 그 말을 입으로 되뇌는 순간 어둠에 휩싸인 바닷가에서 누군가 귀를 쫑긋 세우며 귀를 기울이는 느낌을 받았다.

빨간 머리 소녀가 작고 따뜻한 손으로 바위에 앉은 가나에를 일으켜 세웠다.

"해와 달, 공기, 산과 바다, 흙, 비와 바람은 사람들이 살아가는 데 필요한 환경과 양식을 제공하지만 어둠 속에는 고약한 장난꾸

러기들이 많아. 바다에는 마음 약한 인간을 유혹해 깊은 바닷물로 끌어들이는 물의 정령들이 살고 있어. 인적이 드문 밤에 혼자 바닷가에 나와 고독을 씹고 있으면 호시탐탐 기회를 노리던 물의 정령들이 유혹의 손길을 뻗치기 마련이지."

가나에는 소녀가 소설에서 본 이야기를 하고 있다고 생각했다.

빨간 머리 소녀가 다시 가나에를 향해 싱긋 웃고 나서 살며시 손을 잡아끌었다. 작고 가녀린 몸이지만 상상 이상으로 힘이 센 편이었다. 발아래 어둠속에서 불쑥 얼굴을 내민 검은 고양이 역시 범상치 않은 느낌을 풍겼다.

그제야 비슷한 상황을 경험했던 고교 시절의 기억이 떠올랐다.

빨간 머리 여학생은 늘 폭신폭신한 털을 가진 검은 고양이를 데리고 다녔다. 어느 날 밤, 빨간 머리 여학생이 작고 하얀 손으로 가나에를 이끌어주었다.

'기분이 울적할 때 어두운 바닷가에 혼자 나와있으면 마가 끼는 법이지.'

분명 고교 시절에도 비슷한 말을 들었던 기억이 났다.

"날씨가 추우니까 밝은 곳으로 자리를 옮겨 따뜻한 차라도 한 잔 마시는 게 좋겠어."

빨간 머리 소녀가 하얀 손으로 가나에를 끌어당기며 해맑은 얼굴로 올려다보았다.

"여기서 가까운 곳에 카페가 있어. 거기 가서 따뜻한 코코아를 마시면 추위가 가실 거야."

소녀의 말을 듣는 순간 김이 모락모락 피어오르는 코코아가 떠오르며 입 안 가득 침이 고였다.

가나에는 소녀와 손을 잡고 걷는 게 어색하거나 싫지 않았다. 희미한 달빛 아래에서 앞장서서 걷는 빨간 머리 소녀의 뒷모습이 보였다. 그 모습도 왠지 눈에 익은 느낌이 들었다.

'분명 그때도 지금과 비슷한 일을 겪었어.'

그 당시에 가나에가 캔에 담긴 따뜻한 코코아를 사서 소녀에게 주었던 기억이 났다.

"코코아가 너무 뜨거워."

코코아를 한 모금 마신 소녀가 웃으며 말했고, 그 말을 들은 검은 고양이가 금빛 눈동자를 깜박거렸다.

가나에는 미카즈키 거리에 와본 적이 없었다. 항구 근처 변두리 지역이었고, 술집과 홍등가가 많아 꺼려하던 곳이었다. 평소라면 미카즈키에 올 엄두를 내지 못했을 텐데 오늘은 무심결에 발길이 이 어두운 거리로 향했다.

가나에는 환한 달빛이 내려앉은 거리를 걸으며 생각했다.

'밤늦은 시간에 왜 혼자 이 적막한 거리에 오게 되었을까?'

아무리 생각해봐도 이유를 알 수 없었다.

갑자기 '마가 낀다.'라고 했던 소녀의 말이 떠오르며 등골이 오싹했다.

'만약 빨간 머리 소녀가 손을 내밀어주지 않았다면 난 어떻게 되었을까?'

가나에는 바닷가에서 벗어난 지금에야 자칫하면 물의 정령들이 내민 유혹의 손길을 덥석 잡고 바다에 뛰어들어 목숨을 잃을 뻔했다는 걸 깨달았다.

"바로 여기야."

빨간 머리 소녀가 어두운 골목길에서 걸음을 멈추더니 가나에를 돌아보았다. 눈앞에 갈색 벽돌로 지은 낡은 건물이 있었다. 건물의 커다란 창문에서 흘러나온 불빛이 주변을 희미하게 밝히고 있었다.

손 글씨로 쓴 간판이 눈에 들어왔다.

〈마녀의 집〉

빨간 머리 소녀가 하얀 손으로 가게 문을 밀자 종이 울렸다.

가나에는 소녀를 따라 가게 안으로 발을 들여놓았다. 벽의 가장자리에 걸려 있는 금속판의 영문 글자가 가장 먼저 눈에 들어왔다.

'바바 야가Baba Yaga(러시아 민담에 등장하는 마녀 - 옮긴이 주)'라는 글자였다.

가나에는 그렇게 〈마녀의 집〉에 발을 들여놓았다. 빨간 머리 소녀의 하얀 손에 이끌려…….

하늘에는 보름달이 떠있었고, 이따금 바람이 불 때마다 벚꽃이 눈송이처럼 흩날리는 밤이었다. 윤기가 흐르는 털을 가진 검은 고양이가 금빛 눈동자로 가나에를 올려다보다가 눈이 마주치자 싱긋 미소를 지었다.

'고양이가 웃다니?'

검은 고양이가 마치 체셔 캣^{Cheshire Cat}(루이스 캐럴의 동화《이상한 나라의 엘리스》에 등장하는 고양이 - 옮긴이 주)처럼 웃을 수 있다는 게 신기했다.

카페는 온화한 빛에 싸여있었다. 그리움이 묻어나는 빛이었다.

'추억에도 빛이 있다면 이런 색일까?'

가나에는 비로소 어두운 유혹에서 벗어난 느낌이 들며 안도의 한숨을 쉬었다. 갑자기 몸이 나른해지며 어깨의 힘이 빠졌다.

보면 볼수록 신비한 느낌을 물씬 풍기는 카페였다. 가나에는 입을 다물지 못하고 카페를 장식하고 있는 골동품들을 둘러보았다. 천장에는 놋쇠로 만든 샹들리에가 걸려있었고, 백합을 본떠 만든 전등의 은은한 불빛이 실내를 따스하게 비추고 있었다. 윤기가 나도록 반질반질하게 닦아놓은 목재 바닥에도 샹들리에의 불빛이 어려있었다.

카운터 앞에 의자가 여러 개 놓여있었다. 카운터 선반에는 보틀 십^{Bottle Ship}(유리병 속에 배의 모형을 조립해 넣은 공예품 - 옮긴이 주)이 놓여있었고, 다양한 형태의 모형 비행기와 비행선, 기구 가 놓여있었다.

짧게 자른 은발에 모델처럼 키가 크고 날씬한 여성이 카운터 구석에 놓인 턴테이블에 엘피판을 올려놓고 돌아서다가 빨간 머리 소녀를 발견하고 반갑게 소리쳤다.

"나나세, 드디어 다시 왔군요."

"니콜라, 다시 만나게 되어 반가워요."

빨간 머리 소녀가 얼굴 가득 미소를 머금고 카운터 앞 의자에 앉았다.

"여길 떠날 때만 해도 곧 다시 찾아올 생각이었는데 많이 늦어졌어요."

빨간 머리 소녀가 코트 단추를 풀며 말을 이었다.

"이 마을에 머문 시간이 그리 길지 않았는데 막상 와보니 예전 추억이 새록새록 되살아나더군요."

은발 여성이 미소를 띠며 소녀의 코트를 받아 옷걸이에 걸었다.

"이 마을의 풍경은 예나 지금이나 근사하죠. 아무리 오래 살아도 질리지 않아요. 내가 이 마을에 뿌리내리게 된 이유죠."

빨간 머리 소녀와 은발 여성은 잠시 상대의 얼굴을 마주보며 환하게 웃었다. 얼핏 보기에는 할머니와 손녀 같았지만 서로 대등한 입장으로 대화를 나누는 게 신기했다. 마치 또래 친구끼리 이야기를 나눌 때처럼 편안해보였다.

빨간 머리 소녀가 가나에를 돌아보며 옆자리에 앉으라고 손짓했다.

"함께 온 손님이 있었네요. 만나서 반가워요."

은발 여성이 우아한 미소를 지으며 가나에에게 인사했다.

"저도 반가워요."

가나에가 미소로 화답하며 코트를 벗자 은발 여성이 받아 옷걸이에 걸었다.

가나에가 카운터 앞 의자에 앉자 은발 여성이 김이 모락모락 피어오르는 물수건을 건넸다. 물수건에서 향기로운 풀냄새가 났다.

은발 여성이 친절하게 말을 걸었다.

"춥고 어두운 밤에 혼자 바닷가 거리를 걸으면 위험해요."

"그냥 무심코 걷다가 바닷가까지 오게 되었어요."

홀에는 오래된 수조가 있었고, 물고기들이 산호초를 피해 유유히 헤엄치고 있었다.

빨간 머리 소녀가 대화에 끼어들었다.

"마음이 우울해지면 마가 끼기 마련이죠. 아까는 좀 위험한 상태였는데 이젠 괜찮아요."

빨간 머리 소녀가 가나에를 바라보며 장난스럽게 웃었다.

"가나에, 넌 어른이 되었어도 여전히 우울한 구석이 남아 있어. 예전에도 그랬는데 아직도 그대로야."

가나에는 빨간 머리 소녀가 갑자기 예전부터 알고 지낸 친구처럼 말하는 바람에 깜짝 놀랐다.

"전에도 나를 알고 있었어요?"

빨간 머리 소녀는 대답 대신 피식 웃고 나서 은발 여성에게 음료를 주문했다.

"니콜라, 코코아를 만들어줘요. 설탕을 듬뿍 넣어 달달하게요."

"금세 만들어올 테니까 잠시만 기다려요."

은발 여성이 코코아를 만들려고 주방으로 걸어가고 있을 때 빨간 머리 소녀가 말했다.

"추운 밤에는 코코아가 최고죠."

그런 다음 가나에를 돌아보며 말했다.

"가나에, 오래 전에는 네가 코코아를 사주었으니까 오늘은 내가 살게."

가나에는 다시 한 번 깜짝 놀란 얼굴로 빨간 머리 소녀를 쳐다보았다.

'그럴 리 없어. 설마 이 소녀가 나나세일까?'

가나에의 머릿속에서 다시 고교 시절의 기억이 떠올랐다. 달착지근한 코코아 향기와 함께.

봄 날씨치고는 몹시 추운 날에 빨간 머리 나나세와 자판기에서 코코아 캔을 뽑아 마신 적이 있었다.

"가나에, 고마워. 다음에는 내가 살게."

나나세는 코코아 캔을 받아들며 그렇게 말했지만 '다음'은 없었다. 얼마 지나지 않아 나나세가 학교를 떠났기 때문이다. 어디로 간다는 말도 남기지 않았다.

그 이후 나나세를 한 번도 만난 적이 없었다.

이제 보니 빨간 머리 소녀와 고교 시절 나나세의 얼굴이 쌍둥이처럼 닮아 보이긴 했다. 나나세는 어느 날 이 도시의 학교로 전학 왔다가 한 달 만에 사라진 신비한 소녀였다. 새봄이 시작되면서 전학을 왔다가 미처 봄이 다 지나기도 전에 떠난 아이.

'그럴 리 없어. 이 아이가 나나세라면 나이가 훨씬 더 들어보여야 마땅해.'

동창생들은 아무도 나나세를 기억하고 있지 않았다. 언젠가 가나에가 화제 삼아 나나세 이야기를 꺼낸 적이 있는데 단 한 사람도 맞장구를 쳐주지 않아 당황했다. 그해 봄에 가나에는 분명 나나세와 같은 반이었고, 도서관에서 함께 많은 이야기를 나누었다. 나나세는 마치 가나에의 마음속에만 존재했다가 사라진 환영처럼 다른 아이들의 기억 속에는 전혀 남아있지 않았다.

'나는 나나세를 분명하게 기억하고 있어.'

그해 봄, 어느 날 밤에 신비한 사건이 있었다. 차가운 밤바람이 불던 날 나나세와 함께 겪었던 일들은 분명 머릿속으로 상상해낸 허구가 아니었다.

가나에 역시 시간이 많이 흐르면서 그런 일이 실제로 있었는지 확신할 수 없게 되었다. 훌쩍 떠나버린 나나세와 가나에 말고는 그때 일을 기억하는 사람이 아무도 없었으니까.

시간이 지나면서 그 일은 오래된 화석처럼 기억의 단층 밑으로 스며들었고, 차츰 희미해져갔다.

'인간의 기억은 절대적이지 않아. 인간은 때로 상상 속에서 벌어졌던 일을 착각해 현실로 둔갑시키기도 하니까.'

가나에는 소설을 좋아하고, 상상의 세계를 좋아했기에 고교 시절의 기억을 확신할 수 없었지만 나나세와 지낸 시간들을 잊은 적은 없었다.

놀랍게도 지금 눈앞에 있는 빨간 머리 소녀가 그날 밤 벌어진 일을 기억하고 있다는 게 신기했다. 오랫동안 시간의 저편에 묻어두었던 기억이 되살아났다.

"니콜라, 가나에는 뜨거운 코코아를 좋아해요. 최대한 뜨겁게 해주세요."

'내 이름을 어떻게 알고 있지? 그렇다면 이 소녀가 고교 시절의 나나세일까?'

가나에는 필사적으로 기억을 더듬어보았다.

은발 여성이 코코아를 젓고 있는 냄비에서 달콤한 향기가 피어 올라왔다. 그녀가 고개를 숙이고 은수저로 코코아를 젓는 모습이 왠지 약을 달이는 마녀처럼 보였다.

* * *

고교 2학년 시절 어느 날 방과 후에 빨간 머리 소녀 나나세가 학교 도서관의 석양빛에 물든 창문에 기대선 채 속삭였다. 어린 아이 같은 혀짤배기 말투로.

"믿을 수 없겠지만 난 마녀야. 세계 여러 나라를 정처 없이 떠돌 다가 이 마을에 오게 되었어."

나나세는 가나에와 둘만 있던 도서관에서 분명 그렇게 말했다.

세일러복을 입은 나나세는 마치 인형처럼 아름다웠다. 어깨까 지 내려오는 빨간 머리와 목에 두른 하얀 스카프도 너무나 잘 어 울렸다.

세찬 바람이 불 때마다 도서관 창문 밖으로 벚꽃이 눈송이처럼 흩날리는 모습이 보였다.

'나나세가 정말 마녀일까?'

가나에는 언젠가 책에서 읽은 마녀 이야기를 떠올리며 생각에 잠겼다. 어렸을 때부터 신비한 세계를 동경해오긴 했지만 이 세상에 마녀가 실제로 존재할 거라고 생각해본 적은 없었다.

'마녀일 리 없어.'

그런 한편 자꾸만 가슴이 두근거렸다.

'나에게도 앨리스처럼 신비한 세계로 들어가는 문이 열린 건가?'

가나에는 이성적인 아이였고, 절대로 그런 일이 벌어질 리 없다며 고개를 저었다.

'나나세가 나를 놀라게 하려고 거짓말을 한 거야. 어린아이 때처럼 마녀 이야기를 하며 놀고 싶은지도 모르지. 고교생치고는 지나치게 순진한 아이야.'

가나에가 빨간 머리 소녀에게 물었다.

"그럼 넌 이제 곧 이 마을을 떠나겠네? 다음 행선지는 어디야? 《바람의 마타사부로》에 나오는 마타사부로처럼 바람을 타고 어디론가 훌쩍 사라져버릴 거야?"

나나세는 배시시 웃으며 어깨를 으쓱했다. 어린아이처럼 순진한 몸짓이었다.

"애초에 이 마을에 온 건 예정에 없던 일이었어. 먼 길을 떠나기 전에 잠시 쉬었다가 갈 생각이었는데 생각보다 오래 머물게 되었지. 이제 떠나야 할 때가 되었어. 여긴 내가 있을 곳이 아니야. 이 마을을 지키는 마녀는 따로 있으니까."

나나세는 수수께끼 같은 말을 하고 나서 쓸쓸하게 웃었다.

"마녀는 원래 말없이 떠나야 하지만 너에게만큼은 솔직히 털어놓지 않을 수 없었어. 넌 내 친구니까. 물론 너는 오래지 않아 나를 까마득히 잊게 될지도 모르지. 내가 떠나더라도 잘 살아가길 바랄게. 친구가 되어주어서 고마워."

가나에는 지금 눈앞에 있는 빨간 머리 소녀가 나나세일지도 모른다는 생각이 들었다. 지난날 나나세와 함께했던 추억이 머릿속을 스쳐지나갔다.

가나에는 떨리는 마음을 애써 진정시키며 빨간 머리 소녀의 손을 잡았다.

"네가 정말 나나세니?"

가나에는 모처럼 오래전에 사라진 친구의 이름을 소리 내어 말했다.

빨간 머리 소녀가 재미있다는 듯 깔깔대며 웃었다.

"그래, 내가 바로 나나세야. 이제야 기억났니?"

나나세가 손바닥으로 턱을 괴고 가나에를 뚫어지게 쳐다봤다.

옆에 앉아 있던 검은 고양이가 카운터로 뛰어오르더니 새된 목소리로 말했다.

"눈썰미가 눈곱만큼도 없네. 겨우 이제야 생각났단 말이야?"

나나세가 고개를 저으며 말했다.

"아니, 충분히 그럴 수 있어. 오래된 일이니까."

나나세가 고양이의 북슬북슬한 털을 쓰다듬어주었다.

"나를 기억해준 것만으로도 고마워. 이 마을에 다시 돌아온 보람이 있네."

검은 고양이가 불만이 가득한 표정으로 수염을 씰룩거리며 말했다.

"생명의 은인인데 잊으면 곤란하지. 나나세는 줄곧 너를 기억하고 있었어. 나에게 네 이야기를 얼마나 자주 했는지 몰라."

빨간 머리 소녀가 겸연쩍은 미소를 지으며 검은 고양이의 등을 어루만졌다.

검은 고양이가 뾰로통한 표정으로 말을 이었다.

"넌 나나세가 떠날 때 결코 잊지 않겠다면서 언젠가 이 마을에 다시 돌아와 달라고 했어. 그 말을 잊지는 않았지?"

가나에의 머릿속에서 이제야 그 당시에 했던 말이 떠올랐다. 그날 가나에는 나나세의 손을 잡고 간절히 부탁했다.

"나나세, 언젠가 반드시 다시 돌아오겠다고 약속해줄래?"

나나세가 머릿속으로 추억을 더듬는 듯 눈망울을 굴렸다.

"내가 마녀라고 고백했을 때 넌 도저히 믿을 수 없다는 표정을 지었어. 이젠 내 말을 믿을 수 있겠니?"

나나세는 도서관에서 책꽂이에 가득 꽂힌 책을 바라보고 있었고, 마치 방금 전 책에서 걸어 나온 마녀처럼 신비롭게 말했다.

"이 세상에는 수많은 마녀들이 살고 있어. 인간이 사는 곳이라면 그 어디에나 마녀들이 존재한다고 봐도 무방해. 마녀들은 인

간들 사이에 섞여 살아가기 때문에 신분을 숨기지. 마녀는 나이
를 천천히 먹기 때문에 한 지역에서 너무 오래 머무르다보면 신분
이 발각될 수밖에 없어. 마녀들이 여러 나라를 떠돌아다니며 사
는 이유 가운데 하나야. 인간들 사이에서 마녀라는 사실이 알려
지게 되면 곤란할뿐더러 자칫하면 공격을 받게 될 수도 있으니
까. 이 바닷가 마을에는 우연히 들르게 되었어. 내가 가야 할 곳이
너무 멀어 잠시 쉬었다가 가려고 들렀던 거야."

'책에 나오는 이야기 속 세상 같아.'

그 당시 가나에는 만화에 등장하는 캐릭터가 된 듯 설레는 마
음으로 두 손을 가슴 위에 모으고 나나세를 바라보았던 기억이
났다.

'마녀와 친구가 되다니?'

가나에는 도서관에서 나나세를 만나 책에 대한 이야기를 나누
길 좋아했고, 재미있게 읽은 책을 추천해주기도 했다.

나나세는 아무리 봐도 마녀라기보다는 지극히 사랑스럽고 귀
여운 아이였다.

'나나세가 꾸며낸 이야기일 거야.'

그런 한편 마음속으로 어쩌면 나나세의 말이 사실일지도 모른
다고 생각했다.

빨간 머리 소녀 나나세는 반에서 어느 누구와도 쉽게 어울리지
못하는 전학생이었다. 그렇다고 반 아이들을 싫어하는 것 같지는
않았다. 반 아이들 가운데 누군가 말을 걸면 밝게 웃으며 상냥하

31

게 대답해주는 것만 봐도 그랬다. 나나세의 갈색 눈동자는 늘 밝고 따스했다. 다만 왠지 모르게 반 아이들과 어울리길 꺼려하는 눈치였다. 가나에도 적극적인 성격이 아니라서 한동안 나나세와 서먹하게 지냈다.

어느 날 도서관 창문에서 아래를 내려다보고 있는데 우연히 나나세가 눈에 들어왔다. 나나세는 혼자였고, 금방이라도 울음이 터질 듯 표정이 슬퍼 보였다. 가나에는 그 모습이 어찌나 애처로워 보이는지 잠자코 있을 수 없었다.

도서관을 나온 가나에는 벚나무에 기대 바람에 흩뿌려진 꽃잎을 하염없이 바라보는 나나세에게로 다가갔다. 그날 처음으로 나나세에게 말을 걸었고, 이후로는 자주 함께 어울렸다. 점심시간이나 방과 후에는 도서관에 함께 가서 책을 읽으며 시간을 보냈다.

"혹시 《이상한 나라의 앨리스》를 읽어봤니?"

"아니, 아직 안 읽어봤어."

"정말 재미있으니까 읽어봐."

가나에는 좋아하는 책을 나나세에게 소개해주었고, 더욱 가까운 사이가 되었다.

나나세는 책을 열심히 읽고 나서 가나에에게 소감을 들려주곤 했다. 학교 도서관에는 일본뿐만 아니라 전 세계에서 출판된 판타지 소설이 많았다. 나나세는 마녀와 마법사에 관한 이야기에 특히 흥미를 보였다.

"너와 가깝게 지내기 전에는 책에 관심이 없었어. 책이 이렇게 재미있는 줄 미처 몰랐지."

나나세는 책을 접할 기회가 없었을 뿐 독서를 좋아했다. 어떤 책이든 술술 읽어냈다. 일본어로 출판된 책뿐만 아니라 다양한 나라의 언어로 된 책을 읽을 수 있었다.

가나에는 외국어 실력이 뛰어난 나나세가 부러웠다.

"책에는 다양한 세상이 들어 있어."

나나세는 그렇게 말하고 나서 뺨을 붉게 물들이며 웃었다. 가나에는 자신이 소개해준 책을 읽고 마음에 들어 하는 나나세를 보면서 보람을 느꼈다.

"네 말대로 책에는 다양한 이야기들이 들어있어. 책을 읽으면 여러 나라를 여행한 것만큼이나 풍성한 경험을 하게 되는 셈이지. 그게 바로 책이 가진 힘이야."

나나세가 책의 세계에 발을 들여놓을 수 있게 된 건 순전히 가나에 덕분이었다. 가나에는 친구를 위해 좋은 일을 했다는 생각에 마음이 뿌듯했다.

가나에는 학교 성적도 그닥 좋지 않고, 이렇다 할 특기도 없고, 딱히 내세울 게 없지만 혼자 외롭게 지내는 나나세의 얼굴에 웃음 꽃이 피어나게 만든 사람이 바로 자신이라는 생각에 행복했다.

어느 봄날 방과 후, 어스름이 질 무렵 하늘에서는 하얀 벚꽃이 흩날리고 있었다. 바로 그날 나나세는 소설 같은 이야기를 꺼냈다. 나나세가 비밀 이야기를 털어놓은 건 그때가 처음이자 마지막이었다. 이 세상에서 단 한 사람 가나에만이 그 이야기를 들을 수 있었던 건 나나세의 유일한 친구였기 때문이다.

"이제 다시 먼 여행을 떠나야 할 때가 되었어."

"너 혼자? 가족들은 없어?"

나나세는 고개를 절레절레 저었고, 얼굴 가득 미소를 짓고 있었지만 눈빛이 쓸쓸했다.

"마녀는 가족이 없어. 죽을 때까지 혼자 세상을 떠돌며 살아가야 하지."

빨간 머리가 출렁이는 나나세의 등 뒤에서 눈송이처럼 하얀 벚꽃이 흩날리고 있었다.

"난 사실 너보다 나이가 훨씬 많아. 마녀들은 나이를 천천히 먹기 때문에 너랑 비슷한 또래로 보이지만 실제로는 오래 살았어."

가나에는 그 말을 믿기 힘들었지만 어쩌면 사실일지도 모른다는 생각이 들었다. 나나세는 거짓말을 하지 않는 아이니까.

"아마 네가 겉모습으로는 나보다 먼저 어른이 될 거야. 오랜 시간이 지나 네가 어른이 되면 오늘 내가 한 말을 기억하지 못 하게 될지도 몰라. 이 세상에서 마녀와 친구가 된 사람은 흔하지 않으니까 아무도 네 말을 믿어주지 않을 거야."

나나세는 그 말을 하고 나서 다시 쓸쓸하게 웃었다. 가나에는 여전히 반신반의하면서도 고개를 끄덕였다.

'얼굴이 나보다 어려 보이는 나나세를 볼 수 있는 날이 있을까?'

가나에는 상상이 되지 않았다.

그때 갑자기 나타난 검은 고양이가 금빛 눈동자를 빛내며 나나세의 옆에 섰다.

"네가 정말 마녀라면 나도 데려가줘."

가나에는 자기도 모르게 나나세에게 부탁했다.

"나도 너처럼 세계 여러 나라에 가보고 싶어."

그 말을 들은 나나세의 표정이 금세 어두워졌다.

가나에는 그 무렵 가족들에 대해 불만이 많았고, 툭하면 짜증을 내며 방문을 꼭꼭 걸어 잠가버리곤 했다. 잔뜩 화가 치밀어 집을 뛰쳐나간 적도 몇 번 있었다.

세월이 한참 흐르고 나서야 잘못된 행위였다는 걸 깨달았지만 그 당시에는 전혀 몰랐다. 화가 나면 언제나 고슴도치처럼 가시를 세우고 부모에게 대들었다. 그럴 때마다 자신도 상처를 입었고, 마음속으로 피를 흘렸다.

나나세가 미안하다는 듯 고개를 저으며 말했다.

"나도 너를 데려가고 싶지만 불가능해. 너는 인간이고, 나는 마녀니까. 우린 살아가는 방식이 달라."

"네 옆에 아무도 없으면 너무 외롭잖아. 게다가 네가 사라지고 나면 난 다시 도서관에 처박혀 지내는 외톨이가 될 거야."

가나에는 자기도 모르게 눈물이 쏟아졌다.

가까이 지낸 지 얼마 되지는 않았지만 나나세를 다시는 볼 수 없을 거라고 생각하니 마음이 텅 빈 듯 허전했다.

"그 대신 약속해줘. 언젠가 꼭 돌아올 거라고. 넌 내 친구니까. 내 멋대로 친구라고 생각하고 있는지는 모르지만……."

나나세는 눈을 깜빡이며 가나에의 얼굴을 물끄러미 바라보다가 밝은 목소리로 말했다.

"아마도 먼 미래의 일이 되겠지만 내가 이 마을에 다시 오면 나를 기억하고 있다가 반갑게 맞아줄 수 있어?"

"내가 너를 어떻게 잊을 수 있겠어."

가나에는 선선히 고개를 끄덕였다.

"내가 언제 다시 돌아온다고 정확한 약속을 할 수는 없어. 언제가 되었든 나를 잊지 않고 기다리다가 반갑게 맞아줄 수 있겠니?"

"당연하지."

"약속할 수 있어?"

"그래, 영원히 잊지 않겠다고 약속할게."

"오랜 시간이 지나면 나와 함께했던 일들이 혹시 꿈은 아니었는지 의심이 될지도 몰라. 시간이 지날수록 점점 확신할 수 없게 되겠지. 그래도 나를 잊지 않을 거라고 약속할 수 있겠니?"

가나에는 말없이 고개를 끄덕였다.

나나세는 문득 시선을 아래로 내렸다.

"마녀들은 원래 세상에서 만났던 사람들에 대한 기억을 깨끗이 지워버리지. 마녀와 인간이 교류하는 건 자연의 섭리에 위배되니까. 그런 점에서 보자면 너도 나와 함께한 기억을 깡그리 잊는 게 좋아. 마녀와 인간은 세상에 나온 목적이 달라. 시간 개념도 다르지. 마녀에게는 순간에 지나지 않는 일들이 인간에게는 아주 오래 전 일로 기억되니까."

나나세는 어른스러운 표정으로 말을 이었다.

"그러니까 만약 네가 나를 잊더라도 화내지는 않을게. 다만 한 가지 바람이 있다면 미래의 어느 날에 내가 다시 널 만났을 때 행복하게 살아가고 있었으면 좋겠어. 그동안 너를 만나 즐거웠어. 네가 추천해준 책들이 어찌나 재미있던지 외로울 틈이 없었지. 넌 이 학교에서 유일하게 나에게 다가와 친구가 되어주었어. 덕분에 좋은 추억이 생겼고, 책 읽는 즐거움을 알게 되었어. 나는 널 영원히 잊지 못할 거야. 네가 늙어 이 세상에서 사라진다고 해도."

창밖은 어느새 어둠에 잠겨있었다. 도서관에 불이 켜져있고, 학생들이 남아있는 걸 발견한 사서 선생님이 어서 집으로 돌아가라고 야단을 치는 바람에 가나에와 나나세는 어쩔 수 없이 학교를 나왔다.

도서관에 있을 때는 밤이 깊어졌다고 느꼈는데 밖으로 나와 보니 생각보다 날이 밝았다. 가나에는 손을 흔들어주고 집으로 돌아가면서 방금 전 도서관에서 나나세와 나누었던 이야기를 되뇌어보았다.

'나나세가 마녀라고? 사실은 나보다 나이가 많고 다시 어디론가 떠나야 한다고? 이 세상 어디에나 마녀들이 살고 있다고?'

가나에는 가던 길을 멈추고 뒤돌아서서 나나세가 어디쯤 가고 있는지 살펴보았다. 어느새 나나세는 사라지고 없었다. 분명 방금 전에 헤어졌는데 세일러복을 입은 여학생의 모습은 그 어디에도 보이지 않았다.

'갑자기 어디로 사라졌을까? 나나세가 마법을 발휘해 몸을 숨겼을까?'

한편으로는 그렇게 터무니없는 일이 벌어질 리 없다는 생각이 들었다.

가나에는 어두운 하늘을 올려다보며 가벼운 한숨을 쉬고 나서 도서관에서 책을 잔뜩 빌려와 무겁기 그지없는 가방을 들고 집으로 돌아왔다.

'마녀가 실제로 존재하다니? 심지어 내가 다니는 학교에. 내가 너무 순진한 건가? 그런 일이 현실에서 일어날 리 없잖아. 나나세가 석양빛으로 물든 하늘과 허공에서 흩날리는 벚꽃에 취해 실없는 농담을 한 게 아닐까?'

가나에는 일단 그렇게 생각하기로 했다.

그날 밤의 일이었다.

갑자기 봄날에 어울리지 않게 폭풍이 휘몰아쳤다. 벚꽃은 말할 것도 없고, 온갖 나뭇잎들이 바람에 휩쓸려 떨어졌다.

그날 밤, 가나에는 부모와 말다툼을 벌이다가 울면서 집을 뛰쳐나왔다. 무슨 일로 부모와 다투었는지 지금은 기억조차 나지 않았다. 분명 지극히 사소한 문제였을 것이다. 그때는 사춘기였기에 아무리 사소한 일도 죽고 싶을 만큼 심각하게 받아들였으니까.

가나에는 집을 나와 무작정 밤길을 걸었다. 번화가에는 술에 취한 주정뱅이들이 많아 인기척이 없는 길을 택해 헤매 다녔다. 딱히 목적지를 정하지 않고 걷다보니 어느새 바다가 보이는 항구 근처에 다다라 있었다. 미카즈키 거리 일대는 짙은 어둠에 휩싸여 있었고, 바다에서 파도치는 소리만이 들려왔다.

'그때도 바위에 앉아 어두운 바다를 홀린 듯 바라보고 있었어.'

가나에는 차가운 밤바람을 맞으며 인기척이 없는 바위에 웅크리고 앉아 출렁대는 파도 소리를 듣고 있었다. 얼마 지나지 않아 몸이 오들오들 떨려오기 시작했다. 그러다가 갑자기 불어 닥친 세찬 바람에 떠밀려 바위 아래로 굴러떨어지고 말았다. 제대로 힘을 써 버텨볼 겨를도 없이 바다에 풍덩 빠지는 순간 문득 이렇게 생을 마치게 될 수도 있다는 생각이 뇌리를 스쳐 지나갔다.

아주 잠깐 차라리 죽어도 좋다는 생각이 들었지만 차가운 바닷물이 몸에 닿자 살점이 찢어지는 듯했고, 시커먼 바다 속으로 가라앉는 동안 숨이 턱 막히며 공포가 엄습해왔다. 그제야 정신이 번쩍 들며 팔을 휘저어 헤엄을 치기 시작했다. 이대로 허망하게 죽을 수는 없다는 생각이 들었다. 바람이 세차게 불고, 파도가 높아 나름 있는 힘을 다해 헤엄쳤지만 뭍으로부터 점점 멀어지고 있었다.

'어두운 바다에 빠져 죽긴 싫어.'

그때 어디선가 귀에 익은 목소리가 들려왔다.

"기분이 우울할 때 어두운 바닷가에 혼자 있으면 안 돼. 마가 끼니까."

마치 하늘에서 구원의 빛이 쏟아져 내리듯이 귀가 번쩍 뜨이는 목소리였다.

어두운 하늘과 바다를 가르며 하얀 손이 다가왔다.

가나에는 필사적으로 그 손을 향해 손을 뻗었다.

그 순간은 목숨이 경각에 달해 있어 누가 도움을 베풀어주고 있는지 살필 겨를이 없었다.

하얀 손이 가나에의 몸을 순식간에 위로 끌어올렸다.

가나에는 기침을 콜록거리며 가슴 가득 봄밤의 찬 공기를 들이마셨다. 머리가 쑤시고, 가슴이 뭔가에 짓눌린 듯 아프고, 심장이 요동쳤다. 여전히 발밑이 허전했고, 어쩐 일인지 계속 바닷물에 떠다니는 느낌이 들었다. 봄밤의 찬바람이 젖은 몸에 닿아 몸이 오들오들 떨리고, 입안이 짰다.

거듭 기침을 하며 눈을 떠보니 밤바다의 상공이었다. 누군가가 손을 잡아당기고 있었고, 몸이 공중에 떠있었다. 발아래로 넘실대는 검은 바다가 보였다.

'어찌된 일이지?'

하얀 손을 따라가 보니 세일러복을 입은 나나세가 빨간 머리와 하얀 스카프를 나부끼며 빗자루에 올라앉아 있었고, 털이 북슬북슬한 검은 고양이가 빗자루 손잡이를 타고 앉아 금빛 눈동자를 반짝이고 있었다.

나나세가 하얀 손에 힘을 주어 가나에를 가뿐하게 들어올리더니 빗자루에 앉혔다.

"바다에는 기분이 우울한 아이를 유혹해 물로 끌어들이는 정령들이 살고 있어."

나나세가 바람 속에서 특유의 혀 짧은 소리로 말을 이었다.

"밤바다를 조심해야 해. 특히 마음이 우울할 때는 아주 위험해."

나나세는 그리 심각하지 않게 말했지만 가나에는 그 말을 가슴 깊이 받아 새겼다.

'내가 지금 하늘을 나는 빗자루에 타고 있어.'

마치 꿈을 꾸고 있는 것 같았다. 가나에는 다시 한 번 검은 바다를 내려다보고 나서 어찌나 무섭던지 나나세의 등을 끌어안았다.

"빗자루에서 떨어지지는 않을 테니까 안심해도 돼."

가나에는 말없이 고개를 끄덕이며 더욱 힘껏 나나세의 허리를 끌어안았다.

"이왕 빗자루를 타게 되었으니 놀라운 구경을 시켜줄게."

나나세가 빗자루의 손잡이를 돌려 가나에를 먼 하늘로 데려갔다. 가나에는 빗자루가 어찌나 빠르게 날아가는지 잔뜩 겁을 집어먹고 눈을 꼭 감았다.

"자, 이제 눈을 떠봐."

가나에는 그제야 질끈 감고 있던 눈을 떴다. 까마득히 멀리 내려다보이는 도시에서 셀 수 없이 많은 빛이 반짝이고 있었다. 이미 오래전부터 이 도시의 야경이 아름답다는 걸 알고 있었지만 이정도로 신비롭게 보일 줄은 미처 몰랐다. 번화가 상점들의 불빛, 도로를 오가는 차량들의 불빛, 교외 주택가의 불빛을 하늘에서 내려다보자니 마치 거대한 우주를 보는 듯했다. 별이 총총하게 뜬 밤하늘의 풍경이 지상에도 있었다. 때 아닌 폭풍이 대기에 질펀하게 끼어있던 배기가스와 먼지를 깨끗이 날려보내 야경이 더욱 선명하게 눈에 들어왔다.

'우리 집은 어디쯤에 있을까?'

가나에는 황홀한 빛의 물결 속에서 집을 찾아보았다. 마침내 오래된 집들이 늘어선 선로 주변의 주택단지가 눈에 들어왔다.

엄마 아빠가 환하게 불을 밝혀 놓은 채 집 나간 딸이 돌아오길 눈이 빠지도록 기다리고 있을 거라고 생각하니 가슴이 미어지듯 아팠다.

'이 얼마나 아름다운 불빛인가? 이 얼마나 따스한 불빛인가?'

빗자루를 타고 집이 있는 동네를 내려다보고 있자니 사소한 문제로 부모와 다투고 집을 뛰쳐나온 게 후회되었다. 당장 집으로 돌아가 부모에게 잘못했다고 용서를 빌고 싶은 마음이 간절했다.

'저 자그마한 불빛이 비치는 집에서 부모의 따스한 보살핌을 받으며 자랐고, 늘 좋은 일만 있었던 건 아니지만 소중한 추억을 만들며 살아왔어. 집에 돌아가 엄마 아빠에게 용서를 빌어야 해.'

가나에는 문득 깨달았다.

'저 자그마한 불빛들이 모여 어둠을 사르고 세상을 환하게 밝히고 있는 거야.'

가나에가 혼잣말을 하듯 중얼거렸다.

"내가 사는 도시가 이렇게 예쁜 줄은 미처 몰랐어. 마치 하늘의 별을 따다가 옮겨놓은 것 같아."

"무수히 작은 별들이 모여 거대한 우주를 이루는 거야."

나나세가 말을 이었다.

"사람들의 꿈과 희망으로 수놓은 별자리야. 세상 어디에서나 밤마다 별들이 탄생하고, 영롱한 불빛으로 어둠을 사르며 아침을 기다리지."

가나에는 젖은 몸이 쓰릴 정도로 아리고, 손과 귀가 떨어져나갈 듯 시렸지만 잠시 고통을 잊고 아름다운 야경을 내려다보았다.

빨간 머리를 나부끼며 도시를 내려다보는 나나세의 입가에 미소가 번져있었다.

'나나세는 밤마다 늘 혼자서 이 아름다운 야경을 내려다보고 있겠지?'

가나에는 몹시 부러운 한편 이내 마음이 서글퍼졌다.

나나세 혼자 밤하늘에서 이 아름다운 야경을 내려다보고 있으면 마음이 쓸쓸해질 것 같았다. 아름다운 풍경은 친구와 함께 봐야 더욱 감동적일 테니까.

'아마도 나나세는 친구와 함께 감동을 맛보기 위해 나를 빗자루에 태워 하늘로 데려왔는지도 몰라. 내가 재미있고 감동적인 책을 보고 나면 친구들에게 소개해주고 싶듯이.'

가나에는 꿈인지 현실인지 알 수 없는 그날 밤에 그런 생각을 했다.

나나세는 변두리에 있는 공원 쪽으로 빗자루를 돌려 가나에를 지상에 내려주었다. 지상으로 내려오는 동안 빛을 뿌리던 별들이 나나세의 손바닥 안으로 빨려 들어가는 것처럼 보였다.

바람이 도시를 훑고 지나가며 도로변과 공원에 핀 벚꽃을 밤하늘에 흩뿌렸다. 공원의 가로등 아래에 자판기가 있었다. 가나에는 자판기에서 코코아 캔 두 개를 뽑았다.

가나에와 나나세는 추위에 몸을 덜덜 떨며 뜨겁고 달콤한 코코아를 마셨다.

"언젠가 이 도시에 다시 올게. 너를 만나러."

나나세가 말을 이었다.

"마녀는 한 번 거쳐간 도시를 다시 찾지는 않지만 난 반드시 돌아올 거야. 넌 재미있는 책 이야기를 많이 준비해두고 있다가 내가 오면 들려줘."

가나에는 고개를 끄덕였다.

"네가 질릴 정도로 많이 준비해둘게."

"마법의 세계를 다룬 소설이 좋아."

나나세는《마법의 침대》,《메리 포핀스》같은 책을 좋아했다.

두 사람은 손가락을 걸고 약속했다. 검은 고양이가 꼬리를 흔들며 그들을 올려다보았다.

그 시절, 가나에는 툭하면 부모에게 화를 내거나 절망에 사로잡히기 일쑤였고, 우울한 생각에 빠져들어 충동적인 행동을 할 때가 많았다. 그날 밤, 나나세가 어두운 방으로 빛이 쏟아져 들어오듯 내밀어준 하얀 손 덕분에 가나에는 한층 마음이 성숙해졌다.

가나에는 그날 밤 나나세가 베푼 은혜를 잊지 않겠다고 다짐했다. 공원의 자판기 앞에서 나나세와 함께 뜨거운 김이 피어오르는 코코아를 마시면서.

그 이후로는 나나세를 만나지 못했다.

그날 밤 가나에는 무사히 집으로 돌아왔지만 심한 독감이 걸려 며칠 동안 학교에 가지 못했다. 독감이 다 나아 등교했을 때 나나세는 이미 떠나고 없었다.

나나세 자리에 다른 여학생이 앉아 있었다. 나나세가 도서관에서 대출해갔던 책들이 다시 서가에 꽂혀 있었다.

시간이 지나면서 아무도 나나세를 기억하지 못했다. 가나에 혼자만이 기억하고 있을 뿐이었다. 태풍이 심하게 불었던 그해 봄날을 마지막으로 나나세는 반 아이들의 뇌리에서 사라졌다.

'나나세를 영원히 잊지 않을 거야.'

가나에는 그렇게 맹세했다. 언젠가 다시 만날 날을 기약하면서.

* * *

가나에는 고개를 돌려 옆에 앉아 있는 나나세를 바라보았다. 카페 주인이 만들어준 코코아에서 부드럽고 달콤한 향기가 났다.

"빗자루를 타고 하늘로 날아올랐던 그날 이후 며칠 동안 심한 독감을 앓았어. 간혹 그날 밤 내가 열에 들떠 환상을 본 건 아닌지 헷갈릴 때도 있었지."

세월이 흘러 가나에는 어른이 되었고, 서점에서 일하게 되었다.

'그러나…….'

가나에는 컵에 담긴 코코아를 바라보며 미소를 지었다.

"그때 분명 빗자루를 타고 하늘로 날아올라 지상에서 펼쳐지는 우주 쇼를 보았어. 오랫동안 잊고 지냈는데 그날의 기억이 생생하게 떠올라. 이제는 절대로 잊지 않을 거야."

그날 지상에서 밝혀놓은 작은 불빛들이 모여 우주를 이루었다. 그 시절에 가나에는 그 불빛이 비치는 어딘가에 살고 있었다.

'살아오는 동안 즐거운 일만 있었던 건 아니었어. 무엇을 위해 이리 열심히 일하며 살아야 하는지 회의적인 생각이 들 때도 많았지.'

다들 그렇게 아등바등 힘겹게 살아가는 세상이 하늘에서 내려다보면 휘황찬란하게 빛나는 아름다운 별나라가 되었다. 아무리 작은 집일지라도 지상을 아름답게 수놓는 별이 되어 찬란한 빛을 뿌렸다. 그날 밤 가나에는 영롱한 별이 된 사람들이 사는 별나라를 보았다.

가나에는 서점에서 일하고 있다. 책을 고르고, 책장에 책을 가지런히 정리하고, 손님들과 대화를 나누고, 새로 나온 책을 주문하고, 오래도록 팔리지 않는 책을 수거해 반품 상자에 넣는 일이 주어진 일과였다. 점장이 탐탁찮아하더라도 마음에 드는 책을 손님들에게 알리기 위해 POP 광고도 열심히 만들었다. 요즘은 마녀가 등장하는 판타지 소설을 적극적으로 소개하고 있었다.

'나나세를 다시 만나면 책을 권해주겠다고 약속했었는데 까마득히 잊고 있었어.'

가나에는 POP 광고를 판매대에 장식하며 머릿속으로 그런 생각을 했다. 언젠가 나나세가 서점에 찾아와주길 바라면서.

'나나세, 언제까지나 널 기다릴게. 지난날 도서관에서처럼 책장에 책이 가득 꽂혀있는 이 서점에서 널 만나고 싶어. 손님들에게 웃음을 선사할 수 있는 책을 소개해주며 언제까지나 이 자리를 지킬게.'

가나에는 그날 밤 미카즈키 거리에 있는 카페 <마녀의 집>에서 나나세를 만나 이야기를 나눈 후 언제 헤어졌고, 어떻게 집으로 돌아왔는지 전혀 기억나지 않았다.

'코코아를 마시고 나서 벌꿀이 들어 있는 달달한 술을 마시는 바람에 취한 걸까?'

가나에는 다음날 일과를 마치고 나서 <마녀의 집>을 다시 찾아 나섰지만 도무지 어디에 있는지 알 수 없었다. 혹시 어두워서 눈에 띄지 않았을 수도 있다고 생각해 낮에도 찾아가보았지만 허사였다.

가나에는 오랜만에 다시 만난 나나세와 변변한 작별인사도 하지 못하고 헤어진 게 너무나 아쉬웠다.

'언젠가 나나세를 다시 만나게 될 거야. 난 아직 나나세에게 책을 소개해주겠다는 약속을 지키지 못했으니까. 나나세는 내가 행복하게 지내길 바랐는데 그 약속도 지키지 못했어. 나나세는 지금의 나를 어떻게 생각할까? 그런대로 행복하게 지내고 있다고 생각할까?'

가나에는 마음속으로 나나세를 떠올리며 환하게 웃었다.

오래전 빗자루를 타고 하늘에서 바라본 도시의 야경이 다시 생각났다. 마치 은하계 같았던 도시의 밤이.

가나에는 마음속으로 앞으로는 아무리 과중한 업무에 시달리더라도 가급적 즐거운 마음으로 살아가기로 다짐했다.

'이제 어두운 바다 근처에는 가지 않을 거야.'

* * *

도시의 불빛이 일제히 빛을 쏘아 올릴 때 나나세와 검은 고양이는 빗자루를 타고 하늘을 날고 있었다. 가끔 바람이 불 때면 하얀 벚꽃이 나나세가 있는 하늘에까지 날아올라왔다.

나나세는 이따금씩 빨간 머리에 달라붙은 벚꽃을 떼어내며 마녀가 등장하는 판타지소설을 펼쳐들었다. 달빛이 책을 읽을 수 있도록 은은한 빛을 뿌려주고 있었다. 만약 나나세가 인간이었다면 엄마 아빠가 어두운 곳에서 책을 읽을 경우 시력이 나빠진다며 핀잔을 주겠지만 마녀에게는 그런 걱정을 해줄 부모가 없었다. 게다가 마녀는 어두운 곳에서 책을 읽어도 전혀 문제가 되지 않을 만큼 시력이 탁월하게 밝았다.

"《나니아 연대기》는 몇 번을 읽어도 재미있는데 마녀가 악역으로 등장하는 게 마음에 들지 않아."

나나세는 빗자루에 걸터앉아 다리를 흔들며 책을 읽었다. 다른 세계로 이어지는 문이 있는 옷장, 용감한 사자, 모험심이 강한 아이들과 동물들이 등장하는 책이었다.

나나세는 책을 읽는 틈틈이 도시의 불빛을 내려다보았다.

'가나에가 일하는 서점이 저기 어디쯤에 있겠지? 가나에는 이제 혼자 쓸쓸히 어두운 바다에 가지 않을 거야.'

나나세는 서점 주변으로 성운처럼 펼쳐진 불빛과 도시가 만들어낸 별나라를 내려다보며 흐뭇한 미소를 지었다.

'가나에, 걱정하지 않아도 돼. 만약 네가 다시 어두운 바다를 찾는다고 해도 내가 지켜보고 있을 테니까. 마녀는 잠들지 않아. 게다가 아주 먼 곳에서도 인간들이 무엇을 하는지 지켜볼 수 있지.'

옛날부터 마녀들은 밤새 눈을 뜨고 사람들을 지켜왔다. 마녀들은 언제나 몰래 사람들이 사는 마을을 내려다보고 있다. 보이지 않는 커다란 손으로 마을을 비추는 빛이 사라지지 않도록 감싸주고 있다.

나나세가 혼잣말로 중얼거렸다.

"이제 다른 곳으로 떠나야겠어."

검은 고양이가 나나세의 말을 받았다.

"나나세, 우린 지금껏 계속 여행을 해왔잖아?"

"그래, 우린 오랫동안 여행을 해왔지. 이제 다른 곳으로 떠나야 할 때가 되었어."

봄날의 차가운 밤바람이 나나세의 빨간 머리를 하늘로 나부끼게 했다. 나나세가 밝은 미소를 짓고 나서 다시 책으로 시선을 옮겼다.

천사의 미소

사람들의 발길이 뜸한 항구 근처에 미카즈키 거리가 있다. 대낮에도 오가는 행인들이 없어 쥐 죽은 듯 조용한 거리이다. 혹시라도 미카즈키 거리에 발을 잘못 들여놓은 사람이 있다면 아마도 역사박물관에 걸린 사진이나 그림 속을 헤매고 있는 건 아닌지 고개를 갸웃거리게 될지도 모른다.

수백 년 전에 지은 벽돌 건물, 벽이 여기저기 파이고, 으스러지고, 곳곳에 균열이 가 있어 금방이라도 무너져 내릴 것 같은 창고, 깨진 유리창 대신 판자로 얼기설기 막아놓은 술집들, 장사를 하지 않은 지 너무 오래 돼 먼지가 잔뜩 끼어 간판 글씨가 보이지 않는 식당들이 있어 을씨년스러운 느낌을 풍기는 곳이었다.

그 거리에 〈바바야가〉라는 간판이 붙은 낡은 건물 한 채가 있다. 자세히 들여다보면 간판의 글씨 주변에 다리가 셋인 닭이 그려져 있다. 마녀들이 호텔처럼 이용하는 건물이었다.

전 세계 어느 나라에나 마녀들이 산다. 사람들이 사는 곳이라면 어디든지 마녀들이 있다. 항구 도시에 온 마녀들은 철새가 지친 날개를 쉬어가듯 그 건물에서 잠시 휴식을 취하면서 기력을 회복하고 나서 다시 먼 길을 떠난다. 나이가 지긋한 마녀 니콜라가 건물 주인이다. 니콜라는 항구 도시를 수호하는 마녀이다. 인간의 10년이 마녀에게는 1년임에도 니콜라는 나이가 확연히 들어보인다. 은발과 입가의 잔주름만 봐도 수백 년을 살아온 마녀가 분명하다.

마녀는 살아온 이력을 말하지 않는다. 니콜라가 어디에서 태어나 어떻게 살아오다가 항구 도시의 쇠락한 거리에 정착하게 되었는지 아무도 모른다.

니콜라는 〈바바야가〉의 1층에서 〈마녀의 집〉이라는 카페를 운영하고 있었다. 주로 차를 파는 카페이지만 가끔 주인의 기분이 내키면 약간의 술과 맛있는 요리도 먹을 수 있는 곳이었다. 니콜라가 여러 나라를 떠돌며 살아왔다는 건 카페에서 맛볼 수 있는 세계 각지의 요리만 봐도 충분히 짐작이 가능했다. 니콜라는 식재료만 준비되면 동서고금의 거의 모든 요리를 만들 수 있었다.

마녀들이 카페의 주요 손님들이었다. 간혹 운명의 장난으로 길을 잘못 들어 카페에 발을 들여놓는 사람들도 더러 있었다. 니콜라는 어떤 손님이든 항상 즐겁고 행복한 얼굴로 맞이했다.

"맛있는 음식을 만들어 손님들을 대접할 때 가장 큰 즐거움을 느껴요. 요리는 저의 취미이자 놀이죠."

니콜라는 말할 때 항상 짧은 은발을 가볍게 흔들어보였다.

니콜라와 달리 나나세의 얼굴은 20대 초반으로 보였다. 부모와는 오래 전에 사별했다. 긴 여행을 할 때 손을 잡아주며 용기를 북돋아주었던 마녀들도 있었지만 지금은 다들 어디에서 어떻게 지내고 있는지 소식을 알지 못했다. 마녀는 유해를 남기지 않기 때문에 무덤도 없었다. 나나세가 이 세상에 존재한다는 사실은 여행을 하다가 만났던 몇몇 마녀들만이 알고 있을 뿐이었다.

나나세는 어릴 때 도움을 베풀어준 마녀들을 떠올릴 때마다 고마운 마음이 들었다. 스치듯 만난 인연들이었지만 나나세는 마녀들과 함께했던 기억들을 마음 깊이 간직하고 있었다. 가끔 그들의 목소리, 미소, 눈빛을 떠올리며 추억에 젖기도 했다. 마녀들의 무덤은 따로 없었지만 그들은 늘 나나세의 가슴속에 존재하고 있었다.

벚꽃이 눈송이처럼 흩날리는 봄날에 빨간 머리 나나세는 커다란 캐리어를 끌고 마녀들의 호텔인 〈바바야가〉에 도착했다. 한 달 전 해질녘의 일이었다.

나나세의 몸에서 봄에 입기에는 너무 두꺼운 코트가 바람에 나부끼고 있었다. 나나세는 가벼운 한숨을 쉬며 오래된 건물을 올려다보았다. 벽돌로 지은 13층짜리 건물로 각 층마다 방이 두 개씩 있었고, 1층에는 니콜라가 운영하는 카페 〈마녀의 집〉이 있었다. 여행을 하다가 잠시 쉬려고 찾아온 마녀들에게 편안한 휴식과 맛있는 요리를 제공해주는 호텔이었고, 이 도시에서 오래 머무는 마녀들에게는 장기 숙소 역할을 했다.

"이 건물에 어떤 마녀들이 살고 있을까?"

건물을 올려다보니 방의 창문이 하나같이 굳게 닫혀 있었고, 유리창에 커튼을 쳐놓아 방안을 들여다볼 수 없게 되어 있었다.

"마녀들이야 다들 비슷하잖아."

검은 고양이가 그 말을 하고 나서 건물을 올려다보다가 한 마디 덧붙였다.

"다른 마녀를 만나게 되면 친절하게 인사해. 최대한 예의를 갖추고 응대해야 사랑받을 수 있어."

"그 정도는 나도 알아."

나나세는 어깨를 가볍게 으쓱했다. 검은 고양이가 항상 언니 행세를 하는 게 살짝 못마땅했다. 나나세가 태어나기 전 엄마가 기르던 고양이로 늘 그림자처럼 붙어다니며 언니처럼 잔소리를 늘어놓았다. 나나세를 지키기 위해서라면 무엇이든 마다하지 않는 고양이였지만 사사건건 언니 노릇을 하려드는 건 마음에 들지 않았다.

"높은 층 방이 비어있으면 좋겠어. 가급적 높은 층으로 정하자."

나나세는 몸을 뒤로 젖히고 다시 한 번 건물을 올려다보았다.

"하늘이 가까운 층이 좋잖아."

마녀들은 아무도 모르게 세상을 떠돌아다닌다. 어딘가에 정착할 때면 인간들이 사는 마을에서 함께 살아간다. 인간과 겉모습이 같아 웬만해서는 의심하지 않는다.

오래도록 인간들과 가까이 지내다보면 간혹 마녀 신분이 들통나는 경우가 있기 때문에 눈치를 챈 낌새가 보이면 바람처럼 조용히 사라진다.

나나세도 다른 마녀들과 마찬가지로 거처를 자주 옮기며 살아왔다. 대도시의 공원 주변 아파트에서 살 때는 비둘기들, 산책 나온 노인들, 이웃집 개들과 친해져 즐거운 날들을 보냈다. 어린 시절에는 바람조차 얼어붙을 것 같은 외딴섬에서 살았다. 섬사람들은 바다에서 채취한 해산물로 먹을거리를 해결했다. 한겨울의 긴긴 밤을 비춰주는 오두막의 등불이 아름다웠고, 사람들도 친절해계속 그곳에 머무르고 싶었지만 마녀는 인간들과 함께 살 수 없는존재이기에 눈물을 머금고 섬을 떠났다.

나나세는 어디에서든 오래 머물지 못하고 자주 거주지를 옮겨야 했다. 사람들과 스스럼없이 어울리며 친하게 지내고 싶었지만마녀이기에 넘어서는 안 될 선이 있었다. 아무리 조심해도 가끔사람들과 정이 깊이 드는 경우가 있었고, 그럴 때는 늘 떠나는 게아쉬웠다.

다양한 거처에서 살아왔지만 고층 건물의 높은 층에서 살았던적은 없었다. 빗자루를 타면 언제든지 하늘로 날아오를 수 있다고 하더라도 새들이 날아다니는 높은 위치에서 살면 기분이 어떨지 경험해보고 싶었다.

"높은 방에서 내려다보는 전망이 기가 막힐 거야. 아침에 일어나 창밖을 내다보면 기분이 탁 트이겠지. 밤에는 달과 별이 총총한 하늘을 올려다보며 잠드는 거야. 베란다에 테이블과 의자를 놓아두고 거기에서 아침식사를 하고 나서 차를 마시며 책을 읽으면 정말 근사할 것 같지 않아?"

"흥!"

검은 고양이가 동의하지 않는다는 뜻으로 콧방귀를 뀌었다.

"기대가 크면 실망도 큰 법이야. 높은 층에 빈방이 없으면 어쩌려고 그래? 우선 이 건물에 빈방이 남아있는지 알아보는 게 순서야. 이 집 사정을 제대로 알지도 못하면서 미리 헛물을 켰다가 크게 실망하게 될 수도 있어."

"흥! 그 정도는 나도 알아."

나나세도 콧방귀를 뀌고 나서 커다란 캐리어를 끌고 〈마녀의 집〉 문을 두드렸다.

은발의 니콜라가 낡았지만 기품이 있는 가구들로 치장한 카페 안쪽 카운터에서 친절한 미소를 지으며 나나세를 맞아주었다. 적갈색 카운터는 언뜻 보기에 범선의 선실 같았다. 카운터 뒤쪽 선반에는 각종 모형 비행기와 기구, 배들로 꾸며져 있었다. 그 옆에는 커다란 수조가 비치되어 있었고, 그 안에서 보석처럼 아름다운 각양각색의 물고기들이 한가로이 헤엄치고 있었다.

나나세가 활짝 웃는 얼굴로 니콜라에게 인사했다.

"만나서 반가워요. 잘 부탁드립니다."

웬만해서는 마녀들끼리 마주치는 일이 없었고, 서로에 대해 꼬치꼬치 캐묻지 않는 게 오래전부터 이어져온 관습이었다.

'마녀들이 오래 사는 존재라서 이야기를 시작하면 끝이 없기 때문일까? 서로에 대해 깊이 알 필요가 없어서일까? 여기저기 떠돌며 살아야 하는 운명이기에 이야기가 길어지다 보면 슬퍼지기 때문일까?'

마녀는 때가 되면 세상에서 조용히 사라진다. 그 어떤 마녀도 살다간 자취를 남기지 않고 홀연히 떠난다.

나나세는 이 마을에 머물게 된 이유를 말하지 않았지만 언젠가 여기에서 살았던 적이 있다는 사실을 털어놓았다.

니콜라가 미소를 지으며 말했다.

"마녀의 호텔에 온 걸 환영해요. 긴 여행하느라 고생 많았어요."

니콜라가 만들어준 카페오레가 기가 막히게 맛있었다.

나나세는 지금껏 혼자 오래도록 세상을 떠돌며 살아왔다. 그러다 보니 심신이 지치고, 가슴에 슬픔이 하나 가득 차있었다. 나나세가 미리 연락을 하고 오지는 않았음에도 니콜라는 이미 짐작하고 있었던 것 같았다. 오래 살아온 마녀들은 예지력이 뛰어나니까.

나나세가 높은 층에 머물고 싶어 한다는 걸 꿰뚫어 보기라도 한 듯 니콜라가 열쇠를 건네며 말했다.

"13층 1호실이 비었어요. 방이 마음에 들었으면 좋겠네요."

나나세는 승강기를 타고 13층으로 올라갔다.

현재 이 건물에 머물고 있는 손님이 전혀 없는 듯 적막감이 들

정도로 조용했다.

승강기가 가볍게 흔들리며 멈춰 섰고, 문이 열렸다. 어디선가 불어온 바람에 나나세의 빨간 머리와 코트자락이 펄럭였다.

13층은 맨 위층이라 하늘이 한 눈에 들어왔다. 하늘이 온통 황금빛 석양으로 물들어 있었고, 눈 아래에 해안가 마을이 펼쳐져 있었다. 저 멀리 파도가 반짝이는 바다가 보였다. 바다와 면해 있는 절벽도 눈에 들어왔다. 그림엽서에서 본 마을처럼 빼어나게 아름다운 풍경이었다.

"건물이 너무 오래 돼 섬뜩한 느낌이 들어."

검은 고양이가 맥 빠지는 말을 했지만 나나세는 못 들은 척하며 방문을 열었다. 커다란 창문에 커튼이 처져있어 방이 대체로 어두웠다. 스위치를 찾아 누르자 샹들리에에 불이 들어왔다. 창틀이 비바람과 태양에 노출돼 녹이 슬고, 골동품이나 다름없는 가구들은 하나같이 변색되어 있었지만 나름 운치가 있었다. 부드러운 감촉이 느껴지는 녹색 커튼을 열자 황금색 석양빛이 방안으로 쏟아져 들어왔다.

하늘을 올려다보니 황금빛으로 물든 구름이 시야에 들어왔다. 바다를 붉게 물들이며 지는 해가 그러데이션 효과를 만들어 하늘이 온통 짙고 연한 층층의 색으로 치장되어 있었다.

하얀색 벽, 하얀 가구, 녹색 커튼과 때깔을 맞춘 소파, 하얀 시트로 덮인 침대, 목재 바닥은 오래되어 낡고 변색되어 있었지만 깔끔하게 정리정돈이 되어있었다. 방과 가구들, 화장실 변기와

욕조에까지 지금껏 이 방을 거쳐 간 마녀들의 한숨이 서려 있는 듯했다.

나나세가 눈을 감고 중얼거렸다.

"이 방에 머물게 된 나나세입니다. 잘 부탁드려요."

눈에 보이진 않지만 마녀들이 미소로 화답해준 느낌이 들었다.

"방이 정말 마음에 들어."

나나세는 쿠션을 끌어안으며 침대에 걸터앉았다.

"다행이네."

검은 고양이가 침대 위로 뛰어올라 나나세에게 몸을 기댔다.

주방이 따로 없어 아쉬웠지만 홈바가 있어 음료수나 물을 넣어 둘 수 있게 되어있었다. 진열대 위에 놓여있는 은제 커피포트에 는 뜨거운 물이 들어있었고, 종이봉투에 홍차와 원두커피가 들어 있었다. 진열대 안쪽에 있는 냉장고에도 차가운 음료수가 들어있 었다.

나나세는 바닥에 앉아 캐리어를 열었다. 일단 자주 입고 다니 는 옷 몇 벌을 꺼내 장롱 옷걸이에 걸었다. 장롱에서 기분 좋은 적삼목 향기가 났다. 나머지 옷들은 가지런히 개어서 서랍에 넣었 다. 그런 다음 점을 볼 때 사용하는 수정과 카드를 꺼내고, 엄마로 부터 물려받은 마법의 책을 꺼냈다. 마지막으로 깨지지 않게 천으 로 싸놓은 유리병 두 개를 꺼내놓았다. 병 하나에는 물이 들어있 었고, 그 안에서 작은 해룡이 헤엄치고 있었다. 또 다른 병에도 작 은 해룡이 날개를 퍼덕이며 밤하늘의 별처럼 반짝이고 있었다.

나나세는 두 개의 병을 침대 옆 보조탁자에 내려놓았다. 두 마리의 해룡은 아직 새끼였다. 여행 중에 만나 친구가 되었지만 지금은 병에서 꺼내줄 수 없었다. 실제로는 방을 채우고도 남을 만큼 커다란 용들이었고, 자칫 잘못했다간 입에서 불길을 토해내 화재를 일으킬 수도 있기 때문이었다.

"조금만 더 참아. 산책을 나갈 때 데리고 가줄 테니까."

나나세는 병 안에 든 해룡들에게 그렇게 말하고 나서 베란다로 나갔다. 베란다에는 나무 타일이 깔려있었고, 다양한 화분들이 놓여있었다. 이전에 살았던 마녀가 정성스레 식물을 키운 듯했다.

"식물들이 멋지게 자랐어."

나나세는 베란다에 내다놓은 의자에 앉았다.

'이 방에서 얼마나 오래 머물지 알 수 없지만 우리도 화초를 길러볼까? 작은 꽃나무들에 잎이 우거지고 꽃들이 활짝 피어나도록 정성스럽게 가꾸는 거야.'

나나세는 심호흡을 하며 하늘을 올려다보았다. 봄이지만 여전히 밤바람이 찼다. 밤하늘에서 빛나는 별이 마치 수를 놓은 듯 아름다웠다.

'장미를 심어야겠어. 장미꽃 향기를 맡으며 하늘을 올려다보고 있으면 울적한 기분이 모두 가실 거야.'

항구 도시에 온 지 한 달이 지났고, 5월이 시작되었다. 5월은 뭐니 뭐니 해도 장미가 가장 아름다운 계절이었다. 나나세가 머무는 13층의 베란다에는 연분홍 장미와 빨간 장미가 활짝 피어 그윽

하고 상큼한 향기가 가득했다. 마녀에게는 뭐든 가능한 '녹색 손가락'이 있어 모종을 구해 심어놓기만 하면 쑥쑥 자랐다.

나나세가 검은 고양이에게 말했다.

"목향장미도 길러볼까? 오래 전 영국의 식물원에서 목향장미를 본 적이 있어. 목향장미 군락을 보고 있으려니까 마치 빛이 강물이 되어 흐르는 것 같았어."

"언제까지 여기에 눌러앉을 생각이야? '녹색 손가락'이 있으니까 어떤 화초든 쉽게 키울 수는 있겠지만 목향장미가 자라 꽃을 피우려면 제법 많은 시간이 필요해."

"가능한 한 오래도록 여기에서 지내고 싶어."

어차피 마녀에게 주어진 시간은 무궁무진했다. 간혹 여행을 다니지 않고 질리도록 한곳에서만 사는 마녀도 있었다.

숙박비는 얼마든지 준비되어있었다. 엄마에게 물려받은 재산도 아직 많이 남아있었다. 돈이 궁할 경우 점집을 차리면 순식간에 부자가 될 수도 있었다. 기업가나 정치인에게 점을 쳐주고 부와 성공을 안겨주면 손님들이 소문을 듣고 몰려들기 마련이었다. 현재 머무는 지역의 특성을 고려해 약초 가게를 차린 마녀도 있었다. 유전이나 금광을 찾아내 갑부가 된 마녀도 있었다. 마녀가 돈을 벌어야겠다고 마음먹을 경우 실패할 가능성은 전혀 없었다.

"이 마을이 마음에 들어. 바다도 있고 주변 경치도 좋잖아. 당분간 이 마을 사람들을 지켜주며 살고 싶어."

마녀들은 인간이 사는 마을 여기저기에 몰래 섞여들어가 살아간다. 마을 사람들을 지켜보다가 위험에 처하면 달려가 구해준다. 사람들이 위기에 처했을 때 손을 내밀어 구해주는 게 마녀에게 주어진 일이었다. 다만 같은 마을에 오래 정착해 살게 될 경우 마녀 신분이 드러날 수 있기에 적당한 때가 되면 떠나야 한다. 인간은 망각의 존재라서 마녀가 떠나고 시간이 얼마간 지나면 기억 단자에서 아예 지워버린다. 마녀의 삶은 세계 여러 나라를 떠돌아다니다가 마무리된다. 그렇다고 반드시 여기저기 떠돌아다니며 살아야 한다는 규정은 없다. 마녀가 몸을 숨기고자 할 경우 그리 어려운 일은 아니다. 그럼에도 마녀들은 한곳에 정착하지 않고 세상을 떠돌다가 생을 마친다. 마녀에게는 안정된 삶이 목표가 아니기 때문이다.

"마녀들은 세상을 떠돌아다니며 살아가는 존재이고, 나 역시 지금껏 그렇게 살아왔어. 오랜 여행을 하다 보니 몸과 마음이 지쳤나 봐. 한동안 이 마을에서 지내며 기력을 회복하고 나서 다시 떠날 생각이야."

지난날 장미를 기르는 방법을 가르쳐준 마녀들이 떠올랐다. 그들의 손짓, 웃음 짓던 얼굴, 다정한 목소리가 떠오르면서 마음이 애잔해졌다.

"내가 꼬맹이 마녀일 때 여행을 하다가 만난 마녀들로부터 장미를 기르는 방법을 배웠어. 그밖에도 여러 가지 도움을 받았지. 언제나 그들이 나에게 베풀어준 은혜를 마음 깊이 간직하고 살아갈 거야. 내가 지나가는 바람처럼 생을 마치는 날까지 그 마녀들

의 고마움을 깊이 되새기고 기억할 거야.'

나나세는 어깨를 가볍게 추어올렸다가 내렸다. 그들을 자주 만나지 못하고 살아가는 게 슬펐다. 떠돌이처럼 살아야 하는 게 마녀의 생이다 보니 어쩔 수 없는 일이기도 했다.

어느 날 밤 니콜라가 나나세의 방을 찾아왔다.

"모처럼 스튜를 만들었는데 양이 너무 많아요. 아직 저녁식사를 하지 않았으면 같이 먹을래요?"

카페 영업을 하지 않는 날이었다. 낮에 내려가 봤더니 카페 문앞에 정기휴일이라는 팻말이 걸려 있었다.

"마침 식사 전이라 배가 고팠는데 잘됐네요. 이렇게 불러주셔서 감사합니다."

니콜라의 친절을 마다할 이유가 없었다.

"오히려 제가 감사하죠."

니콜라는 미소 띤 얼굴로 바닥에 누워있는 검은 고양이에게 말을 걸었다.

"당신이 먹을 음식도 준비했어요. 닭 가슴살 수프 어때요?"

검은 고양이는 음식이 마음에 드는 듯 반색을 하며 금빛 눈을 반짝였다.

니콜라는 평소와 다름없이 우아하고 아름다운 미소를 짓고 있었지만 오늘 따라 왠지 쓸쓸한 느낌이 묻어났다.

나나세는 니콜라를 따라 주방의 식탁으로 갔다.

"로즈마리 치킨 크림 스튜인데 맛이 어떨지 모르겠어요. 예전에는 자주 만들어 먹던 음식인데 한동안 만들지 않았어요. 모처럼 만들어봤는데 양 조절에 실패하는 바람에 양이 너무 많아요."

스튜를 담은 접시에서 식욕을 당기는 냄새가 스멀스멀 피어올라왔다.

구수한 치킨 냄새와 허브 향, 불그스레한 당근과 푸르스름한 파슬리, 적당히 뿌려놓은 후춧가루의 조합이 너무나 환상적이었다. 둥글둥글하게 다듬은 감자와 반투명 샬롯을 넣은 스튜를 입안에 넣는 순간 저절로 황홀감이 느껴졌다.

"맛이 어때요?"

"한 마디로 기가 막히네요. 제가 이제껏 먹어본 스튜 중에서 단연 최고입니다."

찬사를 들은 니콜라가 손으로 턱을 괴며 밝은 미소를 짓다가 진지한 표정으로 나나세를 바라보았다.

"오래 전에 친한 친구가 있었어요. 나이는 내가 훨씬 더 많았는데 친자매처럼 지냈고, 무슨 일을 하든지 마음이 척척 맞았죠. 회색 머리카락이 허리에 닿을 정도로 긴 친구였는데 이제는 만날 수 없게 되었어요."

니콜라는 그리움이 가득한 눈빛으로 이야기를 이어갔다.

"내가 말하지 않아도 잘 알겠지만 마녀들은 친구를 만들지 않아요. 그 친구와 나는 드물게도 정말 친한 사이였죠. 물론 아무리 친한 사이라고 하더라도 마녀들끼리 깊은 속내를 다 털어놓지는 않아요. 친자매처럼 가깝게 지낸 사이인데 나는 그 친구가 언제 어디에서 태어났는지도 모르고, 어디에 사는지도 몰랐어요. 그저 이 카페에서 함께 차를 마시며 이런저런 이야기를 나눈 게 전부였죠. 그 친구가 세계 여러 나라를 여행하며 경험했던 이야기를 들려주기도 했고, 대화가 끊기면 함께 텔레비전을 보며 시간을 보내기도 했어요."

니콜라가 갑자기 의자에서 일어서더니 텔레비전을 켰다.

"실례할게요. 매일 보는 프로그램이 있어요."

요즘은 보기 드문 브라운관 텔레비전이었지만 생각보다 화면이 선명했고, 음향도 별 문제가 없었다. 니콜라가 마법을 부린 것인지 아니면 원래부터 성능이 좋은 제품이었는지 알 수 없었다.

텔레비전에서 해외 뉴스가 흘러나왔다. 뉴스캐스터가 파란 하늘 아래에 펼쳐진 빌딩숲을 배경으로 뉴스를 시작했다. 화면에 비친 풍경을 볼 때 유럽의 어느 나라 같았다.

니콜라가 즐거운 표정으로 말을 이었다.

"로즈마리 치킨 크림 스튜는 그 친구가 가장 좋아하는 음식이었어요. 언젠가 그 친구에게 만들어주었더니 너무 맛있다며 기회가 되면 또 맛보고 싶다고 하더군요. 그 친구가 세상을 떠돌아다니다가 지쳐 나를 찾아오면 로즈마리 치킨 크림 스튜를 만들어주었어요. 일단 로스트치킨을 만들고, 다른 재료를 첨가해야 하기 때문에 시간이 제법 오래 걸리고, 손이 많이 가는 음식이죠. 음식을 만드는 과정이 조금 복잡하긴 해도 그 친구가 어찌나 맛있게 먹어주던지 만들어준 나도 기분이 좋았어요. 그 친구가 나보다 스튜가 더 그리울 때도 있었다는 농담을 해 나를 웃게 한 적도 있었죠. 내가 만든 음식을 세상에서 최고로 맛있게 먹어주는 친구가 있다는 건 기분 좋은 일이었어요. 이제는 그 친구에게 스튜를 만들어줄 수 없게 되어 슬퍼요. 오늘 따라 그 친구가 그리워 로즈마리 치킨 크림 스튜를 만들어보았는데 양을 너무 많이 했어요. 아마 나 혼자 먹으려면 며칠이 걸렸을 거예요."

나나세가 궁금해 물었다.

"친구 분은 어떻게 되었어요?"

니콜라가 힘없이 대답했다.

"수십 년 전 5월인데 장미가 만개했던 계절이었죠. 그 친구는 한 줄기 광휘만을 남기고 숨을 거두었어요."

마녀는 인간보다 훨씬 오래 살지만 큰 상처를 입거나 마법을 과도하게 사용해 기력이 소진되면 목숨을 잃는 경우가 종종 있었다. 마녀의 육신은 공기 속으로 스며들어 사라지고, 한줄기 광휘로 남았다가 이내 소멸된다.

나나세도 본 적이 있어 잘 알고 있었다.

"정말이지 너무나 슬프고 안타까운 일이네요."

"그 친구를 잃고 나서 어찌나 마음이 아픈지 한동안 식음을 전폐하고 누워 지냈죠. 지금은 많이 나아졌어요. 이미 수십 년 전 일인데 아직도 5월만 되면 그 친구가 생각나 기분이 우울해져요."

니콜라가 나무 스푼을 들었다.

"그 친구가 나를 찾아와 유럽에서 열차사고를 당했던 이야기를 들려주었어요. 아시다시피 유럽은 여러 나라가 국경을 맞대고 있죠. 그 친구가 유럽을 여행하고 있을 때 험준한 산악지대를 달리던 열차가 선로를 이탈해 절벽 아래로 추락하는 대형 사고가 발생했어요. 잘 알겠지만 마녀들에게는 사고를 예견하는 능력이 있죠. 그 친구도 역에서 열차를 기다리는 동안 불길한 예감을 느꼈다고 해요. 맑은 하늘에 갑자기 먹구름이 드리워지더니 비가 쏟아지기 시작하더래요. 아무것도 모르는 여행객들은 마냥 즐거워 보였지만 사고를 예감한 그 친구는 마음이 착잡해 역 대합실을 오가며 발을 동동 굴렀대요. 승객들의 얼굴에 드리워진 죽음의 그림자가 보였고, 많은 사람들이 죽어가는 모습이 머릿속에 그려지더래요. 승객들 대부분이 목숨을 잃을 수도 있는 대형 사고가 예견되는 상황이었지만 열차를 멈춰 세울 방법이 떠오르지 않았답니다. 아무리 머리를 쥐어짜봤지만 사고를 예방할 수 있는 방안을 찾을 수 없어 안절부절못하고 있는데 어떤 남자 아이가 다가오더니 말을 붙이더래요. '누나, 어디 아파요? 얼굴이 창백해요.'라고요. '여행을 오래 하다 보니 지쳐서 그래. 아무튼 걱정해줘서 고마워.'라고 하자 아이가 손에 들고 있던 흰 새의 깃털을 건네며 '어서 기운을 차리길 바랄게요.' 라고 했답니다.

그 친구는 흰 새의 깃털을 손에 들고 서서 열차에 오르는 아이와 가족들 그리고 승객들을 바라보다가 대형 사고가 발생하리라는 걸 알면서도 역에 남아있을 수는 없었기에 급히 열차에 올랐답니다. 아이가 앉은 자리를 지날 때 '고마워, 덕분에 힘이 났어.'

라고 인사를 하자 아이와 아이의 가족들이 다행이라며 기뻐해주었답니다. 그 친구가 자리에 앉자 아이가 다가오더니 스케치북을 보여주더래요. 아이가 크레용으로 그린 그림들을 보니 순수하고, 재기발랄하고, 따스한 행복감으로 가득 차 있었대요. 아이의 웃는 모습과 그림이 전하는 느낌이 매우 닮아보였다고도 해요. 그 친구는 마음속으로 하느님께 빌었대요. 아이가 무사히 살아남아 앞으로도 계속 마음이 따스해지는 그림을 그릴 수 있게 해달라고요. 그런 한편 무슨 일이 있어도 아이를 반드시 지켜주겠다고 결심했답니다. '아이를 반드시 구해낼 거야. 난 위험한 상황에 빠진 사람들을 구조한 경험이 많으니까 이번에도 잘 해낼 수 있을 거야.'라고요."

니콜라는 이야기를 잠시 멈추고 텔레비전 화면을 주시했다. 여전히 뉴스가 흘러나오고 있었다. 고속도로에서 벌어진 사고로 수많은 사람들이 숨졌다는 뉴스였다. 사고 현장에서 절규하는 피해자 가족들의 모습이 화면을 채웠다. 그 와중에도 슬픔을 억누르며 인터뷰에 응하는 피해자 가족도 있었다.

니콜라는 다시 이야기를 이어갔다.

"그 친구는 안타깝게도 사고를 막지 못했답니다. 억수처럼 쏟아지는 폭우 속에서 열차가 선로를 벗어나 절벽 아래로 굴러떨어진 대형 사고가 벌어졌고, 겨우 정신을 차려보니 몸이 나무에 걸려있더랍니다. 까마득한 절벽 아래쪽에서 추락한 열차가 보였대요. 그제야 폭우가 그치고 저녁햇살이 먹구름을 뚫고 얼굴을 살짝 내밀었고요. 그 친구는 심한 부상을 당한 상태였지만 마법의 빗자루를 타고 절벽 아래로 내려갔대요. 열차가 추락한 현장에 도착해보니 참혹한 시신들이 곳곳에 나뒹굴고 있었답니다. 시신을 발견할 때마다 몸을 흔들어봤지만 생존자를 찾을 수 없었다는 군요. 그 친구는 눈에 불을 켜고 아이와 가족들을 찾아다녔다고 합니다. 한참 동안 찾아 헤매 다닌 끝에 결국 쓰러져 있는 아이를 발견했답니다. 그 옆에 아이의 스케치북이 떨어져 있었고요. 기이하게도 아이의 시선이 빗자루를 타고 절벽을 내려오는 그 친구를 향해 있더랍니다. 아이는 의식이 없었지만 숨이 붙어있는 상태였고요.

그 친구는 아이를 안아들고 빗자루에 태워 병원을 향해 날아갔답니다. 시간이 좀 더 있었더라면 신비한 약초를 구해 아이를 치료해줄 수 있었을 텐데 중상을 입은 상태라 일단 수술을 받아야 했답니다. 그 아이를 병원에 데려다주고 나서 다시 빗자루에 올라 사고 현장으로 가봤지만 추가 생존자를 발견하지 못했다고 해요. 아이는 가까스로 목숨을 건졌고, 병원에서 장기 치료를 받게 되었고요.

그 친구는 열차 사고 이후 나를 찾아왔어요. 많이 지쳐 보이긴 했지만 겉보기에는 건강에 큰 문제가 있는 것 같지는 않았어요. 언제나 그랬듯이 해맑게 웃는 얼굴로 로즈마리 치킨 스튜가 먹고 싶다고 해서 부랴부랴 만들기 시작했죠. 최고로 맛있는 스튜를 만들어주고 싶었어요. 오븐에 로즈마리와 소금, 후추, 마늘로 밑간을 한 치킨을 넣고 구웠죠. 주방에서 부지런히 음식을 만들고 있는데 그 친구가 들어오더니 옆에서 일을 도왔어요. 열차 사고 이야기를 들려준 게 바로 그때였죠. 이야기 끝에 아이의 스케치북을 건네주더군요. '절벽 아래에 떨어져있던 스케치북을 챙겨왔는데 경황이 없어 아이에게 전해주지 못했어. 나중에 시간나면 들춰봐. 아이가 그린 그림치고는 정말이지 훌륭해.'라면서요. 내가 '지금 보면 안 될까?'라고 물었더니 아무런 대답이 없는 거예요. 이상한 생각이 들어 돌아보았더니 그 친구가 앉아있던 의자에 한 줄기 광채만이 남아있을 뿐이었어요. 그렇게 먹고 싶어 했던 스튜인데 한 숟가락도 뜨지 못하고 숨을 거둔 거예요. 그 친구는 열차 사고 당시 심한 상처를 입어 회생할 길이 없다는 걸 알고 나를 찾아왔던 거죠. 스케치북은 아직도 내가 보관하고 있어요. 그 친구 말대로 아이가 그린 그림치고는 대단히 훌륭하더군요. 스케치북에 흰 새의 깃털도 들어있었어요."

니콜라는 이야기를 잠시 멈추고 책장 쪽으로 눈길을 돌렸다. 니콜라의 시선을 따라가 보니 낡은 스케치북이 거기에 있었다. 그 옆에 사진 한 장이 놓여 있었다. 망토 차림의 회색 머리 마녀가 마법의 빗자루를 들고 활짝 웃고 있는 사진이었다.

"그 친구 사진인데 딱 한 장만이 남아있어요."

오래된 사진이라 색이 바래있었다. 마녀의 눈동자가 해맑았다.

나나세는 한 번도 만난 적은 없지만 너무 일찍 세상을 떠난 마녀를 생각하니 마음이 아팠다.

"그 친구는 스튜를 만드는 내 모습을 지켜보면서 숨을 거두었어요. 마녀가 아무리 출중한 능력을 갖고 있다고 하더라도 사고를 막을 수는 없어요. 그 친구는 왜 목숨이 위태로운 상황이 벌어질 수도 있다는 걸 알면서도 아이를 살리려고 열차를 탔을까요? 생각할수록 안타깝고 애처로운 생각이 들어요. 심하게 말하자면 정말이지 바보 같은 선택이었는데 그 친구 생각은 달랐겠죠. 이미 수십 년 전에 떠난 친구인데 요즘도 너무나 그리워요."

니콜라가 손목시계를 힐끔 보고 나서 말했다.

"잠시 후 텔레비전에서 놀라운 장면을 보게 될 거예요."

텔레비전 화면에 유서 깊은 성당의 모습이 보였다. 얼굴에 주름이 가득한 노인이 휠체어를 타고 성당 벽에 걸린 대형 그림 앞에 앉아있었다. 노인은 입가에 온화한 미소를 지으며 도수 높은 안경 너머로 대형 그림을 올려다보고 있었다. 노인 옆에 서있는 젊은 여성도 손에 팔레트를 들고 그림을 바라보고 있었다. 그들 옆에 물감이 여기저기 묻어 지저분하기 그지없는 사다리가 세워져있었고, 바닥에는 유화물감과 다양한 종류의 붓, 나이프 등 그림 도구들이 놓여있었다.

노인이 가끔 젊은 여성에게 말을 걸었다. 젊은 여성은 시종 친절하고 상냥한 표정으로 노인을 응대했다.

텔레비전 화면 하단에 두 사람이 할아버지와 손녀 사이라는 자막이 흐르고 있었다. 성당 벽에 걸어놓은 대형 그림은 노인이 젊었을 때 그린 작품이라는 설명도 자막으로 흘렀다. 성당 내부는 그림을 보존하기에 적합한 환경이 아니어서 그림이 일부 손상되었고, 현재 복원 작업이 진행 중이라는 설명이 이어졌다. 화가가 생존해있는 동안 복원 작업이 이루어져야 하기에 작업을 서둘러 진행하게 되었다고 했다.

니콜라가 화면을 바라보며 말했다.

"열차 사고가 나던 날, 그 친구가 목숨을 걸고 구한 아이가 바로 저 화가예요. 아이는 자라서 수많은 걸작을 남긴 화가가 되었죠."

나나세가 물었다.

"사고 당시 구했던 아이가 저 화가라는 건 어떻게 알았죠?"

"마녀의 직감이 작용하기도 했지만 스케치북에 적힌 아이의 이름을 보고 결정적인 힌트를 얻게 되었죠. 흔한 이름이 아닌데다 스케치북에 그린 아이의 그림과 화가의 작품을 볼 때 느껴지는 인상이 왠지 비슷해보였어요. 영혼의 색깔은 달라지지 않으니까요. 화가는 아무리 나이를 먹어도 자신이 타고난 영혼의 색깔로 그림을 그리죠."

화면 하단에 화가의 이력을 알려주는 자막이 나왔다.

화가는 어린 시절에 열차 사고를 당해 몸을 크게 다쳤을 뿐만 아니라 가족들을 모두 잃었지만 친척의 도움을 받아 그림에 전념할 수 있게 되었다. 어려서부터 그림에 재능을 보였고, 미술대학 재학 당시 각종 미술전에 출품해 다수의 수상 경력을 쌓았다. 대학 졸업 후 본격적인 작품 활동을 시작해 오늘날 화가로 대성하게 되었다.

평생에 걸쳐 수많은 걸작을 남겼지만 고령이 되면서 점차 시력이 나빠지고 손놀림이 둔해져 지금은 창작 활동을 중단하고 휴식을 취하고 있다. 그의 재능을 물려받은 손녀와 함께 성당에 걸린 대형 그림을 복원하고 나면 모든 활동을 접고 공식적인 은퇴를 선언할 예정이다. 성당의 대형 그림은 화가가 젊었을 때 그린 대표작 가운데 하나이다.

화가의 말이 나지막하게 흘러나왔다.

"마음의 눈으로 기억 속에 아로새겨진 아름다운 일들과 그리운 사람들을 추억하고, 젊은 세대들을 사랑의 눈으로 바라보고 응원하며 여생을 마칠까 합니다."

화가는 고개를 들어 유서 깊은 성당의 벽면을 장식하고 있는 자신의 그림을 올려다보았다. 화가는 세상에서 사라져도 작품은 후세에까지 길이 전해진다. 석양빛으로 물든 하늘에서 날개를 펼친 천사 하나가 사랑이 가득한 눈으로 아래쪽을 바라보고 있는 그림이었다. 천사의 하얀 손이 아래쪽의 누군가를 향해 뻗어 있었다. 언뜻 보기에 누군가를 구하려는 모습으로 보였다.

나나세는 마녀의 오래된 사진과 그림에 등장하는 천사를 번갈아 쳐다보았다. 밝은 시선, 따뜻한 미소, 사랑스러운 눈길이 마치 하나인 듯 흡사했다.

화가의 말이 다시 흘러나왔다. 화가가 그림을 그리는 작업장에서 녹화한 인터뷰였다.

"저는 어렸을 때 천사를 만났습니다. 우리 가족들이 타고 있던 열차가 억수처럼 쏟아지는 빗속에서 선로를 이탈하는 사고가 발생했습니다. 열차는 엿가락처럼 휘어진 채 절벽 아래로 추락했고, 우리 가족은 물론 승객들 대부분이 숨졌습니다. 몸을 심하게 다친 저는 고통과 공포 속에서 울고 있었습니다. 그때 갑자기 비가 그치더니 금빛 날개를 펼친 천사가 저를 향해 날아왔습니다. 천사는 하얀 손을 내밀어 저를 잡아당기며 이제는 안심해도 된다고 말해주었습니다. '네가 살아있어서 얼마나 다행인지 몰라.' 라면서요. 저는 그 말을 지금도 생생하게 기억합니다.

정신을 차려보니 병원 침상에 누워있었습니다. 의사와 간호사들은 몸을 심하게 다친 내가 어떻게 사고 현장을 벗어나 병원에 올 수 있었는지 의아해하며 다들 기적이라고 입을 모았습니다. 저 역시 정신을 잃은 상태였기 때문에 어떻게 병원까지 오게 되었는지 알지 못합니다. 미루어 짐작건대 천사가 저를 병원에 데려다주었을 것이라고 확신합니다. 제가 병원을 나와서도 이미 여러 번 하늘에서 내려온 천사가 하얀 손을 내밀어주어 살 수 있었다고 말했지만 아무도 믿어주지 않더군요."

화가는 천사를 마주하고 있기라도 한 듯 떨리는 목소리로 말을 이었다.

"제 머릿속에는 여전히 그날 저를 구해주었던 천사의 미소가 생생하게 남아있습니다. 이 성당의 벽에 걸린 대형 그림은 그날 저를 구해준 천사를 영원히 잊지 않고 기억하기 위해 그린 작품입니다. 가급적 제가 보았던 천사의 모습을 그대로 화폭에 담고 싶었습니다.

어느 미술전에 천사의 그림을 보내 최우수 작품상을 받았습니다. 그 이후 더욱 크게 주목을 받게 되었고, 이 유서 깊은 성당의 벽에 걸리게 되었습니다. 저는 이제 시각을 잃어가고 있어 그림을 볼 수는 없습니다. 다만 어린 시절에 보았던 천사의 모습은 여전히 제 마음속에 뚜렷이 남아 있습니다. 이제는 눈이 아니라 마음으로 천사를 만나고 있죠."

성당의 벽에 걸어놓은 그림이 화면에 등장했다. 천사의 자애롭고 따스한 표정과 부드러운 시선이 화면을 가득 채웠다. 한줄기 광채를 남기고 홀연히 떠난 마녀가 거기에 있었다.

검은 고양이가 화면을 바라보며 나직이 중얼거렸다.

"마녀와 성당은 전혀 연관성이 없지 않나요?"

니콜라가 피식 웃고 나서 고개를 끄덕였다.

"그러게요. 우리 마녀들은 천국에도 갈 수 없고, 천사도 되지 못하죠."

니콜라가 고양이에게 물었다.

"닭 가슴살 수프를 좀 더 드릴까요?"

검은 고양이는 수염을 씰룩이며 고개를 끄덕였다.

화면에서 다큐멘터리의 마지막 장면이 나오고 있었다.

화가는 여전히 온화한 미소를 짓고 있었고, 무척이나 행복해 보였다. 나나세는 다시 한 번 마녀의 사진을 바라보며 흐뭇한 미소를 지었다.

비의 동화

　소라야는 프렌치프라이를 기름에 튀기는 고소한 냄새 속에서 오늘도 햄버거 가게의 카운터에서 상냥한 표정으로 손님들을 맞고 있었다. 평일 낮 점심시간이라 제법 손님들이 많은 편이었지만 발 디딜 틈 없이 붐비지는 않았다. 중심가 가게처럼 눈코 뜰 새 없이 바쁘지도 않고, 그렇다고 너무 한산하지도 않아 일하기에 적당한 가게였다.

　"일하기는 편한데 심심하긴 해."

　아르바이트 경험이 많은 선배들은 흔히 그렇게 말했다.

　가게의 출입문이 열리더니 늘 둘이서 함께 오는 할머니들이 안으로 들어왔다.

　소라야가 할머니들의 신발이 젖어있는 걸 발견하고 물었다.

"지금 비가 와요?"

할머니 하나가 말을 받았다.

"아주 조금씩 내려."

"비가 내리는 날에도 불편함을 무릅쓰고 왕림해주셔서 감사합니다."

아침에 스마트폰으로 날씨를 검색했을 때 비가 내릴 확률이 60퍼센트였다. 며칠 동안 회색구름이 짙게 드리워져 있었으니 이제 비가 내릴 때도 되었다.

"오늘은 어떤 햄버거를 드릴까요?"

"늘 먹던 걸로 줘."

"나도."

"생선 패티 햄버거와 라지 사이즈 카페오레, 그리고 핫도그와 보통 사이즈 아메리카노?"

"소라야 군은 역시 기억력이 대단해."

"감사합니다!"

할머니들은 친한 친구 사이였고, 늘 창가 자리에 앉아 이야기 꽃을 피웠다. 이야기가 길어지면 음료수나 디저트를 추가로 주문했다. 어떤 날은 뜨개질을 하다가 갈 때도 있었다.

점장의 말에 따르면 소라야가 이 가게에서 아르바이트를 시작하기 훨씬 전부터 단골이었다고 했다.

소라야는 조리 담당에게 주문사항을 전달하고 나서 커피머신이 있는 곳으로 걸어가 카페오레와 아메리카노를 내렸다.

대학교에 입학하면서 이 소도시에서 살게 되었고, 학교 근처 햄버거 가게에서 아르바이트를 하게 되었다. 요즘은 손님들과 자연스럽게 대화를 나누면서 마음 편히 일하고 있었다.

여러 아르바이트 직종 가운데 하필이면 햄버거 가게를 택한 이유는 지극히 단순했다.

'햄버거를 좋아하니까.'

소라야는 초등학교 때 햄버거를 처음 먹어보았다. 먹기에도 편하고, 맛도 그런대로 괜찮았다. 그 당시 햄버거를 사준 사람은 외할머니 쇼코(薔子)였다.

'그때도 장마철이 시작되는 6월이었지. 벌써 10년이나 지난 일이네.'

쇼코 할머니는 지적이면서도 정이 많았다. 프랑스 산 레이스를 붉은색으로 물들여 원피스 소매 깃을 장식하고 다닐 만큼 멋을 낼줄도 아는 분이었다. 손재주가 좋아 공예품이나 스웨터, 집에서 사용하는 도구들을 직접 만들기도 했다.

소라야는 햇살이 환하게 비치는 방에서 할머니가 안경을 쓰고 공예품을 만드는 모습을 볼 때마다 우아하고 멋지다는 생각이 들었다. 할머니의 집은 항구 근처 바닷가 마을에 있었다. 왠지 모르게 신비스러운 느낌을 풍기는 마을이었다. 그런 마을에서 살아와서인지 할머니도 신비로운 점이 많았다. 할머니의 상냥한 미소와 향수 냄새도 뇌리에 남아 있었다. 할머니는 젊었을 때부터 책을 많이 읽어 다방면으로 박식했다. 작명에도 일가견이 있어 '소라야도 할머니가 지은 이름이었다. 할머니는 마치 이야기 세계에서 살고 있는 듯 상상력이 풍부했다.

엄마가 말하길 할머니의 이름 '쇼코薔子'는 '장미薔薇'에서 따왔다고 했다. 소라야는 그 말을 들었을 때 할머니와 너무나 잘 어울리는 이름이라고 생각했다. 할머니는 성격이 밝고, 정도 많고, 매사에 활기찬 분이었지만 가끔 풀리지 않는 수수께끼처럼 신비한 면모를 보이기도 했다.

소라야는 열한 살이 되던 해에 할머니 집에서 한 달 동안 지낸 적이 있었다. 그 후로도 새해가 다가올 때마다 연하장을 주고받긴 했지만 할머니가 사는 바닷가 마을에는 한 번도 가보지 못했다. 혼자서 가기에는 너무 먼 곳이기도 했고, 자주 근무지를 옮겨다니는 부모를 따라 이사를 다니느라 찾아가볼 겨를이 없기도 했다. 요즘은 대학교에 진학해 새로운 과정에 적응하느라 바쁘게 지내다보니 더욱 할머니를 찾아갈 시간을 내지 못했다.

'할머니는 건강하게 잘 지내고 계시겠지?'

할머니 집에서 지내다가 집으로 돌아왔던 때가 요즘 같은 장마철이었다. 그래서인지 오늘 따라 할머니가 무척이나 그리웠다.

햄버거를 담은 식판을 내려놓자 할머니 한 분이 소라야를 올려다보며 장난스럽게 말했다.

"소라야 군, 자네는 미소가 상큼해서 좋아."

다른 할머니도 맞장구를 쳤다.

"꽃미남이라서 그래."

"고맙긴 한데 과찬이세요. 제가 꽃미남이라니요."

소라야는 어려서부터 잘 생겼다는 말을 자주 들었다. 성격이 내성적이라 늘 조용하게 지내는 아이였고, 남들 앞에서 돋보이려고 애쓴 적도 없는데 여자 아이들에게 제법 인기가 많았다. 남자 아이들이 소라야를 질투해서인지 툭하면 시비를 걸며 괴롭혔다. 학교에 가기만 하면 아이들에게 괴롭힘을 당하는 날들이 계속되다보니 하루하루가 끔찍한 악몽의 연속이었다. 결국 견디다 못해 부모에게 학교를 그만두고 싶다고 했다. 처음에는 반대하던 부모도 허구한 날 아이들에게 매를 맞고 울면서 돌아오는 아들을 두고 볼 수 없었던지 잠시 집에서 쉬면서 대안을 찾아보자고 했다. 그때가 초등학교 5학년 때였고, 열한 살이 되던 해였다.

학교를 그만두자 수시로 괴롭히던 아이들을 보지 않아서 좋았지만 어린 마음에도 미래를 생각하면 암담하기 그지없었다.

'학교에 다니지 않고도 세상을 살아갈 수 있을까?'

소라야는 잔뜩 풀죽은 얼굴로 하루 종일 방안에 틀어박혀 지냈다. 소라야 때문에 애를 태우던 어머니가 고심 끝에 할머니가 사는 바닷가 마을로 아들을 보내기로 했다. 어머니는 내심 소라야가 살아온 연륜 만큼이나 지혜롭고 정이 많은 할머니와 한 집에서 지내다보면 뭔가 배우는 게 있으리라 기대하고 내린 선택이었다.

하늘에 먹구름이 짙게 드리워져 있던 6월 어느 날에 소라야는 어머니의 손에 이끌려 할머니가 사는 바닷가 마을에 갔다. 회사원인 어머니는 소라야를 데려다주고 곧장 집으로 돌아갔다.

그날부터 소라야는 바닷가에 있는 할머니 집에서 이모네 가족들과 함께 지내게 되었다. 할머니의 자상한 보살핌 덕분에 가까스로 마음을 추스른 소라야는 한 달 만에 집으로 돌아와 다시 학교에 다닐 수 있게 되었다.

바닷가 마을에서 돌아온 소라야는 용기 있는 아이가 되었다. 수줍음을 많이 타 잘 생겼다는 말을 들으면 얼굴이 벌겋게 달아오르곤 했는데 할머니 집에 다녀온 이후로는 자연스러운 미소로 받아들일 수 있는 여유가 생겼다.

소라야는 문득 할머니가 보고 싶었다.

"소라야 군의 미소는 백만 불짜리야. 소라야 군이 활짝 웃으며 반갑게 맞아주는 모습을 볼 때마다 여기에 오길 잘했다는 생각이 들어."

"고맙습니다. 제 미소는 무료니까 필요하면 언제든지 주문해주세요."

"성격도 시원시원하고 싹싹해서 좋아. 그럼 이제부터 매일 소라야 군의 미소를 주문할게."

할머니들과 소라야가 농담을 주고받는 모습을 보고 있던 다른 손님들도 덩달아 웃음을 터뜨렸다.

"소라야 군 같은 손자가 있었으면 좋겠어."

"나도 그래. 소라야 군은 할머니들 기분을 잘 맞춰줘."

소라야는 가게를 찾는 손님이라면 나이와 관계없이 누구에게나 친절하게 대했지만 할머니들과 이야기를 나눌 때가 가장 즐거웠다. 할머니들을 만나면 일단 친밀감이 느껴지고 말이 잘 통했다. 바닷가 마을에서도 할머니와 함께 있을 때면 언제나 마음이 편안하고 즐거웠다. 힘든 일이 있거나 마음이 약해질 때면 언제나 할머니를 떠올리며 용기를 냈다.

소라야와 동갑내기인 이종사촌 리쿠오의 가족들은 여전히 바닷가 마을에서 할머니와 함께 살고 있었다. 어린 시절에는 할머니와 한 집에 사는 리쿠오가 그렇게 부러울 수 없었다. 할머니와 리쿠오가 있는 집에서 계속 머물고 싶은 마음이 간절했지만 학교에 다시 나가야 한다는 생각에 집으로 돌아왔다.

리쿠오가 할머니 집에서 함께 살자고 설득했던 기억이 났다.

"내 방이 넓으니까 우리 둘이서 같이 써도 전혀 불편하지 않아. 네가 계속 여기에 있겠다고 하면 할머니도 무척 좋아할 거야."

나이는 같지만 몇 달 먼저 태어난 리쿠오는 언제나 형처럼 너그러웠다. 할머니 집에서 지낼 때 소라야는 리쿠오와 늘 붙어 다녔다. 셀룰로이드 뿔테 안경을 쓴 리쿠오는 어릴 때부터 생각이 깊고 태도가 의젓했다. 동물을 좋아해 병든 길고양이를 집으로 데려와 돌봐주기도 했다. 리쿠오는 정원에 고양이집을 만들어주고, 용돈을 쪼개 고양이밥과 담요를 사고, 병원비도 마련했다.

고양이는 이름이 시로타였고, 구내염이 심해 음식을 제대로 먹지 못했다. 리쿠오는 병든 시로타가 침을 흘려 가슴팍이 더러워져도 개의치 않고 늘 끌어안고 지냈다.

"시로타가 식욕은 있는데 입 안이 헐어서 먹지를 못해. 구내염이 나아야 음식을 맘껏 먹을 수 있을 텐데 정말 불쌍해."

리쿠오는 고양이가 음식을 먹지 못하는 걸 볼 때마다 안타까워했다. 소라야와 리쿠오는 둘 다 외동인데다 자매 사이인 어머니들끼리도 우애가 좋아 어릴 때부터 친하게 지냈다.

리쿠오를 만나지 못한 지 어언 10년이 되었지만 여전히 친근감을 느끼고 있었다. 당장 만나더라도 어제 헤어진 듯 자연스럽고 편안하게 이야기를 나눌 수 있을 듯했다. 가끔 어머니들끼리 길게 통화할 때 리쿠오를 잠깐 바꿔주어 이야기를 나눈 적이 있을 뿐 개별적으로 연락을 주고받지는 못했다. 서로 대학 진학을 위해 공부에 열중하느라 바쁘기도 했다. 어머니를 통해 리쿠오가 의과대학에 진학했다는 소식을 들었다. 리쿠오의 어머니와 아버지, 그러니까 이모와 이모부도 의사였다.

'리쿠오는 머리가 좋으니까.'

리쿠오의 책장에는 추리소설이 빼곡하게 꽂혀 있었다. 소라야는 리쿠오가 재미있다고 추천해주는 추리소설을 여러 권 읽어보았다. 소라야는 리쿠오 덕분에 추리소설을 좋아하게 되었다. 할머니 집의 책장에는 책이 빼곡하게 꽂혀 있었다. 소라야는 할머니 집에 있을 때 책을 읽는 재미에 푹 빠져 지냈다.

"난 의사가 되어 어려운 가정 형편 때문에 병원에 오지 못하는 아이들을 무료로 진료해주고 싶어. 병원을 차리려면 시설비가 많이 들지. 그나마 난 부모님의 병원을 물려받을 수 있으니 적어도 시설비 걱정은 하지 않아도 돼."

겨우 몇 달 먼저 태어난 리쿠오가 어른처럼 보이는 순간이었다.

소라야는 문득 할머니와 리쿠오가 그리워 바닷가 마을에 가보고 싶었다. 손자들이 대학생이 된 만큼 할머니 역시 고령이 되었다. 할머니는 일찍 세상을 떠난 할아버지처럼 혈압이 높고, 콜레스테롤 수치가 높아 항상 약을 복용하고 있었다. 할머니가 당장 쓰러지지는 않더라도 고령이 되면 누구나 건강을 장담할 수 없는 법이었다.

소라야는 대학생이 되자마자 집을 떠나 혼자 살고 있어 할머니에 대한 소식을 거의 듣지 못했다. 소라야의 부모는 맞벌이였고, 두 분 다 회사에서 중책을 맡고 있어 바쁘게 살아가고 있었다. 소라야는 난생처음 혼자 사는 게 나름 재미있었지만 손수 빨래도 하고, 식사도 해결해야 하고, 수업이 끝나면 아르바이트를 해야 하기 때문에 늘 시간이 빠듯했다.

대학생이 되고 나서 2년이라는 시간이 눈 깜짝할 사이에 지나갔다. 부모에게조차 자주 연락하지 못했다. 소라야의 부모는 아들을 신뢰해 뭐든 알아서 하게 맡겨두는 편이었다. 대학에서 전공을 선택해야 할 때도 소라야에게 전적으로 맡겨두었다. 부모 자식 간이지만 서로 만나지 못하고 지내는 날들이 길어지다 보니 점점 소원해지는 느낌이 들었다. 어린 시절에도 부모의 일이 바빠 가족들이 한자리에 모여 앉아 즐거운 이야기를 나눌 시간이 그리 많지 않았다. 다른 아이들이 부모의 따스한 보살핌을 받을 때 소라야는 혼자서 집을 지키고 있었던 적이 많았다. 그나마 할머니 집에서 보낸 시간들이 부족했던 부모의 정을 대신 채워주었다.

'할머니가 조금이라도 건강할 때 만나봐야 해.'

할머니 집에서 보내면서 많은 추억을 쌓았고, 어려움을 헤쳐 나가는데 필요한 용기를 얻었다.

'할머니와 함께한 날들이 없었다면 아마 나는 지금처럼 늠름하고 씩씩하게 살아갈 수 없었을 거야.'

소라야는 할머니에게 말로 형언할 수 없을 만큼 따스한 사랑을 받았다. 언제나 마음 깊은 곳에 할머니와 함께했던 시간들이 좋은 추억으로 남아있었다. 지난 10년 동안 할머니를 한 번도 찾아보지 않은 게 후회되었다.

'마침 이번 주말에 아르바이트 급여를 받으니까 할머니에게 줄 선물을 준비해 바닷가 마을에 다녀와야겠어.'

소라야는 미리 연락을 할까 하다가 그냥 찾아가기로 했다. 할머니의 건강이 그다지 좋지 않을 텐데 모처럼 손자가 온다고 음식을 대접할 준비를 하느라 번거롭게 하고 싶지 않았다. 연락도 없이 갑자기 나타나 할머니를 깜짝 놀라게 해주고 싶었다. 10년이라는 시간이 흐르는 동안 툭하면 눈물을 흘리기 일쑤였던 손자가 활달한 대학생이 되어 있는 모습을 보여주고 싶었다.

'내가 대학생이 되어 햄버거 가게에서 아르바이트를 하고 있다고 하면 할머니와 이모네 가족들이 다들 깜짝 놀라겠지?'

소라야는 스마트폰으로 바닷가 마을이 있는 항구 도시까지 열차를 타고 갈 경우 시간이 얼마나 소요되는지 알아보았다. 넉넉

잡아 반나절이면 충분했다. 어릴 때는 너무 멀어 혼자서는 도저히 찾아갈 엄두가 나지 않았는데 이제 어른이 되어서인지 그다지 먼 거리도 아니라는 느낌이 들었다. 책을 읽거나 음악을 들으며 가끔씩 차창 밖으로 스쳐 지나는 풍경을 감상하다보면 반나절쯤은 금세 지나가버릴 테니까.

장마철이라 비가 많이 내리고 있었지만 열차 여행이라 딱히 방해될 게 없었다. 철길 주변의 주택 담장 너머로 탐스러운 꽃들이 만개해있을 계절이었다. 무엇보다 수국이나 달리아가 활짝 피는 계절이었고, 운이 좋으면 제라늄이나 베고니아도 볼 수 있을 듯했다. 장마가 끝나면 칸나와 해바라기를 볼 수 있겠지만 장미가 한창인 계절이 끝나가고 있다는 게 아쉬웠다. 장미는 5월이 절정이니까 아직 꽃을 볼 수 있다고는 하더라도 끝물이라 시들해져있을 가능성이 컸다. 장미는 비와 더위에 약하니까.

할머니는 이름과 관련이 있어서인지 장미를 각별히 좋아했다. 할머니 집 정원에는 많은 꽃들이 있었지만 그 중에서도 장미가 유난히 많았다. 이미 시들어 물을 흠뻑 먹고 있을 장미를 생각하니 좀 더 일찍 찾아가볼 생각을 하지 못한 게 아쉬웠다.

손가락으로 고개 숙인 꽃봉오리를 만져보면 까슬까슬한 감촉이 느껴진다. 마치 비에 젖은 고양이의 털을 만지는 느낌과 흡사하다. 할머니의 집에서 지낼 때 시든 꽃잎에 코를 대보면 달착지근한 향기가 나곤 했다.

소라야는 마침내 고대하던 주말이 되어 할머니가 사는 바닷가 마을로 떠나는 열차에 올랐다. 책을 읽는 틈틈이 바깥 경치를 구경하면서 가다보니 반나절이 금세 지나버렸다.

항구 도시의 역에서 내려 플랫폼을 걸어 나올 때 어릴 때 들어본 적이 있는 시계탑 종소리가 낭랑하게 울려 퍼졌다. 역을 나와 거리로 나서자 바람에 실려온 바다 냄새가 코로 스며들었다.

그해 6월에는 어머니와 동행했다. 어머니는 소라야를 할머니 집에 데려다주고 나서 일이 바빠 곧장 되돌아갔다. 소라야는 어머니가 떠나고 할머니 집에 혼자 남게 되자 마음이 불안하기 그지 없었다. 할머니를 만나 인사하고 몇 마디 말을 주고받고 나서야 불안감이 눈 녹듯이 사라졌다.

어릴 때 할머니로부터 들은 이야기가 떠올랐다.

"이 마을에는 신기한 이야기가 많이 전해진단다. 항구 근처 미카즈키 거리에는 마을을 지키는 마녀가 살고 있어."

산타클로스의 존재도 믿지 않았던 소라야는 할머니의 말을 곧이곧대로 받아들일 수는 없었다. 마녀는 동화책에서나 볼 수 있는 허구의 존재라고 믿고 있었으니까.

할머니는 마녀와 요정이 등장하는 이야기를 좋아했다. 손자들을 앞에 앉혀두고 항구 근처 미카즈키 거리에 사는 마녀 이야기도 자주 들려주었다.

소라야는 언젠가 어머니로부터 들은 이야기가 떠올랐다.

"네 할머니로부터 마녀 이야기를 귀에 딱지가 앉을 정도로 들으며 자랐단다. 항구 근처 미카즈키 거리에 사람들을 지켜주는 마녀가 살고 있다는 말도 들었는데, 나는 본 적이 없어. 네 할머니 말에 따르면 마녀들은 은밀히 사람들을 돕기 때문에 눈에 띄지 않을 뿐 분명 존재한다는 거야. 네 할머니는 어린 시절에 우연히 마녀를 만나게 되었고, 이후로는 줄곧 친구로 지내왔다고 했어. 몸이 많이 아프거나 힘든 일이 있을 때마다 마녀를 찾아가 약을 지어왔는데 효과가 탁월했대. 마녀는 굉장히 뛰어난 능력을 갖고 있지만 사람들을 돕는 존재라서 절대로 위험하지 않다고 했어. 네 할머니 집 정원에는 꽃나무들이 많아 철마다 다양한 꽃들을 감상할 수 있단다. 네 할머니가 꽃을 잘 키우는 것도 마녀에게 배웠기 때문이래.

네 할머니의 말에 따르면 미카즈키 거리뿐만 아니라 세계 전역에 마녀들이 살고 있대. 인적이 드문 뒷골목에 주로 살지만 고층 빌딩이 즐비한 대도시 한복판에서 몰래 숨어 사는 마녀도 있다고 했어. 어릴 때는 네 할머니가 마녀 이야기를 들려줄 때마다 마음을 설레며 귀를 기울이곤 했지. 언젠가 네 할머니와 함께 미카즈키 거리에 있다는 〈마녀의 집〉을 찾아 나선 적도 있어. 거긴 술집들이 많은 유흥가라서 아이 혼자서 가기에는 무서운 곳이라 부득이 네 할머니를 졸라 함께 찾아 나서게 된 거야. 하루 종일 〈마녀의 집〉을 찾아 헤맸는데 끝내 헛걸음을 하고 말았어. 네 할머니가 말하길 〈마녀의 집〉은 인간들이 쉽게 찾아가지 못하도록 마법을 걸어놓았다는 거야. 네 할머니는 어느 날 길을 잘못 들어 우연히 〈마녀의 집〉을 방문하게 되었고, 그때부터 마녀와 친구가 되었대. 그렇지만 네 할머니조차 원한다고 해서 매번 방문할 수 있는 건 아니라는 거야.

어른이 되어 바닷가 마을을 떠나 살다보니 네 할머니에게 들었던 마녀 이야기들이 죄다 허구였다는 생각이 들기도 해. 어른이 되면 마법의 세계나 신비로운 전설, 기적 같은 걸 믿지 않게 되니까.

네 할머니는 유럽과 미국의 판타지 소설을 좋아했어. 그런 책들을 많이 읽다 보니 마녀를 만났다는 말을 지어낸 것일 수도 있다는 생각이 들기도 해. 네 할머니는 꽃의 요정 이야기도 자주 들려주었지. 메르헨^{Märchen}(예로부터 전승된 신비로운 이야기나 동화를 일컫는 독일어 - 옮긴이 주) 세계에 푹 빠져 살았으니까. 번역가가 되어 좋아하는 판타지 소설과 신비로운 동화를 직접 번역해 책으로 내고 싶어 했는데 끝내 뜻을 이루지 못했어. 네 할머니가 어린 시절에 외국어 공부를 하러 유학을 떠나겠다고 하자 어른들이 한사코 반대하는 바람에 꿈을 접을 수밖에 없었대."

할머니는 독학으로 영어 공부를 했지만 실력이 뛰어났다. 영어 말고도 다양한 외국어를 독학으로 마스터했다. 외국어를 익힌다는 건 새로운 세계의 문을 열어젖히는 것과 다름없다는 게 할머니의 지론이었다. 소라야는 할머니의 영향을 받아 대학에서 영문학을 선택하게 되었다.

어머니는 아련한 미소를 지으며 다시 말했다.

"아무튼 〈마녀의 집〉 이야기는 기승전결이 너무나 완벽했어.

이 세상에 마녀가 실제로 존재한다고 믿지는 않지만 네 할머니로부터 들은 신비로운 이야기들이야말로 내가 꿈을 키우고, 상상력을 확장시키는 바탕이 되어주었다고 믿어. 어린 시절에는 미카즈키 거리에 실제로 〈마녀의 집〉이 존재하고, 그 집에 마을 사람들을 안전하게 지켜주는 마녀가 살고 있다고 철석같이 믿었지. 어린 시절에는 끝내 그 집을 찾아내지 못했지만 이제라도 다시 한 번 찾아가보고 싶어."

6월의 뜨거운 햇살이 역사로 쏟아져내렸다. 천장의 스테인드글라스를 투과한 빛이 역사를 아름답게 물들였다. 어렸을 때는 역사의 천장이 지금보다 훨씬 더 높고, 대합실도 넓어보였다. 여전히 아름다운 건물이라는 생각이 들었지만 너무 오래되어 부식되거나 갈라진 곳이 눈에 보일 정도로 많았다.

'할머니에게서 들은 이야기는 허구이든 사실이든 따지지 않고 무조건 믿어주고 싶어요. 어머니도 저랑 같은 생각일 거예요.'

소라야는 개찰구를 향해 걸어가며 그렇게 생각했다.

할머니가 들려준 마법의 세계가 진짜 존재한다고 믿고 싶었다.

아무리 과학이 발달한 시대라지만 '마녀는 존재하지 않아.'라고 잘라 말할 수 있을까? 아무리 유인 우주선이 화성으로 날아가는 시대가 되었다지만 마법의 세계가 존재하지 않는다는 사실을 증명할 수 있을까?

10년 만에 찾아왔지만 할머니가 사는 집은 어린 시절의 기억 속 남아있는 모습 그대로였다. 잎이 무성한 나무들, 벽을 타고 오르는 담쟁이덩굴, 정원을 아름답게 수놓은 꽃들······.

할머니 집 옆에 예전과 다름없이 이모와 이모부가 환자들을 진료하는 병원 건물이 나란히 붙어있었다. 오래된 병원 건물도 잔뜩 물기를 머금은 나무들과 온갖 꽃들로 덮여있어 마치 할머니 집과 쌍둥이처럼 보였다.

문득 할머니가 해준 말이 떠올랐다.

"장마철에는 나무들이 비를 흠뻑 빨아들여 잎이 무성해지는 거란다."

초인종을 누르자마자 발소리와 함께 문이 열렸다. 눈앞에 셀룰로이드 뿔테 안경을 쓴 젊은 남자가 서있었다.

"리쿠오?"

"설마! 소라야?"

"그래 내가 소라야야."

"이게 얼마만이야. 정말 반가워."

리쿠오가 한달음에 다가와 소라야의 등을 안아주었다.

"오늘 모처럼 집에 있는 날인데 때 맞춰 잘 왔어. 혹시 마녀가 알려준 거야?"

"그냥 갑자기 결정했는데 마침 네가 집에 있는 날이어서 다행이야. 할머니는 건강이 어때?"

리쿠오의 얼굴이 갑자기 어두워졌다.

"그다지 좋지 않아."

소라야는 리쿠오를 따라 할머니 방으로 걸어가는 동안 마음이 무거웠다.

"아버지는 학회 일 때문에 출타 중이고, 어머니는 병원에서 환자들을 진료하고 있어. 나도 실험 실습 과제가 많아 주말에도 학교에 나가는 날이 많은데 오늘은 모처럼 집에서 쉬고 있었지. 할머니의 건강이 눈에 띄게 안 좋아져서 이모네 집에도 연락할까 고려하고 있던 중이야. 5월부터 이른 더위가 시작되면서 할머니의 건강이 부쩍 나빠졌어. 요즘은 자리에서 일어나지도 못하고 하루 종일 누워 계시지. 널 보는 순간 할머니의 건강이 안 좋다는 소식을 듣고 찾아온 줄 알았어."

"어디가 어떻게 안 좋으신데?"

"너도 알다시피 할머니도 이제 고령이잖아. 어디가 딱히 아프다기보다는 전반적으로 다 안 좋아. 안타깝지만 자연스러운 일로 받아들일 때가 되었어."

리쿠오가 할머니의 방문을 열었다.

소라야는 방에 들어가면서 조용한 목소리로 할머니를 불렀다.

"할머니! 소라야가 왔어요."

할머니는 침대에서 몸을 웅크리고 잠들어 있었다. 서양 귀부인처럼 보였던 우아하고 활기찼던 자태는 그 어디에서도 찾아볼 수 없었다. 할머니가 천천히 눈을 뜨더니 소라야를 발견하고 환하게 웃었다.

"어서 오세요."

할머니의 눈은 여전히 맑고 아름다웠지만 얼굴 가득 주름살이 덮여있었고, 피부가 거무죽죽하게 변색돼있었다. 기억 속의 할머니는 얼굴에 윤기가 흐르고 탄력이 넘쳤는데 지금은 눈이 움푹 들어간 데다 생기를 잃은 모습이었다.

"할머니! 소라야가 왔어요. 너무 늦게 와서 죄송해요."

목소리가 목구멍에 들러붙어 잘 나오지 않았다.

할머니가 소라야를 바라보면서 힘없는 목소리로 말했다.

"잘 생긴 청년이 왜 슬픈 표정을 짓고 있어요? 우리 손자와 똑같이 생겼네요. 이름이 소라야인데 내가 이름을 지어주었지요."

리쿠오가 귓가에 대고 말했다.

"할머니는 총기가 흐려져서 나도 못 알아볼 때가 있어. 그 점을 감안해서 들으라는 얘기야."

할머니가 혼잣말을 하듯이 손자 이야기를 이어갔다.

"소라야는 정말 착한 아이였어요. 아이들이 아무리 해코지를 해도 묵묵히 참았죠. 노기가 차오르면 그냥 내버려두지 말고 풀어야 하는데 역정을 내지 못하는 아이라서 마음에 잔뜩 쌓아두고 있었나봐요. 아이들이 소라야를 심하게 괴롭혀 한때 학교에 나가지 못한 적이 있어요. 그때 내가 소라야를 잠시 돌봐주었죠. 가끔 소라야가 전나무 아래에 앉아 고양이를 쓰다듬어주며 우는 모습을 봤어요. 그 모습을 본 나도 어찌나 마음이 아프던지 몰래 눈물을 훔치곤 했죠."

할머니는 지난 일이 생생하게 떠오르는 듯 소녀 같은 표정으로 미소를 지었다.

"심성이 고운 소라야가 하루 빨리 상처를 극복하고 학교에 나갈 수 있길 바랐어요. 소라야는 스스로 자신을 겁쟁이라 여기며 부끄러워했는데 난 전혀 그렇게 생각하지 않았어요. 소라야에게 꼭 해주고 싶은 말이 있었는데 기회를 놓쳐 속상해요. '소라야, 넌 겁이 많은 게 아니라 마음이 너무 착한 거란다. 다른 아이들이 아무리 괴롭혀도 화를 내며 달려들지 않은 건 두려워서가 아니라 친구들과 싸우는 게 싫었기 때문이야.'라고요. 끝내 그 말을 해주지 못해 마음이 무거웠는데 소라야가 결국 혼자 힘으로 잘 극복해냈다는 말을 들었어요. 그 말을 듣고 얼마나 기쁜지 춤을 덩실덩실 추고 싶었죠. 초면인데 내가 말을 너무 많이 했나봐요."

할머니는 힘이 드는 듯 숨을 크게 내쉬며 힘없는 눈길로 창밖의 정원을 내다보았다.

"시로타가 저기에 와있었네. 소라야와 리쿠오는 어디 갔지?"

돌아보니 하얀 고양이가 창문으로 방안을 들여다보고 있었다.

리쿠오가 다시 작은 목소리로 귀띔을 했다.

"저 고양이는 시로타가 아니야. 시로타는 기적적으로 병이 나아 한동안 잘 살다가 편안하게 죽었어. 시로타처럼 집을 잃고 헤매던 길고양이인데 내가 데려와서 돌봐주고 있어. 저 고양이도 시로타처럼 구내염이 심하다보니 할머니가 종종 헷갈려해."

리쿠오가 하얀 고양이를 안쓰러운 눈으로 바라보았다.

"저 고양이도 시로타처럼 입안이 헐어 허기가 져도 음식을 잘 먹지 못해."

할머니가 다시 혼잣말을 했다.

"기회가 되면 〈마녀의 집〉에 가서 약을 구해와야겠어요. 시로타가 불쌍하잖아요. 소라야와 리쿠오가 저 불쌍한 고양이 때문에 얼마나 마음 아파하는지 몰라요."

리쿠오가 눈물을 참으며 아랫입술을 깨물었다. 소라야도 눈물이 나려는 걸 간신히 참았다.

"아프기 전에 〈마녀의 집〉에 갔었는데 맛있는 차를 끓여주기에 마시고 왔어요. 그때는 다른 볼일이 있어 가긴 했지만 시로타의 약을 구해왔어야 하는데 깜빡 잊고 말았죠. 요즘은 자주 정신이 오락가락해서 중요한 일을 자주 잊어요."

할머니는 한숨을 쉬고 나서 다시 눈을 감았다.

"이번에 가면 시로타의 약을 꼭 구해올 거예요."

할머니는 그 말을 끝으로 잠이 들었다.

리쿠오가 손을 잡아당기며 소라야에게 방에서 나가자는 눈짓을 보냈다.

할머니의 방을 나온 리쿠오가 시선을 아래로 내리며 말했다.

"할머니는 점점 기억이 희미해져가고 있어. 네 마음이 어떨지 짐작이 가. 마음이 많이 아프겠지만 할머니가 엉뚱한 말을 하시더라도 그러려니 하고 받아들일 수밖에 없어. 틀린 말을 고쳐주려고 하면 할머니가 몹시 혼란스러워할 거야. 조금 전에 할머니는 〈마녀의 집〉 다녀왔다는 말씀을 하셨지만 내가 굳이 말하지 않아도 알 거야. 할머니는 최근 몇 달 동안 집밖으로 나간 적이 없어. 기력이 쇠해 계속 방에서 누워계셨지. 할머니가 점점 기억을 잃어가는 게 안타깝지만 고령이 되면 대부분 겪는 자연 현상이야. 마음이 아프더라도 있는 그대로 받아들이는 수밖에 없어."

"무슨 말인지 아니까 너무 걱정하지 마. 요즘 햄버거 가게에서 아르바이트를 하고 있는데 자주 들르는 할머니들이 있어. 그분들을 대할 때마다 할머니가 생각나더군. 손님들 중에 알츠하이머를 앓는 노인들을 돕는 간병인도 있어. 그가 가끔 푸념삼아 하는 말을 들은 적이 있어서 기억을 잃는다는 게 어떤 의미인지 알아."

리쿠오가 홍차를 끓여주겠다며 추억이 가득한 주방으로 갔다. 그가 홍차에 각설탕을 두 개나 집어넣는 모습을 보고 사람의 습관은 그리 쉽게 바뀌지 않는다는 걸 새삼 느꼈다. 리쿠오는 어릴 때부터 단맛을 좋아했다.

"네가 와서 많은 힘이 돼. 솔직히 나도 요즘 많이 지쳤어. 앞으로도 할머니의 건강은 나아지기보다는 점점 더 나빠질 가능성이 커. 기억도 갈수록 희미해지겠지. 기적이 일어나지 않는 한 더 나아질 수는 없으니까."

소라야는 가만히 입술을 깨물었다.

"할머니의 말대로 이 마을에 신비한 약을 만들어주는 마녀가 살고 있을까?"

"글쎄. 언젠가 할머니가 실제로 〈마녀의 집〉에서 구내염 약을 조제해온 적이 있어. 시로타가 그 약을 먹고 나서 건강해졌어. 다만 할머니가 실제로 마녀를 만나 약을 지어왔는지는 아무도 몰

라. 할머니 말고는 마녀를 만나본 사람이 없으니까."

"마녀가 지어주는 약을 먹으면 할머니가 건강해질 수 있을까?"

"아무리 마녀라고 해도 할머니의 건강을 다시 찾아줄 수는 없을 거라고 생각해. 일시적으로 건강이 나아질 수는 있겠지만 오래 지속되길 기대할 수는 없을 거야. 어느 누구도 인간의 수명을 한없이 늘리거나 죽은 자를 되살릴 수는 없어. 사실 방금 전에 내가 했던 말은 네가 여기에 있을 때 할머니가 우리에게 해주었던 말이야. 늙고 병들어 죽는 건 모든 인간들이 겪어야 하는 자연 현상이야."

"그래, 나도 할머니가 했던 말을 또렷이 기억하고 있어."

소라야는 고통스럽게 말을 이었다.

"할머니를 만나게 되면 덕분에 내가 늠름하고 씩씩한 손자가 되었다고 말씀드리고 싶었어."

소라야는 울컥 눈물이 치솟았지만 이를 악물고 참았다.

"여길 떠나 학교에 다시 나가기 시작한 이후부터 아이들과 원만하게 지낼 수 있게 되었어. 내가 할머니에게 진작 그 말을 전해주었더라면 걱정을 덜어드릴 수 있었을 텐데, 정말이지 아쉬워. 왜 좀 더 일찍 할머니를 찾아뵙지 않았을까? 내가 잘 살아가고 있는 모습을 할머니에게 좀 더 일찍 보여주었더라면 얼마나 좋았을까? 할머니의 기억력이 흐려지기 전에 눈을 맞추고 이야기를 나누지 못한 게 후회스러워."

소라야는 할머니도 다른 노인들처럼 늙고 병들 수 있다는 걸

헤아리지 못했다. 할머니가 언제나 그랬듯이 정원에서 꽃을 가꾸고, 방에서 책을 읽으며 곱고 우아하게 살아가고 있으리라 믿었다. 돌이켜보면 10년이라는 세월이 눈 깜짝할 사이에 지나갔다. '뒤늦게 뉘우치기에 후회(後悔)라고 한다.'라는 말이 있다.

하얀 고양이가 창가로 다가왔다. 리쿠오가 창문을 열어주자 하얀 고양이가 기다렸다는 듯 안으로 들어왔다. 비쩍 마른데다 입가에 피 섞인 침이 묻어있었다.

소라야가 손을 내밀자 고양이가 망설이지 않고 다가왔다. 티슈로 입가에 묻은 침을 닦아주려고 하자 고양이가 목을 뒤로 뺐다.

"나도 침을 닦아주려고 하면 고양이가 피해. 상처 부위를 건드리면 몹시 아프니까 그렇겠지. 시로타를 처음 데려왔을 때처럼 이 고양이도 아직 어린데 기적이 일어나지 않는 한 살아갈 날이 얼마 남지 않았어. 고양이 에이즈가 구내염을 일으킨 원인이야. 현재는 백약이 무효해."

뼈만 앙상하게 남은 고양이가 맑은 눈동자로 소라야와 리쿠오를 바라보고 있었다. 제발 병을 낫게 해달라고 간절히 애원하는 듯했다.

"시로타도 이 고양이처럼 애타는 눈길로 우릴 바라보곤 했지."

그 당시 소라야와 리쿠오는 시로타가 곧 죽게 될까봐 애간장을 태우며 하루하루를 보냈다.

소라야는 눈물이 그렁그렁한 눈으로 할머니에게 물었다.

"시로타가 이대로 죽게 될까요?"

소라야와 리쿠오는 시름시름 앓으며 죽어가는 고양이를 살릴 방법이 없어 오로지 할머니의 얼굴만 바라보았다.

할머니가 잔잔한 미소를 지으며 말했다.

"마녀를 만나 약을 지어달라고 부탁할 거야. 〈마녀의 집〉에 가는 길에는 마법이 걸려 있어 할머니가 원한다고 해서 언제나 찾아갈 수 있는 곳은 아니란다. 어떤 때는 쉽게 찾아내기도 했지만 헛걸음을 하는 경우가 더 많았어. 이번에 꼭 마녀를 만나볼 수 있었으면 좋겠구나."

소라야가 할머니 집을 떠나 집으로 돌아갈 때까지 시로타의 병은 낫지 않았다.

집으로 돌아오고 나서 얼마 안 지나 시로타의 병이 나았다는 소식을 전해 들었다. 어머니의 말에 따르면 할머니가 〈마녀의 집〉에서 구해온 약을 먹고 감쪽같이 나았다고 했다.

소라야는 지난날을 생각하다가 고개를 저었다.

'〈마녀의 집〉이 있을까? 그럴 리 없어.'

믿기 힘든 일이었지만 실제로 마녀가 있어 할머니와 하얀 고양이의 병을 낫게 해줄 수 있다면 정말 좋겠다는 생각이 들었다. 마녀가 있다면 그 어떤 고생을 하더라도 꼭 찾아가 만나보고 싶었다. 기적의 약을 구해와 할머니와 지난날처럼 마주보고 앉아 다정하게 이야기를 나누고 싶었다.

　　　　＊ ＊ ＊

　공기가 맑은 정원에서 새소리와 바람소리를 들으며 리쿠오와
이야기를 나누는 동안 어린 시절의 추억이 새록새록 떠올랐다.
지겹게 비를 뿌려대던 장마는 잠시 소강상태에 접어들었고, 하늘
에서 모처럼 밝은 햇살이 쏟아졌다.

　어린 시절 그날도 할머니 방의 오래된 거울에서 밝은 햇살이
부서지고 있었다.

　"할머니, 마녀를 만나면 울지 않게 해주는 약을 구할 수 있을까
요? 아이들이 울보라며 놀려대는 말을 듣기 싫어요."

　소라야는 아무리 슬프고 괴로운 일이 있어도 울지 않는 아이가
되고 싶었다. 어서 늠름하고 씩씩한 아이가 되어 즐거운 마음으
로 학교에 다니고 싶은 마음이 간절했다.

　할머니가 따스한 미소를 지으며 말했다.

　"소라야, 할머니 말을 잘 들어봐. 아직 모르나본데 넌 마녀의 약
을 먹지 않아도 전혀 문제가 없는 아이야. 마음이 너무 착하다보
니 다른 아이들과 싸우고 싶지 않을 뿐이지. 넌 어느 누구보다도
강한 아이야."

　소라야는 그럴 리 없다고 생각했다.

　'아이들이 괴롭히면 울기부터 하는 내가 강하다고? 할머니가
잘못 알고 있는 거야.'

　"할머니, 제가 정말 강한 아이라고 생각해요?"

"그래, 넌 강해. 약을 먹지 않아도 충분히 이겨낼 수 있어."

할머니는 소라야를 끌어안고 등을 토닥토닥 두드려주었다.

할머니로부터 강한 아이라는 말을 들은 이후 소라야는 문득 자신을 돌아보았다.

'내가 아이들이 괴롭힐 때마다 눈물을 흘린 건 싸우기 싫어서이지 약해서가 아니었어. 이제부터는 강하게 맞설 거야.'

소라야는 어린 마음에도 아이들 앞에서 다시는 눈물을 보여서는 안 된다는 생각이 들었다.

'할머니의 말은 언제나 옳았어. 할머니가 나에게 강한 아이라고 했으니까 믿어야 해. 앞으로도 계속 울보라는 놀림을 받으며 살 수는 없어.'

그때 거울에 비친 자신의 모습이 보였다.

할머니에게 안겨 우는 아이, 벌써 5학년이고 나이가 열한 살이나 되었는데 위로를 바라며 응석을 부리는 아이를 보자니 너무나 한심해보였다.

바로 그때 거울을 통해 손자에게 확신을 주지 못해 슬퍼하는 할머니의 모습을 보았다. 할머니의 얼굴에서 그토록 슬픈 표정을 본 건 난생처음이었다. 할머니가 금방이라도 눈물이 쏟아질 것 같은 눈으로 손자의 등을 토닥거리고 있었다. 늘 활달하고 밝았던 할머니의 얼굴과는 사뭇 대조적이었다.

'내가 나약한 아이로 머문다면 할머니가 계속 슬픈 표정을 지어야 하겠지?'

소라야는 바로 그 순간 결심했다. 이제 더는 나약한 아이로 머물러서는 안 된다는 생각이 간절했다.

'다시는 할머니가 나 때문에 슬퍼하는 모습을 보고 싶지 않아.'

그런 결심을 하자 놀랍게도 정말 용기가 샘솟았다.

할머니가 그제야 등을 토닥여주던 손길을 멈추고 말했다.

"마녀의 집에서 구해온 차가 있단다. 마시면 행복해지는 차라니까 같이 마시자."

할머니가 하늘색 차를 끓여주었다. 차에서 꽃향기와 달달한 꿀맛이 났다. 할머니가 차에 레몬 조각을 떨어뜨리자 황혼녘 하늘빛 같은 보라색으로 바뀌었다.

할머니의 집 정원에는 다양한 꽃들이 있었다. 6월에 절정을 이루는 꽃은 수국이었다. 수국의 색깔은 해질 무렵 서쪽하늘에 깔리는 보라색과 비슷했다. 황혼이 물드는 할머니의 집 정원은 서쪽하늘과 수국의 보라색이 한데 어우러져 환상적인 조화를 이루었다.

추억은 강바닥에 가라앉아있는 작은 돌들과 같다. 평소에는 잘 보이지 않지만 물이 잔잔해지길 기다리며 주시하다보면 확실히 눈에 들어온다. 우리 마음속 어딘가에는 추억을 저장해두는 장소가 있다. 소중한 추억은 죽는 날까지 마음속에서 사라지지 않는다.

소라야가 마음을 다 잡고 학교에 다시 나가게 된 건 순전히 할머니 덕분이었다. 할머니를 더는 슬프게 하지 않겠다는 결심이 소라야의 용기를 북돋아주었다.

소라야는 오래전 추억을 떠올리며 고개를 끄덕였다. 그날 이후 소라야는 울지 않는 아이가 되었고, 할머니가 즐겨 읽는 소설에 등장하는 용맹한 기사들처럼 용감하고 씩씩한 아이로 거듭나게 되었다.

'소설에서 요정을 지키는 기사처럼 할머니를 보호해줄 거야.'

소라야가 남몰래 마음 깊이 간직한 맹세였다. 그 맹세가 마치 부적처럼 학교에 다시 다니게 된 소라야를 지켜주었다.

'할머니를 지켜주는 기사가 되려면 강해져야 해.'

학교에 다시 나가기 시작한 이후 아이들이 괴롭히려고 들면 이전처럼 호락호락 당하고 있지 않았다. 아이들이 때리면 정의의 기사처럼 한 발짝도 물러서지 않고 달려들어 곧바로 응징해주었다. 소라야가 강하게 나가자 아이들도 슬슬 눈치를 살피며 뒤로 빼기 시작했다.

언젠가 햄버거 가게에서 아르바이트를 하던 중에 지진이 난 적이 있었는데 그때도 소라야는 먼저 손님들을 안전하게 대피시키고 나서야 자신도 몸을 피했다. 할머니를 지키기 위해서는 두려움 없이 맞설 수 있는 용기가 필요하다는 사실을 깨달았고, 그 후로는 위급한 상황이 발생하면 자신이 해야 할 일이 무엇인지 따져보고 즉시 행동에 옮겼다.

소라야는 어머니에게 전화해 할머니의 건강이 좋지 않다는 사실을 알려주었다. 어머니는 오늘 중으로 바닷가 마을에 오겠다고 했다. 아버지에게도 연락했는데 가급적 어머니와 함께 들르겠다고 했다. 학회에 간 이모부도 돌아올 시간이 되었다. 저녁에는 이모도 병원 문을 닫고 한자리에 모일 예정이었다.

리쿠오가 저녁식사 준비를 시작했다.

"이 집에서 온가족이 한 자리에 모여 식사하는 게 얼마 만인지 모르겠어. 할머니도 무척이나 기뻐할 거야."

소라야가 음식 만드는 걸 도우려고 주방에 가자 리쿠오가 손사래를 치며 밖으로 쫓아냈다.

"음식은 나에게 맡겨. 나름 잘 만드니까 기대해도 좋아."

소라야는 할머니가 계속 잠들어 있어 이야기를 나눌 상대가 없었다. 그때 정원에서 혼자 우두커니 앉아있는 하얀 고양이와 눈이 마주쳤다. 입안이 헐어 아무것도 먹지 못하고 비쩍 마른 모습이 보기에도 안쓰러웠다.

"내가 너의 병을 고쳐줄 약을 구해볼게."

고양이가 눈을 반짝이며 올려다보았다. 소라야의 말을 알아들은 것 같은 눈빛이었다.

* * *

소라야는 항구 근처에 있는 미카즈키 거리를 향해 걸어갔다. 어린 시절 할머니로부터 그 거리 어딘가에 〈마녀의 집〉이 있다는 말을 들은 적이 있었다. 어느새 해가 저물어가고 있었다. 도시의 공원과 주택단지의 정원에 수국이 소담스럽게 피어있었다.

소라야는 길을 걷는 동안 10년 전에 할머니가 등을 토닥여주며 슬픈 표정을 지었던 모습이 떠올랐다. 울고 있는 손자를 위로해주고, 용기를 북돋아주고 싶은데 마땅한 방법이 없으니 슬플 수밖에 없었을 것이다.

소라야의 긴 그림자가 길 위에 그려졌다.

"할머니를 슬프게 해서 죄송합니다."

소라야는 환하게 웃으며 저녁 하늘을 올려다보았다.

그날 이후 눈물을 흘린 적이 거의 없었다. 슬픈 영화나 소설을 볼 때 눈두덩이 뜨거워진 적이 있었지만 이를 악물고 참아냈다.

"할머니 덕분에 강해졌어요. 이제는 울지 않아요."

소라야는 그 한마디를 할머니에게 꼭 전해주고 싶었다. 기적이 일어나 할머니에게 그 말을 전할 수 있기를 간절히 바랐다. 할머니를 생각하며 걷다가 주위를 살펴보니 운하에 걸쳐져있는 다리를 건너고 있었다.

항구 근처 미카즈키 거리에는 오가는 사람들이 전혀 없었고, 건물들이 대부분 낡고 오래되어 스산한 느낌을 풍겼다. 다리 끝에서 빨간 머리 소녀가 난간에 기대어 하늘과 바다를 번갈아 바라보고 있었다.

고등학생일까? 아니면 대학 초년생? 언뜻 보기에는 소녀 같은데 왠지 얼굴에서 그 나이와는 전혀 어울리지 않게 침착하고 노련한 분위기가 묻어났다. 빨간 머리 소녀의 발아래에 검은 고양이 한 마리가 달라붙어 있었다. 소라야가 다가오는 걸 본 검은 고양이가 이미 다 알고 있었다는 듯 히죽 웃은 것 같다는 느낌이 들었다.

빨간 머리 소녀가 서있는 다리 끝 노변에 빨간 장미와 하얀 장미가 무리지어 피어 있었다. 꽃송이가 비를 흠뻑 머금고 아래쪽으로 축 처져 있는 모습을 보자니 마음이 안쓰러웠다.

빨간 머리 소녀가 소라야를 향해 상냥한 목소리로 말을 걸었다.

"고개 숙인 장미를 보고 마음 아파하는 걸 보니 당신은 마음이 따뜻한 사람이군요."

"장마철에 비를 머금고 시든 꽃을 보면 늘 마음이 아팠어요. 그나저나 내가 아무 말도 하지 않았는데 안쓰러워하는 걸 어떻게 알았죠?"

"당신의 얼굴에 안쓰러워하는 마음이 드러나 있으니까요. 사실 장미는 일본의 풍토와 맞지 않아요. 차라리 기후가 서늘한 유럽 날씨와 궁합이 맞죠. 장마철에는 더욱 꽃을 키우기 쉽지 않아요. 꽃에 대한 이야기를 하려던 건 아니었는데 말이 길어졌네요."

"혹시 여기서 나를 기다리고 있었나요?"

"내가 기다리고 있었던 게 아니라 당신이 〈마녀의 집〉을 찾아온 것 같은데요?"

바다에서 불어오는 바람처럼 부드러운 목소리였다.

"어떻게 알았죠?"

빨간 머리 소녀가 대답 대신 어깨를 으쓱했다.

검은 고양이가 소녀를 대신해 말했다.

"당신은 구내염을 앓는 고양이를 치료해줄 약을 구하러왔죠? 고양이를 생각해주는 마음씨가 마음에 들어요."

빨간 머리 소녀가 고개를 끄덕이며 고양이의 말을 받았다.

"당신은 착한 사람이니까 기꺼이 도와줄게요."

빨간 머리 소녀가 소라야에게 손을 내밀었다.

"자, 〈마녀의 집〉으로 갈까요?"

갑자기 하늘에 먹구름이 몰려오더니 비가 쏟아지기 시작했다. 〈마녀의 집〉을 향해 걸어가는 동안 은빛비가 계속 내렸다. 소라야는 빨간 머리 소녀가 손을 이끄는 대로 걸었고, 이내 골목으로 접어들었다. 마치 시간이 멈춰선 곳에 와있는 것 같은 느낌이 들었다. 수십 년 전 사진에서 한 부분을 오려낸 골목 같았다. 골목에 식당, 술집, 잡화점들이 있었지만 하나같이 문이 굳게 닫혀 있었다.

빨간 머리 소녀가 벽돌로 지은 건물 앞에서 걸음을 멈추었다. 벽돌 건물 1층에 카페가 있었고, 창문에서 새어나오는 불빛이 어두운 골목을 희미하게 비추고 있었다.

소라야는 걸음을 멈추고 서서 벽돌 건물을 흥미롭다는 듯 바라보았다. 빨간 머리 소녀가 뒤를 돌아보며 물었다.

"건물이 이상해보여요?"

"할머니가 말한 그대로네요."

"뭐가요?"

"〈마녀의 집〉."

어린 시절에 할머니가 들려준 이야기가 떠올랐다.

"벽돌집에서 흘러나오는 신비로운 불빛이 골목을 따스하게 비춰주고 있었어. 그건 마치 표류하는 배를 이끌어주는 등대의 불빛 같았지."

〈마녀의 집〉은 배의 선실처럼 꾸며져 있었고, 반질반질한 바닥에서 얼굴이 비칠 만큼 윤이 났다. 카운터 선반에 올려놓은 다양한 형태의 모형 비행기와 비행선, 기구도 눈에 들어왔다. 목재로 꾸민 벽, 신비로운 느낌이 묻어나는 샹들리에 불빛, 은발을 짧게 자른 주인의 모습까지, 할머니가 이야기해준 그대로였다.

은발 마녀의 나이를 가늠할 수 없었다. 수천 년 된 나무와 거대한 바위처럼 저절로 경외감이 드는 얼굴이었다. 연륜이 묻어나는 얼굴과 달리 활짝 웃는 모습이 소녀처럼 사랑스러웠다. 햄버거가게에 가끔 오는 여배우와 비교해도 전혀 손색없을 만큼 우아한 기품과 매력을 발산하고 있었다. 눈동자에 어려있는 신비한 광채와 건강하고 날씬한 몸에서 뿜어져 나오는 활력 넘치는 에너지가 범상치 않은 느낌을 주었다. 평범한 노인들과는 확연히 다른 느낌이었다.

은발 마녀가 소라야를 향해 미소를 지으며 말했다.

"자네를 보는 순간 쇼코의 손자라는 걸 첫눈에 알아보았어."

"할머니로부터 말씀을 많이 들었습니다. 소라야라고 합니다."

"그래, 잘 왔어. 자네 할머니가 몸을 움직일 수 없을 만큼 아파서 손자를 대신 보냈군 그래."

소라야가 미처 찾아온 이유를 밝히지도 않았는데 은발 마녀가 사발에 마른 허브와 다양한 약재를 넣고 곱게 빻아 가루약을 만든 다음 종이봉투에 담아 소라야에게 건네주었다.

"원래 약을 공짜로 지어주지는 않는데 쇼코의 손자라서 특별히 그냥 주는 거야. 어서 약을 가져가서 불쌍한 고양이를 낫게 해줘."

"할머니와 친구 사이라고 들었어요."

은발 마녀가 빙긋 웃었다.

"쇼코가 아주 어렸을 때부터 우린 친구로 지내왔어. 정말 귀여운 아이였는데 어느새 대학생 손자가 있는 할머니가 되었네. 쇼코만큼 마녀와 친한 사람은 없을 거야. 쇼코가 좋아하는 차를 줄 테니까 가져가서 끓여드려."

은발 마녀가 할머니가 좋아한다는 차를 봉투에 담아 건네주었다.

"쇼코가 어렸을 때부터 좋아했던 차야. 나를 찾아올 때마다 늘 이 차를 마시고 싶다고 했지. 쇼코가 어렸을 때는 찻값 대신 구슬이나 조개껍데기를 받았어. 나이가 들어 취직하고 나서부터 돈으로 받기 시작했지. 쇼코는 회사에서 일을 마치고 돌아가는 길에 자주 나를 찾아왔어. 그게 엊그제 같은데 어느새 할머니가 되었네.

어릴 때 마녀를 만났던 사람들은 나이가 들면 대개 잊기 마련인데 쇼코는 달랐어. 쇼코 말고도 아이 때 만나본 사람들이 더러 있어. 분명 이 집에 와서 맛있는 음식도 먹고, 차도 마시고 돌아갔는데 다들 깨끗이 잊어버리고 다시는 찾아오지 않더군. 어렴풋이 기억이 나더라도 꿈속에서 겪은 일로 치부해버리고 다시는 떠올리지 않았어. 어른이 되어서도 계속 나를 잊지 않고 찾아와준 사람은 쇼코가 유일해. 쇼코와 함께했던 시간들이 그리워."

은발 마녀가 추억을 떠올리는 듯 생각에 잠겼다가 덧붙였다.

"부탁이 있는데 쇼코에게 꼭 내 말을 전해줘. 언젠가 삶을 마치게 되면 이 카페에 들러달라고 해줘. 사후에는 귀가 시간에 대해 신경 쓰지 않아도 되니까 쇼코와 맛있는 음식을 맘껏 만들어 먹으면서 예전처럼 즐거운 시간을 갖고 싶어. 쇼코는 마녀와 마법사 이야기, 백마 탄 기사와 공주님 이야기를 정말 좋아했었지. 내가 재미난 이야기를 질리도록 들려줄 테니까 사후 세계에 가면 꼭 나를 찾아오라고 전해줘."

"네 꼭 전하겠습니다. 다만 할머니의 병환이 깊어 그 말을 전할 수 있는 기회가 있을지 모르겠네요."

"반드시 기회가 있을 거야."

빨간 머리 소녀가 램프에 불을 밝혀 들고 말했다.

"날이 어두워졌으니 다리 건너까지 배웅해줄게요."

어느새 비는 그쳐 있었고, 멀리서 파도치는 소리만이 들려왔다.

빨간 머리 소녀가 말했다.

"방금 전 당신이 마신 차에는 사람을 행복하게 해주는 마법이 걸려있어요. 분명 기분 좋은 일이 생길 거예요."

소라야는 밝게 웃으며 고개를 끄덕였다.

"고양이 치료약을 구했으니 이미 기분 좋은 일이 생긴 거죠."

소라야가 운하에 걸쳐져 있는 다리를 건너고 나서 옆을 돌아보니 빨간 머리 소녀와 검은 고양이는 어느새 사라지고 없었다.

소라야는 바닷가 마을의 가로등 불빛 아래에서 고양이의 구내염을 치료해줄 약과 할머니에게 전해달라고 부탁한 차 봉투를 들여다보았다. 〈마녀의 집〉에서 제법 오래 머물러 있었던 것 같은데 시간이 얼마 지나지 않은 게 신기했다. 할머니가 해준 이야기는 거짓이 아니었다. 〈마녀의 집〉은 할머니에게 들었던 그대로 그 장소에 있었다.

'내 손에 고양이를 치료해줄 약과 할머니에게 전해줄 차 봉투가 있으니 분명 꿈은 아니겠지?'

소라야는 더없이 가벼운 발걸음으로 걷기 시작했다.

* * *

"그래서 어떻게 되었어?"

햄버거 가게에 자주 오는 할머니들이 카운터에 서있는 소라야에게 이야기를 계속해달라고 졸랐다. 방금 전까지 할머니들에게 지난 주말 바닷가 마을에서 겪었던 일에 대해 이야기해주다가 다른 손님이 들어와 주문을 받느라 잠시 멈춘 상태였다.

가게에는 할머니들과 방금 전 주문을 마치고 자리에 앉은 남자 손님밖에 없었다. 점장과 다른 직원들도 청소를 하는 틈틈이 소라야의 이야기에 귀를 기울이고 있었다. 장마철에는 아무리 자주 청소를 해도 바닥이 금세 더러워져 틈날 때마다 닦아야 했다.

소라야는 부지런히 걸레질을 하며 할머니들을 쳐다보았다.

"그 불쌍한 고양이는 어떻게 되었어?"

"약을 먹고 나서 구내염이 씻은 듯이 나아 음식을 맘껏 먹을 수 있게 되었어요."

리쿠오로부터 구내염이 다 나은 고양이가 어찌나 재롱을 떠는지 귀여움을 독차지하고 있다는 소식을 들었다.

"할머니는 어떻게 되었어?"

"할머니는……."

그때 자동문이 열리며 또 다른 손님이 들어왔다.

소라야는 동료들과 함께 '어서 오세요!'라고 인사하고 나서 창문 너머로 먹구름이 짙게 드리워져 있는 하늘을 올려다보았다. 갑자기 하늘이 갈라질 듯 천둥소리가 울려 퍼지더니 번개가 요란하게 번쩍였다. 가게에 있는 사람들이 동시에 화들짝 놀랐다.

그날, 〈마녀의 집〉에서 돌아온 소라야는 주방에서 마녀가 할머니에게 선물한 차를 끓이면서 리쿠오에게 자세한 이야기를 들려주었다. 리쿠오는 반신반의하면서도 소라야가 들려주는 이야기에 귀를 기울였다.

리쿠오가 만든 쇠고기 스튜와 알록달록한 빛깔의 미모사 샐러드가 무척이나 먹음직스러워 보였다. 식탁과 냉장고 안에도 리쿠오가 만들어놓은 음식이 그득했다.

집안 가득 차의 향기가 퍼져나갔다. 가만가만 조용히 걸어오는 낮은 발소리가 들리더니 할머니가 주방문 앞에 서있었다. 병을 앓아 몸은 수척했지만 왕자의 키스를 받고 눈을 뜬 공주처럼 밝게 웃는 모습이 아름다웠다.

소라야를 발견한 할머니가 계속 눈을 깜박거리다가 물었다.

"소라야니?"

"네, 소라야가 왔어요."

"내 손자가 어느새 이렇게 많이 자랐구나!"

할머니의 눈에 눈물이 맺혔다.

"할머니, 보고 싶었어요. 너무 늦게 와서 죄송해요."

어린 시절에는 할머니의 얼굴을 올려다보아야 했는데 이제는 내려다보고 있었다.

"자, 보세요. 할머니 덕분에 씩씩하고 용감한 손자가 되었어요."

소라야는 할머니에게 〈마녀의 집〉에 갔던 이야기와 은발 마녀가 전해달라고 부탁했던 말을 들려주었다.

"은발 마녀가 할머니에게 전해달라며 차를 주었어요. 지금 끓이고 있으니까 곧 맛을 볼 수 있을 거예요."

리쿠오가 찻잔에 차를 따라 할머니에게 건네주었다.

"내가 어릴 때부터 좋아한 차야. 역시 맛이 기가 막히네."

차를 마신 할머니가 소라야의 등을 토닥이며 말을 이었다.

"오늘은 차를 마셔서인지 몸이 나른하고 졸려서 일단 자러 가야겠구나. 내일은 좀 더 길게 이야기를 나눌 수 있으려나?"

할머니는 미소를 지으며 자리에서 일어났다.

소라야가 할머니를 부축해 방으로 모시고 가 침대에 눕혔다. 할머니는 눕자마자 이내 잠이 들었다.

잠시 후 소라야의 부모와 리쿠오의 부모가 할머니의 집에 왔다. 어른들은 할머니에게 인사를 드리려고 했지만 깊이 잠들어 눈을 뜨지 않았다. 편안하게 잠든 할머니의 입가에 잔잔한 미소가 어려 있었다.

* * *

리쿠오와 통화할 때 들은 말에 따르면 할머니는 그날 이후 계속 잠을 자고 있다고 했다. 건강이 점점 나빠지고 있어 그리 멀지 않은 날에 할머니와 영원한 이별을 해야 할지도 모른다고 했다. 서글픈 일이었지만 리쿠오는 담담하게 그 소식을 전했다. 가까운 미래에 영혼이 몸을 떠나게 되면 할머니는 〈마녀의 집〉을 찾아가 은발 마녀와 즐거운 시간을 갖게 될 것이다. 할머니가 좋아하는 책에 나오듯 마녀들이 세상을 떠돌며 경험했던 온갖 신비하고 흥미로운 이야기들을 들으며 쌓인 회포를 풀게 될 것이다.

소라야는 카운터에 놓인 거울에 얼굴을 비춰보았다. 자기도 모르게 눈물이 흘러내렸다. 소라야는 미소를 지으며 손등으로 눈물을 훔쳤다.

'울지 않기로 맹세했지만 이 정도는 괜찮겠지?'

눈물이 한 순간 반짝 빛나 보였다. 소라야는 빛이 눈물에 어려

생기는 무지개를 보았다.

　10년 전, 할머니와 함께 툇마루에 서서 비가 그친 지붕에서 떨어지는 빗방울에 어려 있는 무지개를 정신없이 바라보았던 기억이 떠올랐다.

달의 이면

미카즈키 거리에도 아직 사람들의 발길이 자주 닿는 곳이 있다. 셔터를 굳게 내린 상점들이 많은 거리이지만 나뭇잎 사이로 비쳐드는 햇살처럼 드물게 장사가 잘 되는 가게도 있고, 사람들이 모여들어 즐겁게 이야기를 나누는 장소도 있다.

역 앞 상점가로 이어지는 골목에서 그리 멀지 않은 곳에 나나세가 좋아하는 가게가 있다. 원피스 차림의 나나세는 가로수에서 울려 퍼지는 매미들의 합창을 들으며 가게 문을 열었다.

바다에서 불어온 바람에 나나세의 빨간 머리와 원피스 자락이 흩날렸다. 나나세는 하얀 손으로 이마에 송골송골 맺힌 땀을 훔쳐냈다. 일본 태생이지만 이 나라의 한여름 무더위는 여전히 적응하기 쉽지 않았다. 특히 최근 몇 년 동안에는 여름만 되면 살인적인 무더위가 계속되어 나나세를 힘들게 했다.

나나세는 시원한 에어컨 바람으로 땀을 식히며 눈에 익숙한 가게를 둘러보았다. 사토 시계방 건물은 쇼와시대에 유행했던 각양각색의 타일로 꾸며져 있었고, 천장이 유난히 높았다. 이 가게에서는 시계, 안경, 보석 그리고 천체망원경을 판매하고 있다. 반들반들한 나무 바닥을 밟으며 가게 안을 걷다보면 음악이 흘러나오는 오르골 시계가 눈에 들어온다. 나나세는 정시가 되면 흘러나오는 오르골 시계의 음악소리를 아무리 들어도 싫증나지 않았다. 토끼 모양으로 꾸민 장식물들도 귀여웠다.

나나세는 사람들이 뛰어난 상상력을 발휘해 만들어낸 기계에 대해 관심이 많았다. 인간의 창의력과 끈질긴 연구의 결실로 만들어낸 기계들을 볼 때마다 절로 감탄하지 않을 수 없었다. 쉬지 않고 날갯짓을 한 끝에 아득히 높은 하늘 끝까지 날아오르는 전설의 새 알바트로스처럼 사람들이 부단한 연구와 노력을 바탕으로 만들어낸 기계들이야말로 인류 문명을 떠받쳐온 기둥이었다. 사람들은 마법 대신 창의력과 상상력, 불굴의 도전 정신을 바탕으로 항공기와 우주선을 만들어 하늘 높이 날아오를 수 있게 되었다.

나나세는 정시만 되면 음악을 저절로 연주하는 오르골 시계, 시력이 나쁜 사람들을 위해 개발된 안경, 우주를 관측할 수 있는 천체망원경, 찬란한 빛을 발하는 보석들을 한 자리에서 볼 수 있는 사토 시계방이 좋았다.

나나세는 이 가게에 올 때마다 사람들의 창의력과 상상력, 위대한 도전 정신에 대해 경의를 표하게 된다. 사토 시계방 2층에는 아이들에게 책을 빌려주는 사설 도서관이 있다.

어느 해 여름에 나나세는 우연히 이 주변을 걷다가 아름다운 음악을 연주하는 오르골 시계의 소리에 이끌려 가게 문을 열어보았다. 사방의 벽면에 걸려있는 각종 시계들을 비롯해 다양한 물건들을 호기심어린 눈으로 둘러보다가 2층으로 올라가는 나선형 계단을 발견했다. 계단 초입에 '사토 어린이 문고'라는 팻말이 세워져 있었고, 그 아래에 '책을 좋아하는 아이들을 위한 작은 도서관입니다.'라는 설명이 적혀 있었다. 학교 수업을 마친 아이들이 나선형 계단을 뛰어올라 작은 도서관으로 들어갔다.

건물 천장에 큰 채광창이 있어 언제나 밝은 빛이 가게 안으로 넉넉하게 쏟아져 들어왔다. 빛이 건물의 구석구석까지 퍼져나가며 작은 도서관에 흥미로운 책들을 많이 보유하고 있으니 어서 와서 빌려가라고 손짓을 보내는 듯했다.

나나세는 작은 도서관에 가서 책을 구경하고 싶었지만 어른도 이용할 수 있는지 알 수 없어 잠시 계단 앞에서 머뭇거렸다. 나나세는 인간의 나이로 170세였지만 여전히 소녀처럼 보였다. 마녀의 1년은 인간의 10년이었다.

나나세는 세계 여러 나라를 떠돌다가 지금은 잠시 항구 도시의 미카즈키 거리에 살고 있었다. 가끔 사람들에게 마녀라는 사실을 털어놓은 적이 있었지만 극히 이례적인 경우였다. 마녀들은 철저하게 정체를 숨기고 산다. 사람들이 잠든 밤을 지켜주고, 위험에 빠지면 손을 내밀어 구조해주기도 하지만 마녀와 인간은 세상에서 주어진 역할이 다르기에 각자의 길을 걸을 수밖에 없다.

마녀와 인간은 가까운 사이라고 할 수 있었지만 넘지 말아야 할 선이 있었다. 인간이 마녀를 박해했던 시대도 있었고, 반대로 마녀가 인간을 괴롭히던 시대도 있었다. 여러 시대를 거쳐 오는 동안 마녀와 인간은 적절한 거리를 유지하며 살아가는 방법을 배우게 되었다.

혹시 얼굴을 마주칠 때마다 항상 미소로 화답해주고, 대화를 몇 마디 나누어본 이웃사람이 있다면 마녀일지도 모른다. 마녀들은 밖으로 정체를 드러내지 않아야 하기에 한곳에 오래 머물지 않는다. 바람 부는 대로 발길 닿는 대로 세계 여러 나라를 떠돌아다니며 살아가는 게 마녀들에게 주어진 삶의 방식이다.

나나세는 사토 시계방에 들어갈 때는 늘 함께 다니는 검은 고양이를 가게 앞에 놓아둔다. 검은 고양이를 데리고 들어가면 사람들이 자꾸만 유심히 쳐다보기 때문에 거북한 점이 많았다. 나나세가 가게 안에서 한가롭게 긴 시간을 보내면 검은 고양이가 유리창 밖에서 긴 수염을 씰룩거리며 화난 표정을 짓곤 했다.

오랜 세월 동안 지겹도록 붙어 다녔지만 검은 고양이는 나나세와 떨어져 있는 걸 죽기보다 싫어한다. 때로는 언니처럼 잔소리도 많고, 간혹 어린 아이 취급을 하며 돌봐주려고 나서기도 한다. 나나세의 엄마로부터 딸을 잘 돌봐달라는 부탁을 받았다고는 하지만 검은 고양이가 심하게 언니 행세를 하는 건 못마땅했다.

사토 씨는 할아버지라고 부르기에는 아직 젊은 편이었고, 항상 입가에 온화한 미소를 머금고 있는 사람이었다. 마을 사람들과 늘 밝게 웃으며 대화를 나누는 모습을 보면 성격이 활달하고 사교적인 듯했다. 어렸을 때부터 같은 마을에서 자란 사토 씨의 친구들이 가게에 자주 들렀다.

몇 년 전까지만 해도 미카즈키에서는 여름 축제를 성대하게 치렀는데 지금은 중단되었다. 사토 시계방은 주거를 겸하고 있어 가끔 사토 씨의 딸과 아들, 손자들이 가게를 대신 봐주곤 했다. 사토 씨는 평소 가게를 찾아온 손님들에게 반갑게 인사하며 한두 마디 대화를 나누기도 하고, 작은 도서관을 찾아온 아이들을 친절하게 돌봐주기도 했다.

그날, 나나세가 나선형 계단을 오를지 말지 망설이고 있을 때 사토 씨가 말을 걸었다.

"동화를 좋아하나 봐요?"

"네, 마녀들이 나오는 동화를 좋아해요."

"그럼 망설이지 말고 도서관에 올라가 마음에 드는 책이 있는지 찾아보세요."

"친절하게 대해주셔서 감사합니다."

나나세는 고맙다는 인사를 하고 나선형 계단을 올라갔다. 사토 씨의 부인이 도서관 안내를 맡고 있었다. 어렸을 때 사토 씨와 소꿉놀이를 함께하던 친구 사이였다는 소문을 들은 적이 있었다.

일본에서는 자그마한 규모의 사설 도서관을 '문고'라고 했다.

전국 각지에서 다수의 문고들이 문을 열었다. 개인 소유의 집을 개방해 이웃 아이들이 책을 읽을 수 있도록 배려해준 훌륭한 사람들이었다.

시대가 바뀌면서 교통이 좋아지고, 도시마다 현대식 도서관이 생기면서 아이들을 위한 작은 도서관은 점차 효용성을 잃어 하나 둘씩 문을 닫기 시작했고, 지금은 거의 찾아보기 힘들게 되었다.

사토 씨의 부인이 말했다.

"남편이 어렸을 때부터 모아온 책이 많아 도서관을 열게 되었어요. 근대기에 처음 출판되었다가 지금은 절판된 책부터 최근 서적까지 제법 다양한 목록을 갖추고 있죠. 문을 닫는 도서관들이 갈수록 늘어나는 추세지만 우리는 이 일을 계속해나갈 생각입니다."

사토 씨의 부인은 책을 읽고 싶어도 구입할 돈이 없는 아이들을 위해서라도 도서관 문을 계속 열어둘 생각이라고 했다.

"아버지 영향을 받아서인지 우리 아이들도 책을 좋아했어요. 어릴 때부터 용돈이 생기면 책부터 샀죠. 남편과 아이들이 사 모은 책들이 집안에 있는 책장을 다 채우고도 모자라 여기저기에 쌓여 있는 형편이었죠. 책을 그냥 묵혀두자니 너무 아까워 생각 끝에 도서관을 열게 되었어요."

부인은 그렇게 말하고 나서 밝게 웃었다.

나나세는 오늘도 나선형 계단을 올라갔다. 빌린 책들을 반납하고 나서 이번에는 마법사가 나오는 판타지 소설과 방대한 우주를 배경으로 하는 공상과학소설을 골랐다. 은하계를 여행하던 우주인이 지구를 찾아와 용기 있는 소년, 용맹한 로봇과 더불어 모험을 펼치는 이야기였다. 판권에 나오는 초판 출간일을 보니 20년이 지난 것으로 보아 사토 씨가 어렸을 때 읽었던 책인 듯했다. 책이 오래되어 표지와 내지가 많이 변색되어 있었다.

나나세는 드래곤, 기사, 마법사가 등장하는 소설을 좋아했지만 공상과학소설에도 흥미가 많았다. 과학의 발전은 인간들의 호기심과 상상력, 부단한 연구를 바탕으로 이루어낸 '인공의 마법'이라고 할 수 있었다. 인간은 마법을 보유하고 있지 않지만 뛰어난 두뇌가 있고, 불굴의 도전 정신이 있고, 새로운 영역을 개척하길 좋아하는 모험심을 가진 존재이다. 나나세는 인간이 이룬 눈부신 과학 발전을 접할 때마다 감탄을 금치 못했다.

작은 도서관에서 아르바이트를 하는 대학생이 있었다. 그 학생은 외관상 비슷한 또래로 보이는 나나세를 친구처럼 대했다.

"어릴 때부터 이 작은 도서관에서 책을 빌려 읽으면서 자랐어. 이 도시에서 작은 도서관의 수혜를 받은 아이는 나 말고도 정말 많았지. 요즘에는 작은 도서관을 찾는 아이들이 많이 줄어들었어. 이 도시의 인구가 많이 감소한 탓이기도 하지만 학교가 끝나면 학원에 나가야 하기 때문에 아이들이 책을 읽을 시간이 없어. 설령 시간이 있다고 하더라도 스마트폰으로 게임을 하느라 바빠 책을 읽을 틈이 없어."

아르바이트생은 나지막이 한숨을 쉬고 나서 말을 이었다.

"스마트폰을 들여다보면서 동시에 책을 읽을 수는 없으니까. 더구나 여기에 있는 책들은 문장을 천천히 음미하며 읽어야 맛이 제대로 우러나는데 공부하느라 바쁜 아이들이 시간을 내기 쉽지 않겠지."

나나세의 눈에는 이 도서관에서 소장하고 있는 책들 모두가 보물처럼 보였다. 아이들이 찾아오지 않아 소중한 책들이 유용하게 쓰이지 못하고 사장될까봐 우려되었다.

이 마을에는 나나세가 알고 있는 아이들이 몇몇 있었다. 나나세는 책들이 외면당하고 있듯이 자신도 점점 잊혀져가는 존재가 되어가고 있다는 생각이 들어 마음이 서글펐다.

작은 도서관의 카운터에 딸기 사탕과 연두색 병에 들어있는 레모네이드, 종이상자에 들어있는 껌이 놓여있었다.

"아이들이 이 과자들을 꽤나 좋아하겠네."

"책을 빌리러오는 아이들에게 하나씩 나눠주려고 비치해두었어. 도서관을 이용하는 아이들이 줄어드는 걸 걱정한 사토 씨의 아이디어지."

아르바이트생이 턱을 괴고 앉아 말을 이었다.

"책을 보는 아이들이 사라지고 있듯이 이 마을의 자랑이었던 7월 칠석 축제도 아예 열리지 않고 있어. 7월 칠석 때 막과자 가게, 담배 가게, 구두 가게 주인들이 아이들을 위해 손수 만든 물건들을 챙겨 나와 야시장을 열곤 했었는데 그 시절이 그리워. 이 마을의 모든 아이들이 손꼽아 기다리는 날이었지. 내 또래 아이들은 그런 즐거움을 만끽하며 자랐어. 딸기에 연유를 부어 만든 빙수, 상큼한 레모네이드, 살살 녹는 솜사탕, 향긋한 사과사탕을 받는 날이었으니 얼마나 좋았겠어. 7월 칠석 축제 때마다 솜씨가 뛰어난 요리사들이 얼음을 듬뿍 넣은 메밀국수를 만들어 아이들에게 나누어 주었는데 맛이 기가 막혔지. 축제 때마다 달콤하고 향긋한 냄새가 밤하늘 높이 퍼져나갔어. 요즘은 문을 닫은 가게들이 많아서 야시장을 열어도 아이들이 모이지 않아. 내가 어렸을 때만 해도 7월 칠석 축제가 영원히 이어질 거라고 믿었는데 정말이지 안타까운 일이야. 축제 때마다 종이에 소원을 적어 하늘로 날려 보내곤 했어. '7월 칠석 축제가 영원히 이어지기를.'이라고 적어 하늘로 띄워 보낼 걸 그랬나봐."

나나세는 원하는 일이 있을 경우 언제나 직접 해결했기 때문에 사람들처럼 소원을 빌어본 적이 없었다. 오후 5시를 알리는 오르골 시계의 종소리가 울렸고, 간간이 들락거리던 아이들의 발길도 뚝 끊겼다.

나나세는 책을 읽다가 주위를 둘러보았다. 어느새 아르바이트생도 퇴근했는지 보이지 않았다. 나나세는 빌린 책을 가슴에 안고 나선형 계단을 내려갔다. 시계방 카운터에서 사토 씨가 손님이 맡기고 간 고장난 시계를 고치고 있다가 고개를 들었다.

"아직 안 갔어요?"

왠지 힘이 없어 보이는 얼굴이었다. 사토 씨가 그런 표정을 짓는 경우는 드물었다.

"이제 가려고요."

사토 씨가 마을 사람들이나 손님들과 이야기를 나누는 모습을 볼 때마다 늘 밝고 쾌활했는데 오늘 따라 얼굴에 그늘이 져있었다. 사토 씨는 표정이 풍부하고, 말을 맛깔나게 잘해 작은 도서관에 오는 아이들에게 인기가 많았다. 가끔 아이들을 상대로 재미있는 이야기를 들려주기도 하고, 그림 동화를 실감나게 읽어주기도 했다. 사토 씨는 아이들을 상대할 때마다 연예인처럼 나비넥타이를 맸다. 사토 씨를 둘러싼 아이들은 눈을 말똥말똥하게 뜨고 이야기 속으로 푹 빠져들었다.

언젠가 나나세가 그림동화를 읽어주는 사토 씨를 보고 있을 때 아르바이트생이 귓가에 대고 속삭였다.

"사토 씨는 내가 어렸을 때부터 아이들에게 책을 읽어주거나 재미있는 이야기를 들려주었어. 신비한 괴담이나 전설, 신화를 정말 많이 알고 계신 분이지. 귀신을 만났던 이야기, 무더운 여름에 요괴와 함께 7월 칠석 축제를 즐긴 이야기, 요괴가 축제가 끝나고 달님에게로 돌아간 이야기를 어찌나 실감나게 들려주는지 그 말을 철석같이 믿을 수밖에 없었지."

"사토 씨가 요괴를 만난 적이 있다는 거야?"

나나세는 어깨를 가볍게 추어올렸다.

'인간이 보기에는 마녀도 요괴의 일종이겠지.'

나나세는 아이들을 위한 《요괴도감》에서 '마녀' 항목을 찾아본 적이 있었다.

아르바이트생은 재미있다는 듯이 웃었다.

"요정이나 귀신이 있을 리 없다고 생각하지만 간혹 실제로 봤다는 사람의 이야기를 들으면 그럴싸한 느낌이 들기도 해. 사토 씨의 경우 이야기를 어찌나 실감나게 하던지 요괴를 봤다는 말을 믿지 않을 수 없었어. 물론 지금은 반신반의야."

사토 씨가 문을 나서는 나나세에게 손을 흔들어주었다.

밖으로 나온 나나세는 사토 시계방을 돌아보며 잠시 생각에 잠겼다.

'언젠가 사토 시계방도 사라지겠지? 자식이나 손자들 가운데 누군가 시계방을 물려받는다고 해도 점점 빈집이 늘어나는 이 거리에서 얼마나 더 오래 버틸 수 있을까?'

세월이 가면 시계방도 사라지고, 사토 씨도 고인이 될 것이다. 아이들에게 그림동화책을 맛깔나게 읽어주던 사토 씨의 목소리와 친절한 미소도 더는 볼 수 없게 될 것이다. 한때 이 거리를 떠들썩하게 했던 7월 칠석 축제도 사라졌듯이.

이 세상에 영원한 건 없다. 나나세는 그동안 수많은 이별을 경험해왔고, 앞으로도 계속될 것이다.

어느새 운하에 걸쳐져 있는 다리 위까지 걸어왔다. 나나세는 한숨을 푹 쉬고 나서 혼잣말을 했다.

"오늘 따라 내가 왜 자꾸만 감상적이 되어가지?"

다리 건너에 나나세가 묵고 있는 〈마녀의 집〉이 있었다.

나나세는 다리 난간에 기대어 작은 도서관에서 빌려온 책을 읽기 시작했다. 주변에 인기척 하나 없고, 운하의 수로에서 물살이 출렁이는 소리만이 들려왔다. 검은 고양이가 발아래에서 눈을 깜빡였다.

나나세가 책에서 눈을 떼고 말했다.

"인간은 수명이 짧아. 인간이 이루어낸 문명, 문화, 유행은 금세 바뀌거나 사라져버리지. 내가 아무리 애착을 가져도 결국 소멸되어버려. 사토 씨의 작은 도서관도 결국 언젠가는 사라지겠지?"

검은 고양이가 맞장구를 쳤다.

"아마도 그러겠지."

"그러니까 일종의 짝사랑 같은 거네. 내가 아무리 사랑해도 사라져버리니까."

"그래, 짝사랑이야."

나나세는 다시 한 번 한숨을 푹 쉬었다.

인간 세상에서 영원한 건 없다. 아무리 애착을 가져도 언젠가는 모두 사라진다. 찬란한 꽃을 피운 문명이나 문화도 흔적만 남기고 예외 없이 소멸되었다. 이 세상의 모든 생명체들도 언젠가는 바람에 쓸려가듯이 소멸될 것이다. 동네 아이들이 손꼽아 기다리던 7월 칠석 축제도 이제는 사라져버린 먼 옛날의 이야기가 되었듯이.

'인간은 덧없는 존재야.'

나나세는 운하를 따라 흐르는 물을 하염없이 바라보았다.

'인간 세상은 언제나 탄생과 소멸을 반복하면서 이어져왔어.'

나나세는 170년 동안 전쟁, 자연재해, 대형 사고를 허다하게 겪었고, 그럴 때마다 아까운 생명들이 대거 희생되었다. 수많은 생명을 앗아간 자연재해나 전쟁이 있을 때마다 나나세는 현장으로 달려가 구조 활동을 펼쳤다. 수많은 생명을 구했지만 더 많은 사람들이 목숨을 잃었다.

세상에 남아 있는 마녀들은 그리 많지 않다. 한때 마법과 기적이 중심이었던 시대가 있었지만 지금은 과학과 기술의 시대가 되었다. 사람들은 이제 마녀의 존재를 믿지 않는다. 과학이 중심축을 이루는 시대가 되면서 신비주의 세계는 발붙일 곳을 잃게 되었다. 이제 얼마 남지 않은 마녀들만이 은밀히 몸을 숨기고 살아가고 있다. 사람들이 어둠을 멀리하고 기적을 믿지 않게 되면서 마녀들은 설자리를 잃게 되었다. 과학이 만들어낸 빛이 세상의 어두운 구석들을 환하게 밝히게 되면서 오로지 사람들만이 살 수 있는 곳으로 변화했다.

나나세가 힘없이 중얼거렸다.

"예전이 좋았어."

'아니야, 오늘 흐르는 물이 어제의 물이 아니듯 변화는 필연이야. 변화하지 않고 늘 그 자리에 머무는 게 더 이상하지. 아무튼 요즘은 변화의 속도가 너무 빨라서 따라 잡기가 힘들어.'

세상은 하루가 다르게 변화해가고 있었다.

"내가 무엇을 바라든 세상은 전혀 관심이 없나봐."

"짝사랑이라니까."

"그 말이 정답이네."

나나세는 운하의 물을 내려다보며 다시 깊은 한숨을 쉬었다.

흘러간 시간과 다가올 미래를 생각하자 기분이 울적했다.

눈을 들어 하늘을 보니 어느새 둥근달이 떠있었다.

밤이 이슥한 시간이었지만 나나세에게는 늦은 밤에 싸돌아다 닌다고 나무랄 가족도 없었다.

'아무리 많은 세월이 흘러도 저 달빛만큼은 그대로겠지? 달은 언제나 저기에서 세상을 내려다보며 사람들이 살아가는 모습을 지켜보겠지?'

나나세는 혼잣말로 중얼거렸다.

"달에 토끼가 살까?"

어렸을 적에 함께 세상을 떠돌던 마녀들로부터 달나라에는 토 끼가 산다는 말을 들었다. 나나세가 마녀들과 함께 여기서 멀리 떨어진 어느 나라의 숲 속을 여행하던 때였다. 모닥불을 피워놓 고 야영을 할 때 어떤 마녀가 하는 말을 자장가처럼 들으며 잠들 었던 기억이 났다.

어린 시절에 함께했던 마녀들을 생각하며 달을 올려다보고 있 는데 누군가 등 뒤에서 말을 걸었다.

"나나세 양?"

사토 씨가 한손에 책을 들고 서있었다. 그가 다가와 책을 나나 세에게 건네주었다.

"나나세 양이 보고 싶어 했던 책이에요. 책을 빌려갔던 아이가 방금 전 반납하고 돌아갔어요. 혹시 멀리 가지 않았으면 책을 전해주려고 왔는데 마침 여기 있었네요."

나나세는 고맙다는 인사를 하고 나서 책을 받아들었다.

오래 전부터 읽고 싶던 책이긴 했지만 사토 씨가 왜 굳이 여기까지 가져다주었는지 이유를 알 수 없었다. 고개를 갸웃거리던 나나세는 비로소 왜 그랬는지 이유를 알 것 같기도 했다.

'사토 씨는 가게 문을 나설 때 내 얼굴에 드리워져 있던 쓸쓸한 표정을 보고 마음에 걸렸나봐. 보고 싶어 했던 책을 전해주면 내 기분이 조금이나마 풀릴 거라 여기고 여기까지 달려온 거야.'

사토 시계방에서 다리까지의 거리는 그리 가깝지 않았다. 게다가 이 다리는 인간 세상에서 마녀의 세계로 들어가는 입구였다. 아무나 발견할 수 있는 다리가 아니었다.

"한밤중에 어두운 곳에 혼자 있으면 위험해요."

사토 씨가 타이르듯 말했다. 가로등 불빛에 걱정스러워하는 얼굴 표정이 드러나 있었다.

"책을 읽느라 시간 가는 줄 몰랐어요. 아무튼 걱정을 끼쳐드려 죄송합니다. 이제 집에 가볼게요."

나나세는 몸을 돌려 다리를 건너려다 멈춰 서서 사토 씨를 돌아보았다.

'사토 씨는 항상 작은 도서관을 찾는 손님들의 얼굴을 유심히 살피고 있었던 거야. 집주인이 정원에 날아든 작은 새들을 흐뭇한 표정으로 바라보듯이⋯⋯. 난 사토 씨가 그렇게 걱정할 정도

로 어린 아이가 아닌데…….'

아무튼 관심을 갖고 따스하게 대해준 사토 씨가 고마웠다.

"작은 도서관에서 일하는 아르바이트생에게 들었어요. 사장님이 어렸을 때 친구로 지낸 요괴가 있었다던데요?"

사토 씨가 빙그레 웃으며 말했다.

"네, 요괴 친구가 있었죠."

달빛이 교교하게 비치는 다리 위에서 사토 씨가 들려준 이야기는 매우 신비하고 아름다웠다. 오래전 7월 칠석 축제 당시 초등학생이었던 사토 씨와 친구들이 실제로 겪은 이야기였다.

"그 무렵 미카즈키의 상점가는 지금과는 비교도 안 될 만큼 번성했어요. 역에서 상점가로 곧장 이어지는 긴 아케이드도 있었죠. 7월 칠석 축제가 되면 아이들은 전통의상을 입고 거리로 모여들었어요. 다들 소원을 적어 하늘로 날려 보낼 종이를 지참하고 있었죠. 그때 종이에 '사시사철 건강하고 신나게 놀 수 있게 해주세요.'라는 소원을 적어넣었던 기억이 나요. 어렸을 때 몸이 약했거든요. 아이들이 모여서 놀거나 자전거를 타고 하이킹을 떠날 때 몸이 아파 함께하지 못했던 게 한이 되다시피 했었죠.

그 당시 우리집에서 기르는 토끼가 있었어요. 내가 학교에서 토끼 사육 담당을 맡고 있었는데 마침 새끼를 낳은 거예요. 선생님께 부탁해 토끼 한 마리를 집으로 가져올 수 있게 되었죠. 학교에서나 집에서나 토끼를 정성스럽게 돌봐주었는데 대부분 수명이 짧아 얼마 지나지 않아 죽었어요. 내가 죽은 토끼를 생각하며 슬피 울자 같은 반 친구가 말했어요. '토끼는 죽은 게 아니라 달나라에 간 거야. 네가 키우던 토끼들도 달나라에서 널 내려다보고 있을 테니까 너무 슬퍼하지 마.'라고요. 그 말을 듣고 달을 올려다보니 정말 거기에 내가 키우던 토끼들이 살고 있는 것 같았어요. 토끼가 달나라의 억새 들판에서 코를 벌름거리고, 귀를 쫑긋대며 달리는 모습이 눈에 선하더군요.

그 후로는 죽은 토끼가 생각나면 달을 올려다보았어요. 먼 훗날 나도 죽게 되면 달나라로 올라가 토끼들과 함께 살며 지구를 내려다보는 상상을 하기도 했죠. 그 무렵 나는 몸이 너무 약해 어른이 될 때까지 살 자신이 없었어요. 달이 뜰 때마다 올려다보며 토끼에게 말을 걸었어요. '토끼야, 나도 곧 죽으면 달나라로 갈게. 너랑 달나라의 억새 들판을 맘껏 달리고 싶어.'라고요."

사토 씨는 그 시절이 생각나는 듯 희미하게 웃고 나서 말을 이었다.

"그 무렵은 마침 아폴로 11호가 달에 첫발을 내딛었던 때였죠. 텔레비전을 통해 닐 암스트롱이 인류 최초로 달 표면에 발을 내딛는 모습을 보았어요. 아이들은 다들 눈을 동그랗게 뜨고 의아해했죠. 어떤 아이가 말했어요. '달나라에는 토끼들이 모여 산다고 했는데 왜 한 마리도 보이지 않는 거야?'라고요.

요즘 아이들은 아마 달나라에 토끼가 산다고 하면 터무니없는 말이라고 생각해 피식 웃어넘길 거예요. 우리 세대만 해도 인류가 달 표면에 첫발을 내딛기 전에 태어났으니까 달나라에 토끼가 산다는 말을 철석같이 믿었죠. 그 당시 나는 인류가 달 표면에 최초의 발자국을 남기는 순간을 텔레비전 생중계로 보았으면서도 토끼들이 달나라의 억새 들판에서 뛰어다니고 있다는 말을 끝까지 믿고 싶었어요. 내가 키우던 사랑스러운 토끼들이 달나라에 살아 있다는 게 사실이 아니라면 내가 꿈꿔왔던 모든 희망이 물거품이 되어버리는 셈이었으니까요. 솔직히 말하면 지금도 여전히 달나라에 토끼가 산다는 믿음을 갖고 있어요. 우주선이 달보다 훨씬 멀리 있는 별까지 날아가는 시대가 되었지만 나는 여전히 동화의 세계 속에서 벗어나기 싫어요. 친구 하나가 나를 위로하려고 그랬는지 이런 말을 해주더군요. '너무 실망하지 마. 달은 항상 우리에게 앞면만 보여주고 있어서 뒷면은 본 적이 없잖아. 아폴로 11호는 달의 앞면에 착륙했어. 토끼들은 분명 달의 이면에 살고 있을 거야.'라고요."

"달의 이면?"

나나세는 머리 위에 떠있는 달을 올려다보았다.

달이 은색가루를 뿌려놓은 듯 교교하게 빛나고 있었다.

"심지어 토끼가 달의 지하에 살고 있을 거라고 믿는 친구도 있었어요. 달의 이면에 지하로 통하는 출입문이 있을 거라면서요. 그 당시 우리는 달나라에 사는 토끼 이야기를 정말 좋아했죠. 그런 한편 아폴로 11호나 우주비행사도 동경했어요. 장래에 우주비행사가 되는 게 꿈이었던 아이들이 많았죠. 나도 우주비행사를 동경했던 기억이 나요. 우주비행사가 되려면 우선 영어를 잘 해야 한다고 해서 영어회화 테이프를 구입해 열심히 공부했던 적도 있어요. 결국 몸이 약해 우주비행사가 되고 싶었던 꿈을 포기할 수밖에 없었죠. 얼마나 아쉽고 슬프던지 우주비행사가 되어 은하 여행을 떠나는 꿈을 자주 꿨어요. 우주선에서 내려 우주인들을 만나는 상상도 수없이 많이 했죠. 상상의 날개를 펼치고 요정의 나라를 여행하거나 병치레가 잦은 아이가 아니라 뭐든 잘하는 건강한 아이로 다시 태어나기도 했어요. 달나라에 가서 요괴 친구를 만나기도 했죠."

"요괴 친구는 언제 만난 거예요?"

"어릴 때 요괴를 좋아해 《요괴도감》을 보물처럼 끼고 다녔어요. 얼마나 열심히 탐독했는지 내용을 전부 암기할 정도였죠. 요괴를 봤다고 주장하는 친구들끼리 비밀을 공유했어요. 사실은 표지에 무서운 그림이 그려진 괴담 책이나 만화를 보았을 뿐이지만요. 나는 괴기 영화나 심령사진을 보고 나면 혼자서는 화장실에 가지 못할 정도로 무서움을 많이 타는 편이었는데 아이들에게 요괴를 봤다는 자랑을 하고 싶어 《요괴도감》을 열심히 들여다보았죠. 눈에 보이지는 않지만 우리들 가까이에 요괴들이 살고 있다고 믿었고, 기회가 주어진다면 기꺼이 만나보고 싶었어요. 요즘 아이들도 크게 다르지 않을 거예요. 아이 때는 누구나 호기심이 많으니까요."

나나세는 공감하기 쉽지 않았지만 사토 씨는 어린 시절을 추억하며 이야기를 계속했다.

"그해 여름 7월 칠석 축제 때 신비스러운 여자 아이를 만났어
요. 그 아이의 정체는 지금도 수수께끼로 남아있어요."

사토 씨가 갑자기 목소리를 낮추었다.

"실없는 소리로 받아들일 수도 있겠지만 나는 지금도 확신해
요. 그 아이는 분명 인간이 아니라 요괴였어요. 그해 7월 칠석에
나는 더위를 먹었는지 몸에 열이 나고 힘이 하나도 없었어요. 아
무리 몸이 아프더라도 손꼽아 기다려온 축제를 건너뛸 수는 없어
거리로 달려나갔죠. 다른 아이들은 신나게 뛰어 놀며 재미있는
일을 많이 겪을 텐데 집에서 혼자 앓아 누워있을 수는 없잖아요.
친구들과 와자지껄 떠들어대며 거리를 돌아다니고 있었는데 수
많은 인파 속에서 한 번도 본 적 없는 여자 아이를 발견했어요. 검
은머리를 길게 늘어뜨린 외국 여자 아이였죠. 동화책 속에서 방
금 걸어 나온 듯 눈부시게 예뻤어요. 하얀 레이스가 달린 검은 원
피스 차림이었고, 파란 눈에서 신비한 느낌이 묻어났죠. 내가 그
여자 아이에게 시선을 빼앗긴 건 단지 예쁘기 때문만은 아니었어
요. 그 아이는 다양한 색깔로 반짝이는 카바이드 불빛 속에서 눈
이 휘둥그레진 채 물 위에 떠있는 요요와 솜사탕, 어항에 담긴 금
붕어 따위를 구경하고 있었어요. 홍조를 띤 하얀 얼굴에 호기심
이 잔뜩 어려있었고, 분홍색 입술 사이로 보이는 송곳니가 무척이
나 귀엽더군요. 그 아이가 내 눈길을 사로잡아 계속 주시하는 동
안 왠지 슬퍼보인다는 인상을 받았어요. 그 아이는 동행한 가족
이나 친구가 없는지 계속 혼자서 돌아다니고 있었죠. 우리 마을

의 전통 축제에 와준 그 아이가 고맙기도 했어요. 나는 용기를 내 그 아이에게 다가가 말을 걸었고, 이내 친구가 되었죠. 그 아이가 일본어를 하지 못해 내가 손짓 발짓을 동원한 영어로 겨우 의사를 주고받았어요. 정말이지 마법사가 조화를 부린 듯 황홀한 밤이었죠. 나는 열이 많아 힘들었지만 그 아이와 조금이라도 더 오래 있고 싶어 집으로 돌아가지 않았어요.

그 아이에게 학교에서 기르는 토끼를 보여주고 싶었어요. 그 무렵 나랑 친구들은 토끼를 몹시 좋아했었죠. 그 중에서도 나를 잘 따르는 회색 토끼가 가장 좋았어요. 나는 친구들과 그 아이를 데리고 학교에 갔죠. 그날도 오늘밤처럼 보름달이 떠있었어요. 문득 그 아이가 달을 가리키더니 서툰 일본어로 "난 저 달에서 왔어."라고 하는 거예요. 물론 처음에는 농담이라고 생각했어요. 우리는 환한 달빛을 받으며 학교로 들어갔고, 내가 가장 좋아하는 회색 토끼가 있는 곳으로 그 아이를 데려갔죠. 토끼장에서 싱그러운 풀냄새가 났어요. 하늘에서 교교한 달빛이 쏟아지고 있는 가운데 나는 그 아이의 품에 회색 토끼를 안겨주었죠. 그 아이는 토끼를 무릎에 올려놓더니 하얀 손으로 등을 쓰다듬어주었어요.

나는 회색 토끼와 많은 시간을 함께 했고, 늘 친하게 지냈어요. 회색 토끼는 나이가 많았고, 죽음이 가까이 와있다는 걸 알고 있었죠. 그날 나는 소원을 적어 넣는 종이에 '부디 회색 토끼가 오래오래 살 수 있게 해주세요.'라고 썼지만 불가능한 일이라는 걸 모르지 않았어요. 이 세상에는 아무리 간절히 원해도 이루어지지 않는 소망이 있다는 걸 알고 있었으니까요. 회색 토끼는 그리 멀지 않은 날에 다시는 돌아올 수 없는 곳으로 떠났어요. 그 아이가 달빛 속에서 토끼를 끌어안고 나와 친구들을 유심히 바라보다가 천천히 몸을 일으키면서 말했어요. '이 토끼는 내가 데려갈게. 저기에 친구들이 많으니까.'

내가 깜짝 놀라며 물었어요. '저기라면 어디를 말하는 거야?'

그 아이가 영어로 말했어요. '달의 이면, 우리가 사는 곳이야.' 그런 다음 내 이마에 손을 올려놓았어요. 그러자 신기하게도 열이 갑자기 내려갔어요. 그 아이가 이번에는 일본어로 말했어요. '너희들 덕분에 즐거웠어. 답례로 내가 이 토끼를 영원히 살 수 있는 곳으로 데려가줄게. 나는 인간이 아니라서 밤에만 여기에 머물 수 있어.'

내가 또다시 깜짝 놀라 물었어요. '인간이 아니라고?'

그 아이가 신비한 표정을 지으며 웃었어요. '나는 달나라에 사는 요괴야. 동이 트기 전에 돌아가야 해. 여기에 남아있으면 재가 되어버릴 테니까.'

그 아이가 마치 노래하듯 말을 이었어요.

'하늘에서 인간들이 사는 마을의 불빛을 내려다보고 있었어. 이 마을에서 즐거운 축제가 열리고 있기에 구경하려고 내려온 거야. 아무튼 너희들 덕분에 잊지 못할 추억이 생겨 기분이 좋아.'

그 아이의 말이 끝나자마자 등에서 검은 날개가 솟아나왔어요. 그 아이는 고개를 까딱해 인사를 하고 나서 검은 날개를 펄럭이며 밤하늘로 날아올랐어요. 토끼를 팔에 안은 채 길고 검은 머리카락과 옷자락을 나부끼며 점점 하늘 위로 멀어져 가는 그 아이의 모습이 무척이나 신비해보였어요. 그러다가 눈 깜짝할 사이에 달빛 속으로 스며들더군요. 친구들과 나는 어찌나 놀랐던지 입을 다물지 못하고 그 자리에 멍하니 서있었죠. 마치 꿈을 꾸는 것 같았어요. 드라마에서 본 판타지 세계로 빠져든 것 같았죠. 분명히 말하지만 꿈은 아니었어요. 그 증거로 친구들과 나는 달에서 온 요괴 친구를 생생하게 기억하고 있고, 그날 밤 회색 토끼가 온데간데없이 사라져버렸으니까요.

친구들과 나는 그날 밤에 일어났던 일을 아무에게도 말하지 않고 우리들만의 소중한 비밀로 간직하기로 했어요. 그 이후로도 우리는 가끔 그날 밤에 일어난 일을 회상하며 이야기꽃을 피웠죠. 절대로 꿈이 아니었다는 걸 서로를 통해 확인하면서. 그 후 내 꿈은 우주비행사가 되어 달나라에 가는 것이었어요. 달의 이면을 찾아가 요괴 친구와 회색 토끼를 만나고 싶었죠.

사토 씨는 그 시절이 그리운 듯 보름달을 올려다보며 만면에 하나 가득 미소를 지었다.

"결국 우주비행사의 꿈을 이루지 못하고 어른이 되었어요. 다만 어른이 된 지금도 7월 칠석 축제 때 만났던 신비한 요괴 친구를 생생하게 기억해요. 지금도 달을 올려다 볼 때마다 그 요괴 친구와 회색 토끼가 잘 살아가고 있으리라 믿어 의심치 않아요."

사토 씨는 언젠가 반드시 7월 칠석 축제를 부활시키고 싶다는 소망을 밝혔다.

"7월 칠석 축제가 사라져서 많이 아쉬워요. 축제를 부활시켜 아이들이 신나게 뛰어놀 수 있게 해주고 싶어요. 친구들과 진지하게 축제를 부활시키자는 논의를 하고 있으니까 아마 좋은 결과가 있을 거예요. 어릴 때는 약골이라는 소리를 들을 정도로 몸이 약했는데 신기하게도 그해 여름에 요괴 친구를 만난 이후 건강해졌어요."

어두운 물 위에 달빛이 어려있었다.

"어린 시절에는 달나라에 토끼들이 뛰어다니는 억새 들판이 있을 거라고 믿었어요. 어른이 된 지금 그런 주장을 하면 다들 코웃음을 칠 수도 있겠지만 나는 여전히 마음속으로 굳게 믿고 있어요. 달의 이면에 요괴 친구와 토끼들이 살고 있는 억새 들판이 있을 거라고요. 친구들과 나는 그 아이가 돌아간 후 《요괴도감》에서 달나라에 사는 요괴가 있는지 찾아봤어요. 세월이 지나도 나이를 먹지 않는 요괴가 달나라에 살고 있다고 나와 있더군요. 그 요괴 친구는 지금도 회색 토끼를 품에 안고 먼 옛날 7월 칠석 축제의 밤에 아이들과 어울려 놀았던 추억을 떠올리고 있을 거예요. 친구들과 내가 달나라에서 온 요괴 친구를 만났던 그해 여름밤을 그리워하듯이……."

나나세가 미소를 지으며 말했다.

"멋진 경험을 하셨네요."

"그렇게 말해줘서 고마워요. 책을 읽고 싶으면 언제든지 작은 도서관을 찾아주세요."

"오늘도 책을 빌렸으니 다 읽고 나면 반납하러 가야죠."

사토 씨는 손을 흔들어주고 나서 돌아갔다.

나나세는 마을의 불빛 속으로 사라져 가는 사토 씨의 뒷모습을 바라보며 입가에 흐뭇한 웃음을 머금었다.

검은 고양이가 중얼거렸다.

"사토 씨는 이야기를 참 재미있게 하네."

"그러게."

"실감 나는 이야기였어."

"그래, 맞아."

"사토 씨의 이야기를 믿어?"

"믿지 않을 이유가 없잖아."

"이 마을 아이들이 7월 칠석날 밤에 요괴를 만났고, 토끼들과 더불어 달의 이면에서 살아가고 있을 거라는 말을 믿는단 말이야?"

"나라도 믿어줘야지. 요괴나 마녀나 비슷하잖아."

"하긴 그러네."

나나세는 요괴가 산다는 달을 다시 한 번 올려다보았다.

* * *

나나세는 어린 마녀였을 때 자신을 보살펴주던 마녀들이 모닥

불을 가운데에 피우고 둘러앉아 이야기를 나누는 소리를 들으며 잠이 들곤 했다. 오랜 옛날 이 세상에는 마녀들뿐만이 아니라 요정, 요괴, 인어, 반수반인, 늑대인간 같은 존재들이 살았다. 과학을 발전시킨 인간들이 이 세상 구석구석까지 밝은 빛을 비추는 바람에 어두운 곳이 사라지면서 밤의 주인이었던 신비한 존재들이 다른 별을 찾아 떠나게 되었다. 마법의 힘을 발휘해 공간의 문을 열어젖힌 그들은 지구에서 그리 멀지 않은 곳, 형제처럼 어울려 살았던 인간들과 그리 멀리 떨어져 있지 않은 곳, 인간들이 늘 지켜볼 수 있는 곳으로 이주했다. 가령 달의 이면 같은 곳으로. 그들이 지구에서 사라져버리는 바람에 인간들은 마녀, 요정, 요괴 같은 신비한 존재들을 이전처럼 자주 볼 수 없게 되었다. 지금은 소수의 마녀들이 지상에 남아 인간들 틈에 섞여 살아가고 있을 뿐이었다.

검은 고양이가 나나세에게 물었다.

"사토 씨가 만났던 요괴는 아직 달의 이면에 살아있을까?"

"그럴지도 모르지. 요괴는 영원히 늙지 않는다니까."

검은 고양이가 다시 물었다.

"7월 칠석 축제가 열리면 요괴가 지난 추억을 떠올리며 다시 내려올 수도 있겠네."

"만약 축제가 다시 열리고, 요괴 친구가 이 마을에 다시 온다면 사토 씨와 친구들은 큰 보람을 느낄 거야."

요괴 친구는 어느 해 7월 칠석 축제 때 만났던 사토 씨와 친구들이 여전히 자신을 그리워하고 있다는 걸 잘 알고 있을 것이다. 이미 다들 어른이 되었어도 그날의 추억을 깊이 간직하고 있다는 것을……. 어쩌면 이미 지상에 내려와 마을 사람들 틈에 섞여 살아가고 있을지도 모른다. 지상에 얼마 남아있지 않은 마녀들처럼…….

나나세는 사토 씨가 전해준 책을 가슴에 안고 경쾌한 걸음걸이로 다리를 건넜다.

그때 레이스가 달린 검은 원피스 차림의 소녀가 검은 머리카락을 흩날리며 스쳐지나갔다. 검은 머리 소녀는 뒤도 돌아보지 않고 사람의 마을을 향해 사뿐사뿐 걸어갔다. 소녀의 반짝이는 파란 눈에 그리움이 담겨있었고, 입술 사이로 귀여운 송곳니가 살짝 드러나 보였다.

나나세는 검은 고양이와 눈길을 주고받으며 소녀의 뒷모습을 한참 동안 유심히 지켜보았다.

선라이즈 선셋

항구 도시의 중심부에서 벗어난 서쪽 지역에 바닷가 마을이 있다. 오본(양력 8월 15일에 지내는 일본의 명절로 일 년에 한 번 죽은 영혼들이 저승에서 돌아오는 날 - 옮긴이 주) 명절이 시작되는 날, 직감이 뛰어난 사람이라면 분명 이상한 낌새를 차릴 수 있다. 바다에서 불어오는 바람 속에 그리움 가득한 누군가의 속삭임과 웃음소리가 섞여있다는 것을……

집에서 죽은 자의 영혼을 맞을 준비를 하던 사람들은 '다녀왔습니다.'라고 인사하는 소리에 이어 불단을 모셔놓은 방으로 사뿐히 옮겨놓는 발소리를 들을 수 있다. 사람들은 분명 무슨 소리가 들려온 듯해 주변을 두리번거리지만 아무것도 눈에 들어오지 않는다.

'환청을 들었나?'

사람들은 이상한 일이라는 듯 고개를 갸웃거리다가 잠시 멈추었던 일을 계속한다. 눈앞에 따뜻한 시선으로 바라보고 있는 죽은 자의 영혼이 있다는 걸 아무도 알아차리지 못한다. 먼 바다에서 돌아온 죽은 자의 영혼이 불단 앞 향로에서 피어오르는 향을 맡으며 거기에 있다.

* * *

항구 도시를 수호하는 마녀 니콜라는 바다에서 불어오는 바람을 맞으며 가을이 성큼 다가왔다는 걸 느꼈다. 아직은 더운 날씨지만 옷깃을 스쳐 지나는 바람 속에 서늘한 기운이 깃들어있었다. 〈마녀의 집〉 창문을 활짝 열어젖힌 니콜라는 눈을 가느다랗게 뜨고 높고 푸른 하늘을 올려다보았다. 창문을 통해 한층 선선해진 공기가 쏟아져들어왔다.

'뜨거운 스튜가 맛있는 계절이 다가오고 있어.'

가을에는 연어에다 밤과 버섯을 넣어 끓인 크림 스튜가 맛있다. 겨울에는 음식을 먹을 때 뜨거운 술을 곁들이면 좋다. 겨울이 되면 하늘색도 달라지고, 바다 냄새도 달라진다. 먹색으로 변한 겨울 바다에서 철새들이 흰 날개를 반짝이며 날아다닌다. 계절의 변화는 보이지 않는 손이 만들어내는 마법이다.

니콜라는 오랫동안 세상을 떠돌아다니다가 항구 도시에 정착했고, 그 이후로도 수많은 세월이 흘렀다. 몸에서 땀이 줄줄 흘러내리는 찜통더위가 한창일 때는 누구나 어서 더위가 물러가고 찬바람이 부는 가을이 찾아오길 소망한다. 최근 몇 년 동안에는 보이지 않는 손이 더운 날씨에 미련이 남은 듯 계속 심술을 부려대는 바람에 늦더위가 끈질기게 이어졌다. 오본 무렵이 되어야 더위가 슬그머니 물러가고 가을의 느낌이 성큼 다가서곤 했다. 오본 명절이 시작되는 8월 13일을 지나 마무리 시점인 16일이 되면 비로소 가을 느낌이 완연해진다.

미카즈키 거리에 있는 〈마녀의 집〉은 누구나 쉽게 찾아갈 수 있는 곳이 아니었다. 니콜라는 〈마녀의 집〉 카운터를 지키고 앉아 창밖에 펼쳐진 하늘을 내다보았다. 간혹 솜털 구름이 보일 뿐 하늘은 높고 푸르렀다.

니콜라의 눈에는 오본을 맞아 바다 너머에서 집을 찾아 돌아오는 죽은 자들의 모습이 보인다. 오본 명절에 항구 도시 전체가 바다 냄새로 가득 차는 건 먼 바다에서 돌아온 죽은 자들이 지나가고 있기 때문이다.

발소리도 없이 마을로 돌아온 영혼들이 저마다의 집으로 향하고 있는 모습이 눈에 들어온다. 죽은 자들이 길을 헤매지 않고 찾아오도록 집집마다 문간에 초롱과 등롱을 걸어두었다. 바다에서 돌아온 죽은 자들 가운데 니콜라가 아는 인물들도 더러 있었다. 생전에 〈마녀의 집〉 근처에서 살았던 적이 있거나 가게를 방문한 적이 있는 사람들이었다.

니콜라가 혼잣말을 중얼거렸다.

"눈물겨운 관습이야."

니콜라는 젊은 시절에 세계 여러 나라를 돌아다녔고, 사람들 틈에 섞여 살았던 적이 많았다. 오래 살다 보니 애착이 생겨 고향처럼 여겨지는 마을도 있었고, 가족처럼 사랑했던 사람들도 있었다. 아득한 옛날 일이라 니콜라가 사랑했던 사람들은 모두들 세상을 떠났다. 매년 오본이 되면 사랑하는 사람들을 다시 만날 수 있는 이 마을의 전통 명절이 부러웠다.

'사랑하는 사람들을 이렇게라도 다시 만날 수 있으니 얼마나 좋을까? 해마다 오본이 되면 문에 등불을 밝히고 사랑하는 사람들을 영접할 수 있으니 얼마나 큰 축복인가?'

니콜라는 오본 명절이 영원히 이어지길 바라며 불룩한 유리 덮개 위에 손잡이가 달린 등불을 창가에 올려두었다. 부디 등불이 오늘밤 바다에서 돌아오는 여행자들에게 조금이나마 도움이 되길 바랐다.

오래 전 세계 각지를 여행할 때 사용하던 등불이었다. 마차에 매달고 달린 적도 있었고, 잠시 머물렀던 집의 창가에 걸어두었던 적도 있었다. 깊은 숲 속에서 손에 들고 걸었던 적도 있었다.

오래 전 세상을 떠난 친구들과의 추억이 떠올랐다. 여행을 떠날 때마다 그림자처럼 따라다니며 길동무를 해준 회색 고양이와의 추억이 지금도 머릿속에 생생하게 남아 있었다. 몸에 회색 털이 덮인 고양이로 에메랄드처럼 빛나는 녹색 눈동자가 유난히 아름다웠다. 오지랖이 넓어 털이 복슬복슬한 꼬리를 흔들어대며 참견하길 좋아하는 고양이였다. 그런 점에서는 나나세의 길동무인 검은 고양이와 비슷했다. 검은 고양이는 나나세를 여동생처럼 취급하고 있었다.

니콜라는 혼자 유럽에서 여행을 할 때 어느 도시의 후미진 골목에서 회색 고양이를 만났다. 그때 회색 고양이가 마치 큰 선심을 쓰듯 말했다.

"외롭지 않게 내가 동행해줄게. 나랑 함께 다니면 많은 도움이 될 거야. 난 똑똑하고 눈치가 빠른 고양이니까."

니콜라와 회색 고양이는 오랫동안 함께 세상을 떠돌아다닌 끝에 항구 도시의 미카즈키 거리에 정착했다. 목숨이 다할 때까지 다른 어디로도 가지 않고 항구 도시에 눌러앉을 생각이었다. 마녀의 길동무를 해주는 고양이들은 대부분 오랫동안 주인과 함께 천수를 누리다가 비슷한 시기에 생을 마치는데 회색 고양이는 니콜라만 남겨두고 먼저 세상을 떠났다.

니콜라가 항구 도시에 정착한 해는 메이지 시대(1867~1912)였다. 그 당시만 해도 항구 도시는 지금보다 훨씬 번창했고, 미카즈키 거리만 해도 물건을 사고 파는 사람들이 넘쳐났다. 항구를 이용하는 외국 배들도 많아 거리에 나가면 일본 사람들 뿐만 아니라 서양 사람들이 마차를 타고 오가는 모습을 흔히 볼 수 있었다.

니콜라는 마녀이지만 미래를 내다보는 예지력은 없었다. 이제 막 세계를 향해 문호를 개방한 이 나라에서는 자연재해와 전쟁이 끊임없이 계속되었다. 제2차 세계대전 당시 항구 도시는 잦은 공습을 받아 도시 전체가 초토화되었고, 많은 사람들이 희생되었다. 제1차 세계대전의 아픔이 미처 가시기도 전에 제2차 세계대전으로 다시 도시 전체가 황폐화되자 사람들은 비탄과 공포에서 헤어나지 못했다.

항구 도시 사람들은 미카즈키 거리 뒷골목에 마녀가 산다는 걸 알지 못했다. 니콜라는 비처럼 퍼붓는 포화 속에서 마을 사람들의 목숨을 구하기 위해 동분서주했지만 혼자 감당하기에는 역부족이었다. 폭격을 받아 주저앉은 집이 도처에 널려있었고, 건물의 잔해에 깔려 살려달라고 아우성치는 사람들의 목소리가 사방에서 울려퍼졌다.

니콜라는 마법의 빗자루를 타고 이리저리 날아다니며 사람들의 목숨을 구해냈지만 미처 손을 써볼 겨를도 없이 숨진 사람들이 너무나 많았다. 인간이 개발해낸 전투기와 첨단 무기는 마법으로도 감당할 수 없을 만큼 어마어마한 위력을 과시했다. 전투기 편대가 항구 도시 위를 지나가며 폭격을 가할 때마다 검은 연기가 치솟으며 건물이 와르르 무너지고, 항구에 정박해있던 배들이 불이 붙은 가운데 바다로 가라앉고, 목재 가옥은 순식간에 불길에 휩싸여 사라졌다.

니콜라는 한 사람의 목숨이라도 더 구하기 위해 계속 불구덩이에 뛰어들었다가 지붕 위에서 떨어진 잔해에 깔려 하마터면 목숨을 잃을 뻔했다. 니콜라와 함께 불구덩이에 뛰어들었던 회색 고양이는 끝내 심한 화상을 입고 숨을 거두었다.

니콜라는 창가를 환하게 밝히고 있는 등불을 바라보며 중얼거렸다.

"약속이 틀리잖아? 언제까지나 내 옆에 있어주겠다고 약속해놓고 먼저 죽으면 어떡해?"

오본 명절의 시작을 알리는 8월 13일의 밤이 깊어가고 있었다. 죽은 자들의 영혼이 집집마다 환하게 밝혀놓은 등불의 안내를 받으며 사랑하는 가족들이 사는 집으로 돌아왔다. 바다를 건너 이제 막 집에 도착한 그들이 미소 짓는 얼굴로 속삭였다.

"등불을 환하게 밝히고 기다려준 덕분에 잘 도착했습니다!"

죽은 자들 중에는 간혹 어린아이도 있었다. 니콜라의 눈에 어린 아이가 등불을 밝혀놓은 집으로 들어가는 모습이 보였다. 그 아이는 오랫동안 병마와 싸우다가 숨을 거두었다.

죽은 자들 가운데 초로의 남자도 있었다. 낡은 가죽구두를 신은 그는 한겨울에 입는 모직 코트 차림에 머플러를 두르고 있었다. 그가 죽은 계절이 겨울이라는 걸 옷차림을 보면 알 수 있었다.

마녀의 눈에는 죽은 자들의 영혼이 보이지만 사람들 눈에는 보이지 않는다. 죽은 자들도 가족들의 눈에 자신의 모습이 보이지 않는다는 걸 알고 있다. 서로 부둥켜안고 얼굴을 마주보고 비벼대며 재회의 기쁨을 나누지 못해 아쉽지만 가족과 친척, 친구들을 다시 만나볼 수 있다는 것만으로도 감격할 따름이었다. 서로 대화를 주고받지는 못하지만 모처럼 집에 돌아올 수 있게 된 것만으로도 행복을 느꼈다.

죽은 자들 가운데 더러 니콜라가 생전에 알고 지낸 얼굴들이 있었다. 그들도 니콜라를 알아보고 손을 흔들거나 고개 숙여 인사했다. 그들은 생전에 <마녀의 집> 옆을 지나다니긴 했어도 안으로 들어온 적이 없었는데 이제는 마법이 풀려 쉽게 넘나들 수 있게 되었다.

니콜라는 오래 전에 세상을 떠난 친구들이 보고 싶어 견딜 수가 없었다. 오늘밤에는 가게 문을 닫고 친구들을 추억하고 싶었다. 오본인 만큼 먼저 세상을 떠난 친구들을 추억하며 지내는 것도 명절의 취지에 어긋나지 않을 듯했다.

오본을 맞아 돌아오는 영혼들 중에는 사람들과 한집에서 동고동락하며 지내다가 생을 마친 동물들도 있었다.

"어머! 금붕어잖아!"

니콜라는 손바닥만 한 크기의 금붕어 한 마리를 발견하고 깜짝 놀랐다.

금붕어가 늘 헤엄치던 수조, 매일 먹이를 주던 가족 곁으로 돌아가기 위해 밤하늘에서 지느러미를 열심히 움직이는 모습이 너무나 깜찍하고 귀여웠다. 금붕어가 <마녀의 집> 앞을 지나가면서 툭 튀어나온 눈을 깜박이며 인사를 건넸다.

니콜라도 잘 알고 있는 금붕어였다. 언젠가 어린 남매가 죽어가는 금붕어를 살려달라며 찾아온 적이 있었다. 니콜라는 신비의 약을 물에 풀어 금붕어를 살려내고 나서 아이들에게 말해주었다.

"얘들아, 앞으로 너희들이 이 금붕어를 정성스레 보살펴주면 건강하게 오래오래 살 수 있을 거야."

기억이 가물가물할 만큼 오래된 일이었다.

"금붕어가 어쩜 저렇게 건강하게 자랐을까?"

금붕어는 아이들의 사랑을 받으며 건강하게 살다가 몇 년 전에 죽었다. 금붕어가 평균 수명보다 훨씬 더 오래 살 수 있었던 건 아이들이 마녀와의 약속을 잊지 않고 정성스럽게 보살펴주었기 때문이다.

'금붕어도 아이들이 무척이나 보고 싶었을 거야.'

문득 기척이 느껴져 아래쪽을 내려다보니 녹색 눈이 아름다운 삼색 고양이가 지나가고 있었다. 삼색 고양이와 눈이 마주친 순간 지난 기억이 떠올랐다. 삼색 고양이는 오래 전에 병에 걸려 죽었다. 죽기 직전에는 뼈가 앙상하게 드러날 정도로 몸이 비쩍 마른데다 털이 듬성듬성 빠져있었는데 오늘 보니 젊었을 때처럼 삼색 털에 윤기가 흐르고, 녹색 눈이 반짝반짝 빛나고, 살집도 적당히 붙어있어 아름다웠다.

삼색 고양이는 생전에 바닷가 마을의 오래된 저택에 살았는데 가끔 〈마녀의 집〉이 있는 미카즈키 거리의 골목에서 아이들과 어울려 놀다가 돌아갔다. 사람들은 녹색 눈이 아름다운 삼색 고양이를 예뻐해 볼 때마다 등을 쓰다듬어주었다. 그 당시에는 고양이들이 밖으로 나와 자유롭게 돌아다녀도 아무도 이상하게 생각하지 않았다.

삼색 고양이는 〈마녀의 집〉에도 들른 적이 있었다. 고양이에게는 길에 걸어놓은 마법이 통하지 않기 때문에 언제든지 마음이 내키면 〈마녀의 집〉에 들락거릴 수 있었다. 삼색 고양이는 니콜라가 마녀이고, 신비한 마법을 펼칠 수 있다는 걸 알고 있었지만 딱히 아무것도 바라지 않고 조용히 놀다가 돌아갔다.

니콜라는 삼색 고양이가 큰 병을 앓았다는 사실을 몰랐다. 삼색 고양이가 죽고 나서 지나가는 바람이 전하는 속삭임을 듣고 알게 되었다. 니콜라는 나름 삼색 고양이와 가깝게 지낸 사이였는데 몸이 아파 고통 받을 때 아무런 도움을 주지 못한 게 두고두고 가슴이 아팠다. 병을 앓는다는 걸 진작 알았다면 목숨을 살릴 수 있었을 텐데 이미 죽은 다음이라 아무것도 해줄 수 없었다. 삼색 고양이가 죽고 나서야 문득 중요한 사실을 깨달았다.

'삼색 고양이가 나를 찾아온 이유는 내가 회색 고양이를 잃고 외롭게 지낸다는 걸 알고 위로하기 위해서였던 거야.'

삼색 고양이가 반가운 표정으로 인사하고 나서 니콜라에게 따라오라는 고갯짓을 하더니 우아한 걸음걸이로 주택단지를 향해 걸어갔다. 니콜라는 이유도 묻지 않고 삼색 고양이를 따라갔다. 삼색 고양이는 발자국 소리를 전혀 내지 않고 앞장서서 생전에 살던 집을 향해 갔다. 눈에 익숙한 거리를 지날 때마다 추억이 떠오르는 듯 잠시 걸음을 멈추고 그리움이 가득한 눈으로 주변을 둘러보기도 했다.

삼색 고양이는 공원을 가로질러 정원에 나무가 많은 대저택 앞에서 걸음을 멈추더니 현관문 대신 울타리 사이로 난 구멍으로 기어 들어갔다. 생전에 삼색 고양이가 즐겨 이용했던 통로인 듯했다.

니콜라는 현관문을 통과해 그 집 정원에 섰다. 삼색 고양이는 툇마루를 거쳐 방으로 들어갔다. 불단이 있는 방으로 초롱불과 등롱을 켜놓아 방 안이 환했다. 향로에서 피어오른 향이 방안 가득 퍼져있었고, 나이가 지긋한 할머니가 얇은 이불을 덮고 잠들어 있었다. 그 할머니 역시 오본 명절을 맞아 가족에게로 돌아온 영혼이었다.

할머니의 손녀가 부모와 이야기를 나누고 있었고, 툇마루에는 등나무로 만든 빈 바구니가 놓여있었다. 삼색 고양이가 생전에 잠을 자던 바구니였다. 할머니는 먼 바다를 건너오는 긴 여행을 하느라 피곤한 듯 잔잔한 미소를 머금고 잠들어있었다.

손녀는 눈물을 흘려 퉁퉁 부은 눈으로 책장을 바라보았다. 거기에 죽은 고양이의 사진을 넣어둔 액자가 놓여있었다. 손녀가 초등학교에 다닐 때 길에서 헤매는 삼색 고양이를 집으로 데려왔다. 그날 이후 삼색 고양이는 손녀의 가족과 행복한 시간을 보냈다.

삼색 고양이는 방에 둘러앉은 가족들을 한 사람씩 찾아다니며 코를 갖다 대거나 눈웃음을 치며 반갑게 인사를 건넸다. 실눈을 뜬 할머니가 손을 뻗어 고양이의 등을 쓰다듬어주었다. 삼색 고양이가 할머니의 손바닥에 머리를 대고 반갑다는 뜻으로 꼬리를 흔들고 나서 증손녀인 아기 곁으로 다가갔다. 아기가 신기한 듯

새까만 눈동자로 뚫어지게 바라보자 삼색 고양이가 안심해도 된다는 듯 등을 가볍게 토닥여주었다. 아기가 마치 인형을 안아주듯 삼색 고양이의 목을 끌어안았다. 삼색 고양이는 온화한 표정을 지으며 아기가 하는 대로 내버려두었다. 어른들이 이상하다는 듯 아기를 바라보았다. 아기가 아무것도 없는 빈 공간을 주시하며 생글생글 웃고 있었기 때문이다.

가족들에게 인사를 모두 마친 삼색 고양이는 툇마루에 있는 등나무 바구니 속으로 들어가 몸을 동그랗게 말고 누웠다.

아기 엄마인 손녀가 눈물을 훔치며 말했다.

"삼색이가 돌아왔나 봐요."

손녀의 어머니가 눈물을 머금고 고개를 끄덕였다.

"삼색이가 바다를 건너오느라 피곤해 저 바구니에서 몸을 누이고 있을 거야."

삼색 고양이가 고개를 끄덕이며 미소를 지었다.

니콜라는 그 집을 떠나면서 생각했다.

'삼색 고양이는 그 집에서 행복하게 살다가 저승으로 떠난 거야. 나에게 지극히 선하고 친절한 가족들을 보여주고 싶었나봐.'

니콜라는 이 집 사람들이 언제까지나 행복하게 살 수 있도록 복을 가져다주는 마법을 걸어주고 돌아왔다.

* * *

다음날인 8월 14일에 항구 도시에서는 축제가 열렸다.

니콜라의 귀에 익숙한 음악소리가 들려왔다.

〈선라이즈 선셋Sunrise Sunset〉이라는 곡으로 작년 여름 갑작스러운 사고로 목숨을 잃은 택시기사가 가끔 바닷가에서 트럼펫으로 연주했던 음악이었다. 택시기사는 차 트렁크에 항상 트럼펫을 싣고 다니다가 일이 끝나면 바닷가에 나가 연주했다. 트럼펫을 부는 건 그의 유일한 낙이었다. 젊은 시절 트럼펫 주자가 되는 게 꿈이었던 택시기사의 연주 솜씨는 나무랄 데 없이 훌륭했다.

니콜라는 밤바람을 타고 들려오는 트럼펫 소리가 어디에서 울려퍼지는지 궁금했다. 손바닥을 펼치자 마법의 빗자루가 나타났다. 니콜라는 빗자루에 올라앉아 밤하늘로 날아올랐다.

택시기사가 작고 오래된 집의 지붕 위에서 트럼펫을 불고 있었다. 언제나 그랬듯이 제복 차림이었다. 트럼펫 소리가 마을을 향해 빛처럼 퍼져나가며 가슴을 뭉클하게 했다.

택시기사는 하루도 빠짐없이 몰고 다녔던 택시를 운전해 이 마을로 돌아왔다. 언제나 승객들을 친절한 얼굴로 맞이하고, 목적지에 도착할 때까지 편안한 느낌을 받을 수 있도록 세심하게 배려해주던 사람이었다. 택시기사는 바닷가 마을의 골목골목을 누비고 다니며 항상 즐거운 마음으로 일했다. 일에 대한 자긍심이 커죽는 날까지 핸들을 놓지 않았다.

택시기사가 빗자루에 앉은 니콜라를 알아보고 인사를 건넸다.

"안녕하세요. 지붕 위에서 트럼펫을 부는 사람은 처음 보시죠? 저도 지붕 위에서 트럼펫을 불어본 건 처음인데 기분이 최고네요. 살아생전에도 지붕에 올라가 트럼펫을 연주해보고 싶었는데 사람들이 싫어할까봐 결국 포기했었죠."

그 집 지붕은 마치 태풍 피해라도 입은 듯 기와가 군데군데 떨어져 나간 자리에 잡초들이 무성하게 자라있었다.

"태풍이 심하게 불던 날에 기와가 여러 장 떨어져나갔어요. 언젠가 시간을 내 기와를 채워 넣으려고 했는데 하루도 쉬지 않고 일하다보니 결국 그냥 방치해두게 되었죠."

작은 집 안에는 불이 켜져있었다. 택시기사가 죽은 이후 처음 맞이하는 오본 명절이었다. 집에 많은 손님들이 모여 앉아 택시기사를 추억하는 이야기를 나누고 있었다. 택시기사의 부인과 딸은 손님들이 예상보다 많이 찾아와 바쁜 하루를 보냈다. 그들의 눈에 눈물이 촉촉하게 맺혀있었지만 방문객들과 이야기를 나누는 동안 애써 밝은 표정을 지었다.

택시기사는 그 모습을 보자 마음이 애잔한 듯 슬픔이 가득한 눈으로 부인과 딸을 지켜보고 있었다.

* * *

10년 전 어느 날, 택시기사가 딸을 데리고 〈마녀의 집〉을 찾아온 적이 있었다. 그때 함께 왔던 딸이 어느새 아름다운 여성으로 성장해 아버지의 영혼을 영접하고 있었다.

니콜라는 입술을 꽉 다물고 자신을 바라보던 딸의 모습을 생생하게 기억하고 있었다. 딸은 카페에 들어선 순간부터 니콜라가 진짜 마녀인지 확인하러 왔다는 듯이 관심어린 눈길을 보냈다.

아버지가 미카즈키 거리에 마녀가 산다고 하자 딸은 그럴 리 없다며 손사래를 쳤다. 딸은 만약 이 마을에 마녀가 살고 있다면 직접 만나게 해달라며 아버지를 졸라댔다.

"딸이 내 말을 믿어주지 않아 〈마녀의 집〉을 구경시켜주겠다고 덜컥 약속을 하게 되었습니다. 명색이 아버지인데 딸을 속이는 거짓말쟁이가 될 수는 없어 마녀님의 의사를 물어보지도 않고 이렇게 불쑥 찾아오게 되었죠. 손님들을 택시에 태우고 목적지까지 안전하게 모셔다드리는 게 제가 해야 할 일이고, 손님들과의 약속이죠. 딸과의 약속도 반드시 지키고 싶었습니다."

택시기사는 계면쩍게 웃으며 말을 이었다.

"아무튼 딸아이를 데려오길 잘했네요. 딸아이는 그림동화 책에서 마녀를 보았을 뿐 실제로 본 적이 없거든요. 제가 〈마녀의 집〉에 데려가주겠다고 하자 무척이나 반색하더군요."

딸은 입을 꾹 다물고 앉아 가끔 니콜라를 호기심어린 눈으로 바라보다가 돌아갔다. 택시기사의 딸이 〈마녀의 집〉을 방문한 이후 마녀가 존재한다는 걸 인정했는지 여부는 알지 못했다. 그날 이후로는 택시기사를 만난 적이 없었으니까.

택시기사가 한 번도 이야기한 적 없는 속마음을 털어놓았다.

"저는 한때 놀기 좋아하는 남편이자 무능한 아버지였습니다. 불성실하고 무책임하다보니 취직과 실직을 반복하며 여러 회사를 전전했죠. 그 어떤 회사에서도 적응을 못하고 쫓겨나기 일쑤였습니다. 대인관계가 서툴러 동료들과 자주 마찰을 빚기도 했고, 툭하면 결근을 하다 보니 해고당하는 게 당연했죠. 트럼펫 연주자가 되는 게 젊은 시절의 꿈이었습니다. 화려한 무대에 올라 트럼펫을 멋들어지게 불고 싶었는데 도전해볼 용기도 없었고, 연주자로 성공할 수 있을 만큼의 재능도 없다는 걸 알고 있었죠. 음악에 대한 꿈을 접었지만 계속 미련이 남았고, 너무 일찍 결혼한 걸 후회했습니다. 아내와 딸이 없었다면 다시 도전해볼 수 있을 텐데, 생활비를 벌기 위해 아등바등 살아가야 하는 현실을 받아들이기 힘들었어요. 툭하면 술을 마시고 집에 들어와 아내에게 저주의 말을 퍼부어댔죠. 그러던 어느 날 아내가 더는 참을 수 없었는지 딸을 데리고 집을 나가버렸어요. 혼자 남게 된 저는 그제야 잘못을 깨닫고 깊이 후회했습니다. 내 인생에서 아내와 딸이 얼마나 소중한 존재들인지 집에 혼자 남겨진 이후에야 절실히 느끼게 된 겁니다."

아내는 집을 나가면서 메모를 남겨놓았다고 했다.

'당신이 가족의 소중함을 알고 깊이 뉘우친다면 집으로 돌아올게요.'

딸은 아버지가 그리울 때마다 집에 들렀다. 택시기사는 딸을 볼 때마다 어서 열심히 돈을 벌어 가족들을 데려와야겠다는 각오를 다졌다.

"택시 회사에 취직한 이후로는 그야말로 하루도 쉬지 않고 일했습니다. 내 자신이 과거를 뉘우치고 새 사람이 되었다는 확신이 들 때 당당하게 아내와 딸을 데리러 가겠다고 마음먹었죠."

* * *

니콜라는 공중에서 빗자루를 타고 앉아 손님들이 많은 택시기사의 집을 내려다보았다. 택시기사와 〈마녀의 집〉에 왔던 딸의 모습이 눈에 들어왔다.

'그날 나를 만나러왔던 딸은 아직 그때 일을 기억하고 있을까? 꿈이 아니라 현실에서 마녀를 보았고, 아버지가 결코 거짓말을 하지 않았다는 걸 알고 있을까?'

지난해 여름, 택시기사는 운전 중에 가로수를 들이받는 사고로 목숨을 잃었다. 무더운 날씨와 수면 부족이 졸음운전의 원인이었다. 택시기사는 날씨가 아무리 후텁지근해도 전기세를 아끼려고 에어컨을 켜지 않았고, 회사 동료들이 아무리 쉬라고 권해도 일을 하는 게 더 좋다며 말을 듣지 않았다.

"난 일을 하는 게 즐거우니까 다들 내 걱정은 하지 마."

그날 택시기사가 동료들에게 남긴 마지막 말이었다. 결국 그는 아내와 딸을 데리러 가지 못했다.

택시기사가 빗자루에 앉은 니콜라의 표정을 힐끔 쳐다보더니 밝은 얼굴로 말했다.

"저는 음악에 대한 재능이 없었지만 제 딸아이는 달라요. 딸아이는 재능도 있을뿐더러 당당하고 소신 있게 음악의 길을 선택했어요. 딸은 아직 무명이긴 하지만 가수로 데뷔해 열심히 활동하고 있죠. 바다 건너 저승에 있다가 딸아이가 부르는 노래를 듣고 싶어 공연장을 찾아간 적이 있어요. 제가 아버지라서 하는 얘기가 아니라 딸이 노래를 기가 막히게 잘 부르더군요. 살아서 공연을 보러 갔다면 얼마나 좋았을까요. 꽃다발을 전해주고 싶은 마음이 간절했는데 그저 우두커니 지켜볼 수밖에 없었죠. 가슴이 미어지는 한편 딸이 어찌나 대견한지 하염없이 눈물이 흘러나왔어요. 이제 와서 후회해봐야 소용없지만 그때 용기를 내 아내와 딸을 데리러 갔어야 해요."

회색 원피스를 입은 딸의 가슴께에서 진주목걸이가 반짝이고 있었다. 아내도 딸과 똑같은 진주 목걸이를 목에 걸고 있었다.

"어때요? 진주목걸이가 잘 어울려 보여요? 보석가게에서 가장 비싸고 품질이 좋은 진주를 골랐어요. 진주의 연분홍색이 정말 아름다워 보이더군요. 조금 무리해서 샀지만 기분이 좋았어요. 지난 해 장례식 때도 아내와 딸이 진주목걸이를 걸고 있었죠. 아내와 딸에게 줄 선물을 미리 준비해둔 건 결과적으로 탁월한 선택이었어요. 진주목걸이가 들어있는 상자에 아내와 딸에게 쓴 카드를 넣어 두었죠. 제가 생전에 한 일 가운데 가장 마음에 들어요.

진주목걸이가 아내와 딸을 더욱 돋보이게 하는 것 같지 않아요? 아, 방금 한 말은 농담입니다."

택시가사는 금방이라도 울음이 터질 것 같은 눈으로 웃었다.

"아내와 딸에게 어떤 선물을 해야 좋을지 곰곰이 생각해봤어요. 한때는 여자들의 마음을 제법 잘 알고, 나름 센스도 있다고 생각했는데 세월이 지나다보니 감각이 많이 무뎌져 있더군요. 결국 고심 끝에 우리 세대의 감각대로 진주목걸이를 선택했는데 결과가 그리 나빠 보이지 않아 다행이네요.

아내와 딸을 데리러 가기 전에 일단 선물부터 준비해두기로 마음먹었어요. 선물을 구입해놓은 지 제법 오래되었는데 아직은 부끄럽지 않은 남편과 아버지가 되기에는 많이 부족하다는 생각이 들었어요. 내 마음속에서 이제 충분하다는 확신이 들기 전에는 아내와 딸을 데리러가지 않겠다고 작정했어요. 그러는 동안 선물로 주려고 미리 사놓은 진주목걸이는 장롱 속에서 깊은 잠을 자고 있었죠. 아내와 딸을 떳떳하게 데려오려면 더욱 열심히 살아야한다고 생각하며 마음을 다잡았어요."

택시기사는 지금은 만족한다는 듯 밝게 웃었다.

"아내와 딸이 제가 선물한 진주목걸이를 목에 걸고 있는 것만으로도 마음이 흡족해요. 내 마음을 진주목걸이에 담아 전하고 싶었는데 비로소 소망이 이루어졌으니까요."

망자의 영혼을 맞이하는 불교 의식이 진행되었다. 스님의 독경이 끝난 후 손님들이 식탁에 둘러앉아 식사를 했다. 다들 고인과의 추억을 떠올리며 이야기꽃을 피웠고, 가끔 웃음소리가 울려퍼졌다.

택시기사는 기쁜 표정으로 그 모습을 지켜보고 있었다. 회사 동료들, 친한 친구들, 마을 사람들, 한때 음악을 같이 했던 동료들이 한자리에 모여있었다.

엄마와 눈짓을 주고받은 딸이 손님들 앞에 나서서 맑은 목소리로 말했다.

"오늘 바쁜 중에도 이렇게 먼 길까지 왕림해주신 것에 대해 진심으로 감사드립니다. 돌아가신 아버지도 매우 기뻐하시리라 믿습니다. 아버지는 착하고 정이 많았지만 자신감이 부족한 분이었습니다. 저는 오늘 모인 분들이 아버지를 추억하며 들려주시는 말을 듣고 아버지의 이른 죽음이 더욱 안타깝게 생각되었습니다. 아버지의 영혼이 이 자리에 와있다면 여기 모인 분들이 아버지를 많이 좋아했다는 걸 새삼 느끼게 되어 몹시 기뻤으리라 믿어 의심치 않습니다.

엄마와 저도 아버지를 사랑했습니다. 우리는 어서 아버지가 데리러 와주길 기다렸죠. 아버지는 충분히 그럴 자격이 있었는데 스스로 아직은 부족하다고 생각하며 용기를 내지 못했습니다. 이제 와 생각해보면 그런 점들이 너무나 아쉽습니다."

딸은 잠시 고개를 숙이고 진주목걸이를 내려다보았다.

"오늘 이 자리에서 아버지를 위한 노래를 한 곡 부르고 싶습니다. 여기 계신 모든 분들께서도 부디 부족한 제 노래를 들어주시면 감사하겠습니다. 아버지가 생전에 좋아했던 곡입니다. 영화 〈지붕 위의 바이올린〉에 나오는 〈선라이즈 선셋〉입니다."

딸이 부르는 노랫소리가 밤하늘로 퍼져나갔다. 가을의 문턱에 들어선 정원에서 풀벌레들이 노래를 따라 불렀다. 말로는 다할 수 없을 만큼 많은 의미가 깃든 노래였다.

택시기사는 딸이 부르는 노래를 귀 기울여 들었다. 눈물이 뺨을 타고 흘러내렸지만 그의 입가에 환한 미소가 피어올랐다. 그는 딸의 노래에 맞춰 트럼펫을 불기 시작했다.

노래를 부르고 있던 딸이 문득 고개를 들어 지붕 위를 올려다보았다. 딸은 마치 인간의 귀에는 들릴 리 없는 트럼펫 소리를 듣기라도 한 듯 아버지가 있는 지붕을 바라보았다.

딸이 부르는 노랫소리가 바람을 타고 정원 가득 울려퍼졌고, 택시기사가 연주하는 트럼펫 소리가 밤하늘로 널리 퍼져나갔다. 휘영청 밝은 보름달이 떠올랐고, 지붕에서 트럼펫을 부는 택시기사의 얼굴이 달빛을 받아 하얗게 빛났다.

* * *

니콜라는 하늘에서 빗자루를 타고 앉아 문득 지상의 한 곳을 바라보았다. 얼굴이 햇볕에 검게 그을린 소년이 황홀한 표정으로 밤하늘을 올려다보며 음악소리에 귀를 기울이고 있었다. 소년은 멜로디에 맞춰 콧노래를 흥얼거리기도 하고, 리듬에 맞춰 몸을 흔들기도 하며 기분이 한껏 들떠있었다.

　야구 모자를 비스듬히 쓰고 있는 소년은 언뜻 보기에 초등학교 고학년쯤 되어보였다. 흰색 러닝셔츠에 반바지 차림이었고, 또래 아이들과 달리 팔과 다리의 근육이 탄탄해보였다. 굳게 다문 입, 야무진 턱, 밝고 씩씩해 보이는 표정을 보아하니 성격도 서글서글해보였다.

　니콜라는 소년을 향해 미소를 지었다. 언젠가 소년이 어린 동생의 손을 잡고 니콜라의 카페에 들른 적이 있었다.

　니콜라를 발견한 소년이 야구 모자를 벗고 씩씩하게 인사했다.

　"안녕하세요."

　"겐타 군, 오랜만이야."

　겐타가 눈을 반짝이며 환하게 웃었다.

　"제 이름을 기억하시네요."

　"그럼, 기억하고말고."

　니콜라는 지상으로 내려와 손바닥을 펴 마법의 빗자루를 빨아들였다.

　"우와! 굉장하네요."

　겐타가 크게 감탄하며 놀란 입을 다물지 못했다.

　니콜라는 가을이 다가왔음을 알리는 풀벌레 울음소리를 들으며 말했다.

　"나를 찾아왔던 손님들을 빠짐없이 기억해. 겐타 군과 유지 군은 특별히 사랑스러운 손님이었지."

니콜라는 두 소년의 귀여운 모습을 생생하게 기억하고 있었다.

"내가 너희들에게 여름방학 숙제를 내준 기억이 나는데 아직 잊지 않았지?"

"네, 물론이죠. 이 마을을 수호하는 마녀님을 다시 만나다니 정말 꿈만 같네요. 여름방학 숙제 이야기를 하시는 걸 보니 분명 꿈은 아닌가 봐요. 저와 제 동생 유지는 똑똑히 기억하고 있어요. 가끔 실제로 있었던 일인지 의문이 생긴 적도 있긴 했죠. 동화책에 나오는 마녀를 실제로 만나보았지만 과연 현실에서의 만남이었는지 확신할 수 없었어요. 시간이 지날수록 꿈에서 겪은 일인 듯했죠. 그럴 때마다 유지와 마녀님을 실제로 만났던 이야기를 나누며 현실에서 벌어진 일이라고 확신했는데 역시 꿈은 아니었네요."

"당연하지. 너희들은 꿈을 꾼 게 아니었어. 지금 이 자리에서도 그 사실이 증명되고 있잖아. 나 역시 그해 여름에 너희 형제를 만났던 걸 또렷이 기억하고 있어."

그해 여름에 겐타는 동생 유지를 데리고 〈마녀의 집〉을 찾아왔다. 뙤약볕이 쏟아지는 한낮에 〈마녀의 집〉 출입문이 열리더니 햇볕에 얼굴이 검게 탄 소년이 턱을 치켜들고 니콜라를 바라보고 있었다. 그 아이의 등 뒤에 서있는 작은 아이는 니콜라를 제대로 바라보지도 못하고 시선을 아래로 내리깔고 있었다. 언뜻 보기에도 앞장 선 아이가 형이고, 뒤에서 몸을 움츠리고 있는 작은 아이가 동생 같았다.

소녀처럼 얼굴색이 하얀데다 이목구비가 섬세한 작은 아이는 품안 가득 동화책을 안고 있었다. 그 아이는 잔뜩 겁먹은 얼굴로 니콜라를 힐끔거렸다. 니콜라가 활짝 웃어보이자 작은 아이는 뺨을 붉게 물들이며 수줍어하다가 다시 시선을 아래로 내렸다.

"안녕하세요, 처음 뵙겠습니다. 저는 겐타이고, 이 아이는 제 동생 유지입니다."

겐타는 용감하게 씩 웃고 나서 유지를 앞으로 잡아당겨 니콜라에게 인사를 시켰다.

"유지는 마녀나 마법사가 나오는 책을 좋아합니다. 하루 종일 밖에 나가지 않고 집안에 틀어박혀 책만 열심히 들여다보고 있죠. 아무리 생각해봐도 건강에 좋지 않을 것 같아 동생을 데리고 나왔어요. 제가 동생에게 이 거리에 마녀가 살고 있다고 하자 도저히 믿지 못하겠다고 하더군요. 사실은 저도 마녀님을 만나뵙고 싶었습니다. 만약 마녀님을 실제로 만난다면 여름방학 자유학습 숙제로 제출할 생각이었죠. 용기를 내서 찾아오길 정말 잘 했네요. 이렇게 마녀님을 만나게 되었으니까요."

겐타는 해바라기처럼 환하게 웃었고, 유지도 수줍은 표정으로 따라 웃었다. 형제치고 많이 닮지는 않았지만 서로 손을 꼭 잡고 있는 모습으로 보아 우애가 좋다는 걸 알 수 있었다.

〈마녀의 집〉에는 맛있는 음식과 과자가 늘 준비되어 있었다. 니콜라는 더운 날이라 아이들에게 차갑고 달콤한 아이스크림을 내주고 나서 빨간 체리를 올린 밀크세이크를 만든 다음 딸기와 바나나를 곁들인 푸딩을 만들었다. 푸딩에는 고소한 캐러멜 시럽을 뿌렸다.

　아이들은 입을 떡 벌리고 놀랍다는 표정을 짓고 나서 니콜라가 만들어준 음식을 맛있게 먹었다. <마녀의 집> 창문은 파란색과 초록색이 어우러진 스테인드글라스였다. 아이들은 스테인드글라스의 반사광을 받으며 음식을 입에 넣을 때마다 맛에 감탄한 듯 환호성을 질렀다.

　<마녀의 집>은 찾아오는 길에 마법을 걸어놓아 사람들이 원한다고 해서 쉽게 방문할 수 있는 곳이 아니었다. 더구나 초등학교에 다니는 아이들이 찾아온 경우는 극히 드문 일이어서 니콜라는 포상의 의미로 특별히 맛있는 음식을 대접한 것이었다.

　<마녀의 집>을 방문한 사람이 소원을 말하면 니콜라가 마법을 발휘해 소원이 이루어지도록 도와준다. 단, 소원을 하나만 말해야 한다.

　니콜라가 아이들에게 한 가지씩 소원을 말하라고 하자 겐타가 손톱을 깨물며 잠시 생각에 잠겼다.

　'나가시마 시게오 선수의 홈런 볼을 갖고 싶다고 할까? 이왕이면 사인이 들어간 홈런 볼이 좋겠지? 아니야, 학교 야구팀에서 4번 타자가 되게 해달라고 할까? 아니야, 훗날 어른이 되었을 때 메이저리그에서 눈부신 활약을 펼치는 선수가 되게 해달라고 할까?'

　수줍어서 얼굴이 붉게 달아오른 유지도 생각에 잠겨 있었다. 잠시 후 유지가 마침내 소원이 뭔지 결정한 듯 고개를 끄덕이고 나서 니콜라에게 말했다.

166

"마녀님, 제 소원은 형과 똑같아요. 형의 소원을 들어주시면 저의 소원도 이루어지는 거예요."

"유지, 그게 무슨 말이야?"

겐타는 황당하다는 듯 말을 잊지 못했다.

니콜라가 유지에게 물었다.

"네가 이루고 싶은 소원은 없니?"

"으음."

유지는 머리를 긁적거리며 한참 동안 생각하다가 더듬거리며 말했다.

"나중에 크게 후회할지도 모르지만 지금은 마녀님을 만난 것만으로도 가슴이 뛸 정도로 기뻐요. 동화책에서 읽은 마법의 세계에 들어선 것처럼 기분이 황홀하기도 해요. 마녀가 책에서만 존재하는 게 아니라 실제로 존재한다는 걸 알게 된 것만으로도 만족해요. 눈에 보이는 것만이 전부가 아니라는 걸 알게 되었으니까요. 제 소원을 형에게 더해 주세요. 그 대신 형의 소원이 반드시 이루어졌으면 좋겠어요. 저는 사실 형에게 많은 도움을 받아왔어요. 이번에는 제가 조금이나마 도움이 되어주고 싶어요."

"정말 답답한 꼬맹이네. 내가 뭘 도와주었다고 그래?"

겐타가 동생의 머리통에 꿀밤을 먹였다. 유지는 아파하면서도 씩 웃었다.

니콜라도 따라 웃지 않을 수 없었다.

"유지 군의 뜻을 받들어 겐타 군의 소원이 이루어지도록 두 배로 마법을 발휘해줄게. 자, 이제 겐타 군의 소원이 뭔지 말해봐."

겐타가 머리를 박박 긁으며 말했다.

"생각할 시간을 좀 더 주시면 안 될까요?"

"언제까지?"

"소원을 잘못 말했다가 나중에 크게 후회하면 안 되잖아요. 집으로 돌아가 생각할 시간을 주세요. 깊이 생각해보고 나서 다시 마녀님을 찾아뵐게요."

"이번에는 용케 찾아왔지만 앞으로도 가능할 거라는 보장은 없어. 그러니까 괜히 후회하지 말고 잘 판단해."

니콜라가 조심스레 경고하자 겐타가 고개를 저으며 다짐하듯 말했다.

"반드시 다시 찾아와 마녀님께 소원을 들어달라고 할 거예요."

겐타는 굳게 약속하고 나서 유지를 데리고 다리를 건너 사람의 마을로 돌아갔다.

아이들이 집으로 돌아가며 나누는 말이 바람을 타고 니콜라의 귀에 들려왔다.

"나가시마 시게오 선수의 홈런 볼을 갖는다거나 학교 야구팀에서 4번 타자가 되는 거나 메이저리그에서 활약하는 선수가 되는 건 하나같이 굉장한 일이야. 형이 그 중에서 한 가지를 택했어야 하지 않을까?"

"아니, 그렇지 않아."

겐타가 자신감 있는 목소리로 말을 이었다.

"그 정도는 내가 노력하면 충분히 이룰 수 있어."

"형은 야구 재능이 많으니까 그렇긴 하지."

"재능도 중요하지만 노력이 필요하겠지."

"형은 틀림없이 해낼 거야."

"내가 아무리 노력해도 이룰 수 없는 일이 뭘까? 마법의 힘을 빌리지 않으면 절대로 이루기 힘든 일이 있을 거야. 그게 뭔지 알아낸 다음 다시 〈마녀의 집〉을 방문할 거야."

니콜라는 바람에 흩날리는 머리카락을 쓸어올리며 흐뭇한 미소를 지었다.

'저 아이는 다시 나를 찾아올 거야.'

마녀의 예감은 언제나 빗나가지 않았다.

그날 이후 니콜라는 무의식적으로 겐타를 기다리게 되었다. 그 아이들이 찾아왔던 여름날처럼 더위가 맹위를 떨치는 날에는 더욱 그랬다. 이제나 저제나 아이들을 기다렸지만 그날 이후 소식이 없었다.

겐타는 그날처럼 검게 탄 피부에 야구 모자를 쓰고 있었고, 흰 러닝셔츠를 입고 있었다. 아이는 망자의 영혼이었다. 살아있는 아이라면 이런 깊은 밤에 혼자 거리를 돌아다닐 리 없었고, 맨발로 서있을 까닭이 없었다. 무엇보다도 죽은 자가 연주하는 트럼펫 소리를 들을 수도 없었다.

"소원을 생각해봤니?"

"아직 생각 중이에요."

겐타는 머리를 긁적이며 쑥스럽게 웃었다.

"이 마을로 다시 돌아오기까지 많은 시간이 걸렸어요. 우선 집으로 돌아가 유지와 상의해볼게요."

이제 보니 겐타의 몸은 바닷물에 흠뻑 젖어있었고, 손에 야구공을 들고 있었다. 야구공에서도 물방울이 뚝뚝 떨어졌다.

니콜라의 시선을 느낀 겐타가 웃으며 말했다.

"그날 제가 떠올렸던 소원 가운데 하나가 나가시마 시게오 선수가 홈런을 친 사인볼을 갖고 싶다는 것이었어요. 겨울방학 때 야구잡지 퀴즈에 응모해 그 공을 받게 되었죠. 친구들에게 어찌나 자랑하고 싶었는지 공을 들고 항구 가까이에 있는 공원으로 갔어요. 수업이 끝나면 아이들과 늘 신나게 놀던 곳이었죠.

친구들이 모여들 때까지 유지와 캐치볼을 하며 놀았어요. 유지가 던진 공을 제가 받지 못했어요. 기세등등해진 유지가 공을 더욱 멀리 던졌어요. 그날은 저도 그랬지만 유지도 나가시마 시게오 선수의 사인볼을 갖게 되어 몹시 흥분해있었나 봐요. 유지가 던진 공이 너무 멀리 날아가 바다에 떨어졌어요.

제가 재빨리 공원 울타리를 뛰어넘어 바다로 뛰어들었어요. 수영이라면 자신이 있었고, 바다에 떠있는 공이 눈에 보여 쉽게 건질 수 있을 거라고 생각했죠."

미소 짓고 있던 겐타의 입가가 일그러졌다.

"바닷물이 차고 공이 생각보다 멀리 있었어요. 열심히 헤엄쳐 갔지만 공이 점점 멀어졌어요. 그러다가 공을 시야에서 완전히 놓쳐버렸고, 더 이상 헤엄을 칠 수 없을 만큼 힘이 빠져버렸죠. 안 간힘을 다해 팔다리를 놀리고 있었지만 힘이 부쳐 점점 육지에서 멀어지고 있었어요. 힘이 다 빠져 기계적으로 팔다리를 놀리고 있었지만 몸이 점점 가라앉고 있었어요. 급기야 바닷물을 마시고 머릿속이 가물가물해지다가 까무룩 정신을 잃었죠. 깨어나보니 이전보다 몸이 훨씬 가벼웠어요. 마치 물고기처럼 자유자재로 헤 엄을 칠 수 있었죠. 그 이후로 지금껏 잃어버린 야구공을 찾아헤 맸어요. 바다 어딘가에 떠있을 공을 반드시 찾아내고 싶었죠. 유 지가 공을 잘못 던지는 바람에 바다에 빠뜨렸으니 심하게 자책하 고 있을 게 뻔했어요. 한시바삐 공을 찾아내 집으로 돌아가 유지 를 안심시켜줄 생각이었는데 너무 많은 시간이 흘러버렸네요. 밤 낮없이 공을 찾아헤맸지만 번번이 허탕을 쳤어요. 요트와 호화 여객선들이 주변을 지나갔고, 고래나 상어와도 마주한 적이 있 죠. 매일이다시피 바다를 떠다니다가 마침내 야구공을 찾아내 마 을로 돌아왔는데 기분이 이상했어요. 시간이 엄청나게 흘러버린 거예요."

언제나 자신감 넘치던 겐타의 어깨가 축 처져있었다.

"어서 집으로 돌아가 유지에게 공을 건네주고 싶어요. 아빠 엄 마도 제가 오랫동안 집에 돌아가지 않아 잔뜩 화가 나 있을 거예 요. 유지는 순한 편인데 저는 심한 개구쟁이라 그동안 위험한 짓 을 정말 많이 저질렀어요. 툭하면 높은 곳에 올라가고, 그네와 정 글짐에서 뛰어내리기도 했죠. 가시덤불이나 철망에 몸을 던지기도 했어요. 자전거를 타고 계단을 내려가다가 다친 적도 있죠. 부모님이 잔뜩 화가 나 단단히 혼을 내겠지만 제 잘못이니까 어쩔 수 없네요. 그동안 부모님 속을 너무 많이 썩여드렸어요. 이제부터는 조심하려고요."

니콜라는 마음 아파하면서 겐타의 말을 들었다.

'겐타는 아직 자신이 죽었다는 걸 모르고 있어.'

"겐타, 안타까운 일이지만 넌 이미 죽었어. 오본이라 집으로 돌아온 거야."

"오본?"

소년은 눈을 크게 뜨며 어깨를 움찔했다.

"오늘이 8월 14일이니까 오본 명절 두 번째 날이지."

겐타는 서글픈 표정으로 고개를 저었다.

"제가 죽었다고요? 저는 밤낮으로 바다를 헤엄쳐 다닌 끝에 이제야 겨우 공을 찾아 돌아왔어요. 오본은 죽은 영혼들이 바다를 건너 돌아오는 날이잖아요."

"그래, 네 말대로야."

겐타는 슬픈 표정으로 고개를 숙였다.

"제가 정말 죽었어요?"

겐타가 도저히 믿을 수 없다는 듯 재차 물었다.

"아마도."

"그렇잖아도 뭔가 이상했는데 이제야 이해가 되네요. 길에서 사람들을 만났는데 저를 보고도 비켜주지 않고 곧장 다가왔어요.

분명 몸을 부딪쳤는데도 아무런 느낌도 들지 않더군요. 제가 죄송하다고 정중하게 사과를 했지만 다들 쳐다보지도 않고 그냥 지나쳐 갔어요. 이미 죽은 몸이라 그들 눈에 보이지도 않고, 목소리도 들리지 않게 된 건가요?"

"그래, 네 말대로야."

겐타가 잠시 침묵을 지키다가 낮게 중얼거렸다.

"하긴 제가 살아있었다면 바다에서 그리 오래 헤엄쳐 다닐 수 없었겠죠."

겐타는 어깨에 단단히 힘을 주고 손에 들고 있던 공을 꽉 움켜쥐었다. 아이는 그런 자세로 한참 동안 꼼짝하지 않고 앉아있었다.

"이젠 괜찮아요."

겐타가 다시 밝은 얼굴로 돌아와 미소를 지었다.

"서글픈 일이지만 어쩔 수 없잖아요. 이제부터 우울한 표정을 짓지 않을래요. 마침 오본이니까 집에 가봐야겠어요. 엄마 아빠와 유지가 기다릴 텐데 그냥 돌아갈 수야 없죠. 집에 가서 애써 찾은 야구공을 유지에게 꼭 전해주고 싶어요."

겐타는 금방이라도 터져 나올 것 같은 울음을 가까스로 참아내며 손에 쥐고 있던 야구공을 가볍게 던지는 동작을 취했다.

"친구들에게 나가시마 시게오 선수의 사인볼을 받았다고 자랑하고 싶었는데 많이 아쉬워요. 이제는 시간이 많이 흘렀으니 나가시마 시게오 선수도 많이 늙었겠네요."

"그래, 벌써 40년 전 일이야."

"정말 재미있네요. 저는 아직 그대로인데 유지는 이미 오래 전에 어른이 되었겠군요."

겐타는 손에 들고 있는 야구공을 힐끔 쳐다보고 빙긋 웃었다.

"이 공을 처음 받았을 때만 해도 날아갈 듯이 기뻤는데 이젠 그냥 무덤덤해요."

겐타가 이제 집에 가봐야겠다며 손을 흔들어 인사하고 나서 땅을 박차고 허공으로 날아올랐다.

"하늘을 날 수 있다는 게 신기해요. 죽음이 그리 나쁘지만은 않네요."

겐타가 쾌활하게 웃으며 니콜라에게 인사하고 나서 밤바람을 타고 집으로 향했다.

* * *

겐타는 오본 명절 마지막 날인 8월 15일 저녁에 〈마녀의 집〉에 다시 찾아왔다.

"다녀왔습니다, 마녀님."

겐타가 가게 안으로 들어서더니 니콜라에게 반갑게 인사했다.

"엄마 아빠를 보는 순간 어안이 벙벙했어요. 얼굴 가득 주름이 잡히고, 허리도 잔뜩 굽었더군요. 집도 어찌나 오래되었는지 허술하기 그지없어 보였어요. 아이 방에 제가 쓰던 책상이 그대로 놓여있더군요. 불단 앞에서 엄마 아빠가 향을 피우고 앉아 저에 대한 이야기를 나누었어요. 제가 바로 옆에 와있는데 알아차리지 못하는 모습을 보고 있으려니 답답하기도 하고 마음이 많이 아프기도 했어요."

젠타는 코를 훌쩍이며 눈두덩을 비볐다.

"불단에 제 사진이 들어있는 액자가 놓여있었어요. 손가락으로 브이 자를 만들어보이고 있는 사진이었죠. 제가 좋아했던 초콜릿 과자, 캐러멜, 사탕도 가득 차려놓았더군요. 제가 살아있을 때는 충치가 생긴다며 잘 사주지 않던 과자들이라 더욱 저의 죽음이 실감났어요. 과자를 먹고 싶었지만 꾹 참아가며 불단 앞에 놓인 방석에 정좌하고 앉아 엄마 아빠의 이야기를 묵묵히 들었죠. 두 분에게 어찌나 죄송한지 마음속으로나마 잘못을 빌었어요. 살아생전에 제가 잘한 것이라고는 야구밖에 없었죠. 학교 성적도 체육을 빼면 죄다 낙제점이었고, 수업시간에 짓궂은 장난을 치다가 선생님에게 자주 꾸중을 들었어요. 엄마 아빠가 우등생인 유지만 사랑하고, 말썽꾸러기 큰아들은 어찌 되든 상관없다며 체념한 줄 알았죠. 매일이다시피 엄마 아빠의 꾸중을 달고 살았으니까요.

이제야 엄마 아빠가 저를 얼마나 소중하게 생각했는지 알게 되었어요. 두 분이 밤늦게까지 저에 대한 추억을 이야기하고, 불단 앞에 꿇어앉아 극락왕생을 빌어주는 모습을 보자니 눈물이 절로 흐르더군요. 효도를 할 수 없는데 이제야 엄마 아빠의 사랑을 절실히 느꼈어요. 제가 형편없는 바보라서 그래요."

젠타는 아직도 나가시마 시게오 선수의 사인볼을 손에 쥐고 있었다.

니콜라가 의아하다는 듯 쳐다보자 겐타가 멋쩍어하며 말했다.

"유지에게 야구공을 전해주려고요. 유지는 현재 도쿄에 있는 출판사에서 일한대요. 주로 어린이 책을 만드는 출판사랍니다. 매년 오본 명절에 집에 다녀갔는데 올해는 일이 너무 바빠 오지 못했답니다. 그래서 제가 유지를 찾아가보려고요. 녀석이 어떤 모습이 되어있을지 상상이 되지 않아요. 녀석은 머리는 기가 막히게 좋은데 운동신경이 둔한 아이였죠."

겐타가 가게를 나서다가 뒤를 돌아보았다.

"유지를 만나보고 나서 소원이 뭔지 말씀드릴게요."

겐타는 출입문을 열지도 않고 그대로 통과해 가게를 나갔다. 니콜라는 바람을 타고 힘차게 날아오르는 겐타의 모습을 창문 너머로 잠시 바라보았다. 겐타가 슬프거나 외로워하지 않고 금세 밝은 표정을 찾은 게 신기했다. 아이들은 뭐든 깊이 고민하지 않고 훌훌 털어버린다. 겐타처럼 성격이 밝고 모험심 강한 아이들이 특히 그랬다.

* * *

도쿄 신주쿠에 유지가 일하는 출판사가 있었다. 규모는 작지만 전통 있는 어린이 책 출판사였다. 유지는 학생 시절부터 어린이 책을 만드는 출판사에서 일하고 싶어 했다. 특히 현재 일하는 출

176

판사에서 나오는 책을 각별히 좋아해 졸업하자마자 입사 지원서를 냈고, 학교에서 늘 장학금을 받았던 성적을 인정받아 즉시 채용되었다. 유지는 이제 연륜이 쌓여 직책도 높은 편이었지만 여전히 직접 책을 만드는 일을 하고 있었다.

오본 연휴에는 대부분의 회사들이 휴무에 들어갔지만 유지가 일하는 출판사는 형편에 따라 쉬지 못하는 경우도 많았다. 편집부 직원들 가운데 몇 명은 휴가를 떠났다. 오본이 되면 사람들은 휴가를 받아 멀리 여행을 떠나거나 부모가 있는 고향집을 방문했다. 유지도 고향집에 갈 생각이었지만 일이 바빠 갈 수 없게 되었다.

'올해는 오본 연휴에도 쉬지 못하고 지나가네.'

가을에 출간할 책의 교정을 보려면 제법 많은 시간이 걸렸다. 일정을 확인해보니 오본 때 말고는 교정을 볼 시간이 없었다.

부모에게는 연말에나 찾아뵙겠다고 미리 연락을 해두었다.

"유지, 일이 많이 힘들지?"

형의 얼굴이 눈에 보이는 듯했다. 분명 형의 영혼이 집에 왔다면 '일이 바빠서 못 온 거 다 알아.'라고 웃으며 이해해줄 것이다.

형은 언제나 이해심이 많고 용감했다.

'형은 내 영웅이었어.'

형은 학교에서 모든 아이들을 통틀어 달리기가 가장 빠르고, 야구도 잘하고, 성격도 서글서글해 친구들 사이에서 인기가 많았다. 간혹 높은 곳에 올라가 뛰어내리거나 심한 장난을 치다가 다친 적이 있었지만 전혀 주눅 들지 않았다. 형은 싸움을 잘 했지만 결코 약한 아이들을 괴롭히지는 않았다. 씩씩한 형은 언제나 유지의 우상이었다. 많은 세월이 흐른 지금도 그 마음은 변함이 없었다.

유지는 어렸을 때 형이 싫어하는 행동은 절대로 하지 않았다. 형에게 인정받는 동생이 되고 싶었다. 형에게 그런 이야기를 한 적은 없었지만 항상 무엇을 선택하고 결정할 때 형의 선택을 기준으로 삼았다.

'나도 형처럼 야구를 잘했으면 얼마나 좋을까?'

유지도 야구를 좋아했고, 오 사다하루 선수와 나가시마 시게오 선수를 영웅으로 숭배했다. 형처럼 야구를 잘하고 싶었지만 마음대로 되지 않았다. 형은 발도 빠르고, 비가 오나 눈이 오나 하루 종일 밖에서 나뒹굴어도 끄떡없을 만큼 건강을 타고 났지만 유지는 몸이 약한 편이었다.

그 대신 유지는 공부를 열심히 했고, 책을 많이 읽었다. 겐타는 동생을 귀여워했고, 모르는 게 없는 척척 박사라며 엄지를 추켜세워주었다.

바다에 빠져 사라진 후에도 겐타의 활짝 웃는 얼굴, 우렁차고 쾌활한 목소리는 항상 유지의 마음 깊은 곳에 남아있었다. 겐타는 죽어서도 유지의 마음이 흔들리거나 힘들어할 때마다 용기를 북돋아주는 형이었다.

어느새 서쪽 하늘이 황금빛으로 물들고 있었다. 유지는 교정쇄에서 눈을 떼고 주위를 살펴보았다. 다른 직원들은 어느새 다 퇴

근하고 없었다. 에어컨 돌아가는 소리와 정수기에서 물을 순환시키는 소리만이 들려올 뿐 사무실은 온통 고요 속에 잠겨있었다.

"다 돌아가고 이제 나 혼자 남은 건가?"

유지는 무심결에 혼잣말을 하고 나서 창문 너머에 펼쳐져 있는 황금빛 하늘을 바라보았다. 형을 생각하자 가슴에 하나 가득 슬픔이 차올랐다. 매년 오본이나 설 같은 명절에는 고향으로 떠난 사람들이 많아 공기가 맑아지고 하늘이 청명해지곤 했다. 유지는 자리에서 일어나 창문을 열었다. 눈앞에 펼쳐진 고층 빌딩들을 바라보고 있자니 공상과학영화에 나오는 한 장면을 보는 듯했다. 눈 아래에 펼쳐져 있는 신주쿠 거리의 건물들이 빈 상자들을 엎어 놓은 것처럼 보였다. 공원의 수목들과 저층 아파트, 노변의 가로수들이 고층빌딩들과 함께 어우러져 매력적인 풍경을 자아내고 있었다.

비둘기들이 날개를 저으며 어디론가 날아가는 모습이 눈에 들어왔다. 유지가 있는 건물은 20층이라 하늘을 나는 비둘기들과 눈높이가 일치했다.

'형은 높은 곳을 유난히 좋아했지.'

겐타는 하늘높이 치솟은 나무나 바다를 마주하고 있는 절벽을 맨손으로 기어오르길 좋아했다. 대개의 아이들은 겐타가 까마득히 높은 절벽을 기어오를 때마다 잔뜩 겁을 집어 먹고 가슴을 졸였다. 유지도 형이 절벽 아래로 구르지 않을까 몹시 걱정하며 조마조마한 마음으로 바라보곤 했다.

'형이 지금 이 자리에서 신주쿠 풍경을 내려다보고 있으면 무척이나 기분이 좋았을 거야.'

젊었을 때부터 지금껏 수없이 봐왔지만 여전히 질리지 않을 만큼 멋들어진 풍경이었다.

'형은 아마 여기서도 뛰어내리겠다고 고집을 부릴지도 몰라.'

유지는 엉뚱한 생각을 하며 희미하게 웃었다.

어렸을 때 보았던 애니메이션이나 SF영화에 등장하는 영웅이라면 신주쿠의 고층빌딩 위를 바람처럼 날아다니며 악당들에게 잡혀간 공주를 구출해내겠지만 인간에게는 그런 능력이 주어지지 않았다.

'이 자리에 형이 있다면 얼마나 좋을까? 그날 내가 야구공을 바다에 빠뜨리지 않았다면 형은 듬직하고 믿음직스러운 어른이 되어있겠지? 여전히 내가 마음 깊이 따르고 동경하는 존재이자 자랑스러운 영웅이 되어있겠지? 형이 바라던 프로야구선수가 되지 못했다고 하더라도 항상 용기와 모험심이 충만한 어른이 되었을 거야. 스타일상 형은 직원보다는 CEO 자리가 더 어울리는 인물이었어.'

이제는 나이가 들었으니 형이 아니라 형님이라고 불러야 할 것 같았다.

유지는 자꾸만 흘러나오는 눈물을 닦았다.

겐타가 공을 건지려고 바다에 뛰어든 날부터 유지는 회복하기 힘든 상실감과 부채감을 떠안고 살아왔다. 형이 이미 돌아올 수 없는 강을 건넜다는 걸 알고 있었지만 기다림은 계속되었다.

유지는 하늘을 바라보며 겐타에게 말을 걸었다.

"그날 이후 형을 한시도 잊은 적이 없어. 형은 여전히 나의 우상이자 영웅이야. 앞으로도 영원히 그럴 거야."

유지가 출판사에 일하며 만들어온 책들은 겐타와도 깊은 관련이 있었다. 겐타와 함께한 어린 시절의 추억, 꿈꾸었던 미래를 가슴 깊이 되새기며 책을 만들어왔다. 유지의 어린 시절은 겐타를 빼고는 이야기할 수 없었다. 두 형제는 이인삼각 경기를 하듯 힘을 모으고 보조를 맞추며 미래에 대한 꿈을 꾸었다.

이번 가을에 출간 예정인 책은 야구를 좋아하는 아이들을 위한 책이었다. 야구 입문서이자 야구의 역사를 오롯이 담아낸 책이기도 했다. 공을 빠르고 강하게 던지는 방법, 힘과 정교함을 갖춘 타격 기술, 주루 플레이를 잘 할 수 있는 요령 등을 야구 전문가들의 의견을 청취하고, 시뮬레이션을 거쳐 검증하고 분석해 드디어 원고를 완성한 야구 백과사전이었다. 야구를 좋아하는 어른들이 읽어도 전혀 부족함이 없을 만큼 내용이 알찬 책이었다.

'형처럼 야구를 좋아하는 아이들이 늘 가까이에 두고 참고할 수 있는 책을 만들었어. 야구를 좋아하지만 실제로 잘 하지는 못하는 아이들도 흥미롭게 볼 수 있는 책이야. 형을 생각하면서 오래전부터 이 책을 기획하고 준비해왔어. 편집자의 길을 걷기 시작한 순간부터 언젠가는 반드시 만들고 싶었던 책인데 이제야 뜻을 이루게 되었지. 눈 깜박할 사이에 많은 세월이 흘러 나도 어느새 중년이 되었지만 이 책을 만들 수 있어서 행복해. 언젠가 내가 세상을 떠나고, 형과 나를 기억하는 사람들이 모두 사라진 후에도 아이들에게 좋은 선물로 남을 수 있는 책이야.'

편집자가 책으로 이름을 남기는 경우는 없지만 책의 가치를 좌우하는 경우는 비일비재하다. 세상에 나온 책은 긴 시간을 여행한다. 저자와 편집자가 세상을 떠난 후에도 책은 미래로 간다.

유지는 붉은 노을이 깔린 하늘을 다시 한 번 올려다보았다.

'형, 이 책은 내가 바다에 빠뜨린 공처럼 되지는 않을 거야. 미래를 향해 정확하게 던질 자신이 있어.'

유지는 너무 힘을 가해 던지는 바람에 공을 바다에 빠뜨린 실수를 다시는 반복하지 않겠다는 마음가짐으로 살아왔다.

'이 책은 반드시 미래에도 길이길이 남게 될 거야.'

책을 읽다가 궁금한 점이 있으면 야구 전문 사이트에 접속해 관련 정보를 열람할 수 있도록 방대한 자료와 동영상이 들어있는 데이터베이스를 구축해두었다.

유지는 일이 바빠 이번 오본에는 부득이 고향에 가지 못했다. 지난날 다른 출판사에서도 비슷한 책을 기획한 적이 있었지만 그때는 자료가 너무 빈약해 포기했다. 책과 야구 관련 사이트를 연동해 데이터베이스를 구축한다는 건 전례가 없는 일이어서 우려를 표하는 사람들이 많았다. 책만 잘 만들면 되지 방대한 자료를 모으느라 사서 고생을 한다는 의견도 적지 않았다. 유지는 반대가 만만찮은 가운데 기획안을 통과시키느라 애를 먹었지만 고집스럽게 밀어붙인 끝에 일을 성공적으로 마무리하게 되어 마음이 홀가분했다.

물론 아직도 헤쳐 나가야 할 일이 많았다. 아무리 좋은 책이라고 해도 상업적인 성공을 거두지 못할 경우 비판을 면할 수 없었다. 마케팅 담당자들과 긴밀한 협의를 통해 책을 널리 알릴 수 있는 방안을 모색해왔다. 조만간 획기적인 마케팅 계획이 수립될 테니까 상업적인 성공을 노려볼 수 있을 것이다.

'아직은 어려운 문제들이 산적해있지만 반드시 성공적인 책이 될 거야. 이 정도로 내용이 알찬 야구 관련 서적이 있었다면 형도 애독자가 되었겠지?'

유지는 눈을 꼭 감고 주먹을 그러쥐었다.

'형, 내가 이번 공은 제대로 던질게.'

그때 누군가의 손이 어깨에 닿는 느낌이 들었다.

'내 동생 유지, 힘내. 형이 언제나 널 지켜보고 있으니까.'

유지는 분명 형을 보았다. 환영인지 실물인지 분간할 수 없는 가운데 흰 러닝셔츠와 반바지를 입은 형이 활짝 웃고 있는 모습을 언뜻 보았다. 편집부 사무실은 유지가 앉아 있는 책상에만 조명이 켜져 있어 대체로 어두운 편이었다. 방금 전까지 유지가 보고 있던 교정쇄 옆에 나가시마 시게오 선수의 사인볼이 놓여있었다.

유지는 믿을 수 없는 표정으로 천천히 책상으로 다가가 젖은 공을 집어 들었다.

'이 야구공은……'

야구공에서 바닷물 냄새가 났다. 공을 꽉 쥐고 있는 유지의 손 등에 눈물이 뚝뚝 떨어졌다.

'오본이라 형이 돌아온 거야.'

유지는 어렸을 때 고향에서 마녀를 만난 적이 있기에 평소에도 신비의 영역이 존재한다는 걸 믿는 편이었다. 실존하는 마녀를 만나본 적도 있는데 오본을 맞아 형의 영혼을 잠시 대면하는 것쯤 이야 충분히 벌어질 수 있는 일이라는 생각이 들었다.

유지는 석양빛으로 물들어가는 사무실을 둘러보며 말했다.

"내가 일이 바빠서 고향에 가지 못했는데 형이 나를 만나러 와 줬구나. 형, 정말 고마워."

유지는 형의 모습을 볼 수는 없었지만 가까이 있다는 걸 느낄 수 있었다. 형이 대견해하는 눈길로 자신을 바라보고 있다는 것을.

유지는 야구공이 바닷물에 빠진 날 형과 헤어졌지만 영원한 이별이 아니었다는 걸 새삼 확인할 수 있었다는 게 무엇보다 기 뻤다.

"형의 몫까지 열심히 살아갈 테니까 옆에서 응원해줘."

유지는 지난날 형이 가르쳐준 대로 공을 손에 들고 가죽을 꿰 맨 자리를 손가락으로 꽉 잡았다. 그날 공을 쥐는 방법을 가르쳐 준 형의 목소리를 생생하게 기억하고 있었다.

"이 공을 미래를 향해 던질게."

어릴 때처럼 형이 칭찬하는 말을 듣고 싶었다.

* * *

    항구 근처 마을의 하늘이 검게 물들어갈 무렵 흰 러닝셔츠 차림의 겐타는 다시 니콜라의 가게로 돌아왔다.

    웬일인지 겐타의 손에 야구공이 들려 있지 않았다.

    "유지 녀석이 아저씨처럼 보여서 놀라긴 했지만 예상대로 멋진 어른이 되어있어 기뻤어요. 이제 유지 녀석은 제가 걱정하지 않아도 잘 살아갈 것 같아요."

    겐타는 여전히 철부지 소년 같은 행색을 하고 있었지만 눈빛만큼은 어른스럽고 진중해 보였다.

    "이제 소원을 말할게요. 유지 녀석의 꿈이 이루어지도록 도와주세요. 그 녀석이 아이들을 위해 만들고 있는 책이 훌륭하게 마무리되도록 해주세요. 먼 미래에까지 남을 수 있도록……."

    "그래, 알았어."

    니콜라는 겐타의 소원을 쾌히 받아주기로 했다.

    "겐타, 이제야 소원을 찾은 거야? 네 소원이 이루어지도록 애써볼게."

    바닷가 마을로 돌아왔던 영혼들이 다시 바다 너머로 돌아가기 시작했다. 사람들의 눈에는 보이지 않겠지만 죽은 자들은 오본 명절 동안 따스하게 환대해준 가족들과 친구들에게 감사를 표하는 마음으로 손을 흔들어주었다.

    "내년 오본에 다시 올게요."

죽은 자들은 가족들의 귀에 들리지는 않지만 내년 8월에 다시 돌아오겠다는 기약을 하며 떠나갔다.

* * *

니콜라는 오늘도 창가에 등불을 밝히고, 바다 건너로 돌아가는 영혼들을 배웅했다. 〈마녀의 집〉에는 겐타 말고도 방금 전 찾아온 손님들이 더 있었다.

나이 지긋한 어머니와 모자를 쓴 귀여운 소녀였다. 두 모녀는 행복한 표정으로 웃으며 이야기를 나누고 있었다. 어머니는 올여름에 세상을 떠났으니 죽은 이후 처음으로 맞는 오본 명절이었다. 그녀의 영혼은 죽기 전까지 오랫동안 요양을 하며 지낸 양로원으로 돌아왔다. 눈을 감는 날까지 친절한 도움을 베풀어준 직원들, 매일 많은 시간을 함께 보낸 친구들, 늘 끼고 살았던 애완동물들을 만나고 바다 너머로 돌아가는 길이었다.

어머니는 젊은 시절에 〈마녀의 집〉을 방문한 적이 있었고, 그 시절이 그리워 돌아가는 길에 잠깐 들렀다고 했다. 그녀는 전쟁 당시 공습으로 죽은 딸을 단 한 번만이라도 만나보고 싶어 했다. 딸을 만나면 우선 좋아하는 음식을 배불리 먹여주고 싶었다.

많은 시간이 걸렸지만 마침내 어머니의 소원이 이루어져 〈마녀의 집〉에서 딸과 함께 즐거운 시간을 보내고 있었다. 설탕과 생크림이 듬뿍 들어간 바바루아[bavarois](우유, 달걀, 설탕, 향료, 젤라틴을 넣어 만든 디저트 - 옮긴이 주), 푸딩, 체리와 바나나로 만든 아이스크림, 초콜릿 소스를 뿌린 케이크 등이 접시에 담겨있었다. 딸이 생전에 가장 좋아했던 화과자와 단팥죽, 경단도 있었다. 어머니는 딸이 살아있을 때 좋아하는 화과자를 많이 만들어주고 싶었지만 재료가 귀해 포기할 수밖에 없었다. 전쟁이 끝나면 만들어주어야겠다고 마음속으로 다짐했는데 딸이 공습 때 사망하는 바람에 뜻을 이루지 못했다.

어머니는 니콜라에게 거듭 감사를 표하며 딸에게 음식을 권했다. 잠시 후 어머니는 깜짝 놀랐다. 쭈글쭈글하던 주름투성이 손이 딸과 함께 살았던 젊은 시절처럼 하얗고 매끄러운 상태로 돌아와 있었기 때문이다. 거울을 보니 얼굴 역시 젊은 시절의 모습으로 돌아와 있었다.

"엄마!"

딸이 어머니의 품에 안겨 얼굴을 어루만졌다.

"엄마를 만나서 정말 기뻐."

딸은 공습으로 죽은 이후 계속 어머니 곁에 있었다. 눈에 보이지 않고, 목소리를 들을 수 없었을 뿐 늘 어머니와 함께했다.

양로원에서 지내던 어머니가 숨을 거두고 나서야 딸은 마침내 어머니와 얼굴을 마주보며 정겨운 이야기를 나눌 수 있게 되었다.

"미안해."

어머니는 눈물을 뚝뚝 흘리면서 딸을 끌어안았다.

그 모습을 지켜보던 겐타도 눈물을 참지 못해 울먹이며 말했다.

"정말이지 잘 됐어. 엄마와 딸이 이렇게 만나니까 얼마나 좋아."

* * *

죽은 자들이 썰물이 빠져나가듯 마을을 떠나 바다 너머로 돌아가고 있었다.

겐타가 니콜라를 돌아보며 물었다.

"마녀님, 저도 이만 가봐야 하죠?"

"그래, 겐타 군도 이제 바다 너머로 가야해."

"집으로 다시 돌아가거나 마을에서 놀고 싶다는 생각이 간절하지만 그래서는 안 된다는 걸 알아요. 제가 여기에 머문다면 규칙 위반이 되겠죠."

겐타는 입술을 굳게 다물고 담담한 표정으로 먼 곳을 바라보았다.

"낯선 곳으로 떠나려니까 두렵기도 해요."

소녀가 생글생글 웃으며 겐타의 손을 잡아주었다.

"너무 겁먹지 마. 엄마랑 내가 옆에서 동행해줄 테니까."

소녀가 동의를 구한다는 듯이 돌아보자 어머니가 싱긋 웃으며 고개를 끄덕였다.

겐타가 쑥스러운 듯 얼굴을 붉히며 소녀에게 물었다.

"무서운 곳은 아니지?"

"전혀 무섭지 않아. 매우 아름다운 곳이야."

"혹시 무서운 염라대왕님이 계시는 건 아니지?"

소녀가 킥킥 웃었다.

"우리가 가는 곳은 서방정토야. 내가 알기로 염라대왕님은 다른 곳에 계셔."

소녀가 겐타의 손을 잡아끌고 밖으로 나가려다가 돌아서서 다른 한 손을 어머니에게 내밀었다.

어머니가 딸의 손을 잡으며 니콜라에게 작별인사를 했다.

"내년에 또 올게요."

니콜라가 웃음으로 화답했다.

"내년에 꼭 다시 만나요."

니콜라는 내년에도 바닷가 마을로 돌아오는 영혼들을 맞이하기 위해 창가에 등불을 밝혀둘 것이다. 니콜라가 가게 밖으로 나가 손님들을 배웅하는 동안 가까이에서 경적소리가 들려왔다.

트럼펫을 잘 부는 택시기사의 차가 가게 앞에 멈춰 섰다. 운전석 문을 열고 차에서 내린 택시기사가 말했다.

"바다로 돌아가는 길입니다. 내년에 다시 오겠습니다."

택시기사는 생전에 매일이다시피 차를 윤이 나도록 닦았다. 사고 당시 형체를 알아볼 수 없을 정도로 찌그러져 폐차장으로 갔던 택시가 어느새 원래의 모습으로 돌아와 반짝반짝 빛을 발하고 있었다.

"와아! 택시다."

겐타가 눈을 반짝이며 택시와 제복 차림의 택시기사를 번갈아 바라보았다. 소녀의 어머니도 놀란 눈으로 택시를 보았다.

"괜찮으시다면 택시에 태워 편안하게 모셔다드리겠습니다."

택시기사는 당당하게 어깨를 펴고 자신만만한 표정으로 조수석과 뒷좌석 문을 열고, 소녀와 어머니, 겐타에게 차례로 자리를 권했다.

"정말 타도 괜찮을까요?"

어머니가 묻자 택시기사가 활짝 웃으며 대답했다.

"손님을 태우지 못한 지 벌써 일 년이 지났습니다. 이 차도 몹시 심심해하던 중이었으니까 망설이지 말고 타십시오. 바다 너머까지 안전하게 모셔다드릴게요."

겐타가 그 말이 미처 끝나기도 전에 조수석에 올랐다. 소녀는 어머니의 손을 잡고 뒷좌석에 탔다. 어머니는 택시기사에게 거듭 고개 숙여 감사를 표했고, 니콜라에게도 허리 굽혀 인사했다.

택시기사도 니콜라에게 고개 숙여 인사하고 나서 차에 올랐고, 이내 문이 닫혔다.

택시는 〈마녀의 집〉 앞을 조용히 떠나갔다.

겐타와 소녀가 차창을 열고 니콜라를 향해 손을 흔들었다.

택시는 바닷가 마을 곳곳에 켜져 있는 등불의 배웅을 받으며 조용히 떠나갔다. 서쪽 바다를 향해 달려가고 있는 택시가 이내 시야에서 사라졌다.

니콜라는 〈마녀의 집〉 앞에서 한동안 그대로 서있었다. 오본을 맞아 바닷가 마을로 돌아왔던 영혼들이 니콜라를 향해 아쉬운 작별인사를 하며 멀어져갔다.

"내년에 다시 만나요."

이제 여름도 막바지인 듯 바다에서 불어온 바람에서 가을의 느낌이 선연하게 났다.

"매년 반복해온 일이지만 마을을 찾아왔던 영혼들을 배웅할 때면 늘 마음이 애잔해."

이별은 익숙해지지 않았다. 앞으로 목숨이 다하는 날까지 오본 명절 때마다 이 마을을 떠난 망자들과 안타까운 이별을 계속해야 할 것이다.

'내가 죽어 영혼이 되기 전에는 매년 서글픈 이별을 계속해야 하는 건가?'

마녀의 영혼은 그 어디로도 가지 못하고 물방울처럼 사라져버린다.

"마녀의 마지막은 너무나 슬퍼!"

혼잣말을 하고 있는데 문득 어깨 위에서 기척이 느껴졌다.

회색 고양이가 지난날처럼 어깨 위에 앉아있었다. 육신을 빠져나온 영혼이라서인지 전혀 무게감이 느껴지지 않았고, 발톱이 어깨를 파고 들지도 않았고, 몸에 온기도 없었다.

회색 고양이가 장난스럽게 눈웃음을 치며 말했다.

"혼자 고독을 씹고 있는 모습을 보니 정말 안됐네. 내가 여기에 어떻게 올 수 있었는지 궁금하지 않아? 무슨 일이 있더라도 이 마을에 돌아와 외로운 마녀를 위로해주고 싶었어. 이미 죽었지만 다시 한 번 더 죽을 각오로 간절히 원했더니 놀랍게도 소원이 이루어졌어."

니콜라는 벅차도록 반가운 마음에 아무 말도 하지 않고 고양이의 뺨을 손으로 문질렀지만 아무런 감촉도 느껴지지 않았다.

회색 고양이가 지난날 언니 노릇을 할 때처럼 상냥한 목소리로 말했다.

"영혼은 사라지지 않아. 인간의 영혼뿐만 아니라 마녀와 고양이의 영혼도 마찬가지야. 사라진 듯 보이지만 세상 어딘가에 녹아들어 있어. 간절히 원하면 이렇게 다시 만날 수도 있지. 딱히 오본이 아니더라도 만날 수 있어."

"영혼이 어딘가에 녹아들어 있다니, 그게 무슨 말이야?"

"영혼은 사라지지 않고 분명 어딘가에 남아있어. 누군가를 간절히 사랑했던 마음은 절대로 사라지지 않아."

회색 고양이가 싱긋 웃고 나서 니콜라의 볼을 핥아주었다. 고양이의 혀가 실제로 닿지는 않았지만 따스한 느낌이 전해졌다. 간절한 사랑의 느낌이었다.

"이번 오본 명절에는 간절히 원하면 뭐든 이루어진다는 걸 분명하게 깨닫게 되었어."

고양이의 말이 귓전을 맴돌았다. 애타게 그리워했던 목소리였다. 이미 고양이의 자취는 눈에 보이지 않았지만 그 말이 언제까지나 니콜라의 귓속에서 파도소리처럼 울려퍼졌다.

보름달의 은은한 빛이 바닷가 마을을 감싸고 있었다.

니콜라가 회색 고양이와 함께 세계 여러 나라를 여행했던 시절에도 자주 보았던 달빛이었다. 고귀한 인연을 맺었던 사람들과 이별을 하던 밤에도 달빛이 은은한 빛을 뿌렸다. 니콜라가 최선을 다했지만 끝내 구하지 못했던 목숨들이 스러져가던 날에도 달이 밝게 빛났다.

니콜라는 휘영청 밝은 달을 올려다보았다.

부드러운 밤바람 속에서 바다로 돌아가는 영혼들의 속삭임이 들리는 듯했다. 어디선가 니콜라를 그리워하며 간절히 바라보는 시선들이 느껴졌다.

'그래, 간절히 원하면 만날 수 있어.'

니콜라는 손등으로 눈물을 훔치며 미소를 지었다.

'다행이야, 이 세상에 영원한 이별은 존재하지 않아서.'

니콜라는 언젠가 자신도 이 세상의 바람이나 하늘에 녹아들어 있다가 사랑하는 회색 고양이를 만나고 싶었다.

"내가 고독에 몸부림치는 마녀를 그냥 내버려둘 리 없잖아."

어디선가 회색 고양이의 새된 목소리가 들려왔다. 그 목소리는 밤바람에 녹아들어 달과 별이 빛나는 하늘로 날아 올라갔다.

어떤 인형 이야기

지금으로부터 70여 년 전에 있었던 일이다. 제2차 세계대전이 막바지에 다다랐던 1945년 여름, 패색이 짙었던 일본의 어느 오지 마을의 숲속에 파란 눈을 가진 금발 인형 하나가 숨어 살고 있었다. 낮에는 숲을 산책하며 지냈고, 밤에는 동굴 속에서 풀과 나뭇잎을 깔고 잠이 들었다.

가끔 다람쥐와 토끼가 지나가거나 작은 새들의 울음소리가 들려왔지만 사람들은 전혀 살지 않는 깊은 숲이었다. 금발 인형은 이따금 한숨을 푹 쉬었다. 낮에는 하루 종일 아이들의 친구가 되어 놀아주고, 밤에는 공주처럼 편안한 잠자리에 눕는 게 주어진 일과였는데 숲속에서 혼자 지내려니 쓸쓸하고 적막하기 그지없었다.

'너무 쓸쓸해서 죽어버릴 것 같아.'

지금은 한여름인데도 어찌나 추운지 몸이 덜덜 떨렸다.

'난 인형인데 추위를 탄다는 게 이상하네?'

인형이 사람처럼 생각하는 능력이 있을 리 없었고, 혼자 숲을 산책한다는 것도 말이 되지 않았다.

금발 인형은 왜 자신이 사람처럼 생각을 하고, 감정을 느끼고, 혼자 자유롭게 돌아다닐 수 있는지 도무지 알 길이 없었다.

숲속에 사는 마녀가 마법을 부려 기적이 일어났는지 이곳에 오게 된 날부터 사람처럼 생각하고, 몸을 마음대로 움직일 수 있는 인형이 되었다.

금발 인형은 원래 숲에서 가까운 곳에 있는 오지마을의 초등학교 건물 현관에 놓여있는 유리 상자 안에 장식품으로 들어있었다. 미국의 어느 도시에서 두 나라 간의 평화가 지속되기를 기원하며 선물로 보낸 인형이었다.

미국에서 보낸 인형들은 일본 전국의 유치원이나 초등학교 현관에 기념품으로 장식되었다. 아이들은 평화를 바라며 인형들을 소중히 여겼지만 두 나라 사이에 전쟁이 발발했다. 사람들은 적국인 미국에서 보낸 인형들을 태워버리거나 망가뜨렸다.

금발 인형도 불에 타 종적도 없이 사라질 운명이었지만 어느 여선생님이 유리 상자에 들어있던 인형을 몰래 꺼내와 깊은 숲에 숨겨주어 가까스로 무사할 수 있었다. 보름달이 환하게 마을을 밝히던 밤에 벌어진 일이었다.

선생님은 금발 인형을 학교에 숨겨둘까 생각했지만 마땅한 장소가 없었고, 집으로 가져가자니 보는 눈이 많았다.

'어떻게 하면 인형을 안전하게 지킬 수 있을까?'

선생님은 궁리를 거듭한 끝에 금발 인형을 숲속에 숨겨두기로 마음먹었다. 인형을 안고 깊은 숲으로 들어간 선생님은 잎이 무성한 나무 아래에 숨겨두고 너무나 안타까운 마음에 울먹이며 집으로 돌아왔다.

인형을 계속 숲에 놓아두면 눈이나 비, 이슬, 서리 따위를 맞아 결국 썩어버릴 수밖에 없다는 걸 잘 알고 있었다. 좋은 결과를 기대할 수 없었지만 사람들이 강제로 불태우거나 망가뜨리는 것보다는 나을 거라는 생각이 들었다.

'정말 나쁜 사람들이야. 인형에게 무슨 죄가 있다고 그러지? 평화를 염원하며 바다를 건너고 육지를 거쳐 이 오지마을에 있는 학교에까지 오게 된 인형인데 이토록 비참한 운명을 맞아야 하다니?'

인형은 아이들로부터 대대적인 환영을 받고 나서 수십 년 동안 유리 상자에 소중하게 장식되어 있었는데 이런 결과를 맞게 될 줄은 미처 몰랐다.

선생님은 여름에는 인형이 시원하게 지낼 수 있도록 반 팔 원피스를 입혔고, 겨울이면 털외투를 입히고 부츠를 신겨주었다.

인형은 감정을 표현하지 못하지만 옷을 입혀주면 파란 눈을 반짝이며 입가에 미소를 지었다. 마음씨가 고운 인형은 유리 상자 안에서 언제나 아이들을 다정한 눈빛으로 바라보았다.

"지켜주지 못해서 미안해. 부디 잘 지내야 해. 안녕!"

선생님은 눈물을 흘리며 달빛이 비치는 숲길을 걸어 마을로 돌아갔다.

인형은 선생님이 환한 달빛을 받으며 마을로 돌아가는 모습을 멍하니 바라보았다.

인형이 처음 느낀 감정은 슬픔이었다. 선생님이 서글피 울며 마을로 돌아가는 모습을 보고 있자니 파란 눈에서 눈물이 솟았다.

인형은 눈물을 손가락에 묻힌 다음 달빛에 비춰보았다. 달빛 어린 눈물에서 영롱한 빛이 났다.

인형은 왜 감정을 갖게 되었는지 알 수 없었고, 선생님이 왜 자신을 숲속에 숨겨두고 떠났는지 더욱 알 길이 없었다. 다만 다시는 학교로 돌아갈 수 없다는 걸 느낌으로 알 수 있었다. 이 숲속에 있다가 사람들의 눈에 띄었다가는 무사하지 못하리라는 것도 느낌으로 알고 있었다.

'오늘부터 숲에서 혼자 지내야 하나봐.'

금발 인형은 어찌나 서글픈지 눈물을 펑펑 흘렸다.

이제 다시는 학교로 돌아갈 수 없고, 아이들을 만날 수 없다고 생각하자 서글프기 그지없었다.

'인간처럼 감정이 있어봐야 좋을 게 없네.'

세계 여러 나라에서 영혼이 깃든 인형 이야기가 전해진다. 미국의 어느 도시에서 두 나라 간의 평화를 기원하며 선물로 보낸 인형들 가운데 영혼이 깃든 인형이 하나쯤 있다고 해서 크게 이상한 일은 아니었다.

보름달이 기적을 일으키는 마법을 펼쳤을 수도 있었고, 인형을 구하기 위한 여선생님의 고운 마음이 기적을 불러일으켰을 수도 있었다.

금발 인형은 왜 인간처럼 감정을 갖게 되었는지 이유를 알 수 없었다. 다만 달빛이 환하게 비치던 날 밤에 숲속에 남겨진 이후 감정을 갖게 되었다는 것만 알고 있을 따름이었다.

그 무렵에는 전쟁이 계속되고 있었다. 오지마을에서도 수십 명의 청년들이 군에 입대해 이국의 전장으로 떠났다. 도시는 수시로 공습을 받았지만 오지마을에는 다행히 평화로운 날들이 이어졌다. 가끔 오지마을 상공으로도 전투기 편대가 날아갔다. 인근 도시는 허구한 날 공습을 받아 불길이 치솟았고, 사상자가 속출했다. 금발 인형은 숲속에서 불길이 치솟는 도시의 하늘을 바라보며 홀로 공포에 떨었다.

인형 혼자서 며칠 동안 외톨이 생활을 하고 있을 때 길을 잃은 여자 아이 하나가 숲을 헤매고 있었다. 장대비가 쏟아지는 날이라 시야가 막혀 숲에서 길을 잃은 듯했다. 여자 아이는 짙은 비구름이 드리워진 숲속을 헤매다가 나무뿌리에 발이 걸려 진흙탕으로 쓰러졌다.

도시 아이들이 즐겨 입는 하얀 원피스 차림의 여자 아이는 엄마가 꽃무늬 천으로 직접 만들어준 가방을 메고 다녔다. 그 아이의 부모는 공습이 잦은 도시에 살고 있었는데 오지마을의 친척집에 딸을 맡겼다. 도시에 남아있다가는 목숨을 부지하기 어렵기 때문이었다.

인형은 유리 상자 안에 들어있을 때 간간이 찾아와 말을 걸어주었던 그 아이를 잘 알고 있었다. 아이는 유리 상자 앞을 지나갈 때마다 항상 눈을 찡긋하며 아는 체를 했다.

어느 날 그 아이가 말했다.

"바닷가 마을 우리 집에 너랑 똑같이 생긴 인형이 있어. 돌아가신 아빠가 생일선물로 사준 인형이야. 내가 세상에서 가장 좋아하는 인형인데 지금은 서로 멀리 떨어져 있어 볼 수 없게 되었어."

아이는 금방이라도 울음을 터뜨릴 것처럼 두 눈에 눈물이 그렁그렁했다.

바닷가 마을은 여러 번 공습을 받았고, 많은 사람들이 죽었다. 엄마는 작은 딸이라도 무사했으면 하는 마음에 오지마을에 있는 아이의 외가에 맡기기로 했다. 공습이 잦은 도시보다는 오지마을이 훨씬 안전할 테니까.

"이모들이 잘해주지만 집이 그리워."

아이는 엄마에게 집으로 돌아가고 싶다는 편지를 보냈다. 엄마는 아직 바닷가 마을에 공습이 계속되는 만큼 전쟁이 끝날 때까지 외가에서 지내다가 돌아오길 바란다는 답장을 보내왔다.

'엄마가 갈 때까지 당분간 외가에서 지내고 있어. 전쟁이 끝나면 데리러 갈게.'

여자 아이의 눈에서 뜨거운 눈물이 흘러내렸다.

"난 언제쯤 집으로 돌아갈 수 있을까?"

* * *

여자 아이는 장대비가 쏟아지는 가운데 줄곧 혼자서 숲속을 헤매고 다녔다. 금발 인형은 아이를 발견한 순간 깜짝 놀라며 급히 나무 뒤로 몸을 숨겼다. 여자 아이는 주룩주룩 쏟아지는 비를 맞으며 몸을 덜덜 떨고 있었다. 금발 인형은 얼른 여자 아이에게로 달려가 손을 잡고 비를 피할 수 있는 큰 나무 아래로 데려갔다.

여자 아이는 몹시 놀라며 눈을 크게 떴지만 이내 인형을 알아보고 안도의 숨을 쉬었다.

"이 숲속에서 널 만난 건 뜻밖이지만 정말 기뻐."

인형이 젖은 손으로 아이의 머리를 조심스레 쓰다듬었다.

"그렇잖아도 네가 갑자기 사라져 소식이 궁금했어. 숲에서 지내는 줄은 몰랐는데 널 다시 볼 수 있게 되어 너무 좋아. 이제 보니 넌 이야기책에 나오는 인형처럼 혼자 일어나 걸어다니기도 하네?"

여자 아이는 걷기도 하고, 감정 표현도 하는 인형이 있다는 것에 대해 그다지 이상하게 생각하지 않았다. 바닷가 마을의 집에 있을 때 말하는 인형이 등장하는 책을 읽은 적이 있었기 때문이다.

"난 마법의 세계가 있다고 믿어. 엄마와 언니는 얼토당토않은 얘기라고 하겠지만 난 아니야."

여자 아이가 갑자기 손으로 얼굴을 가리며 울음을 터트렸다.

"엄마와 언니가 제발 무사해야 할 텐데……."

이모가 소문을 들었다고 전제하며 8월에 미군의 대대적인 공습이 단행되었다는 이야기를 들려주었다. 아이의 집이 있는 항구 도시도 공습을 받아 절반 이상의 집이 불에 타 사라졌다고 했다. 이모에게 엄마와 언니는 무사하냐고 물었지만 똑 부러진 대답을 듣지 못했다.

"아직 네 엄마와 연락이 닿지 않아서 몰라. 아마 네 엄마와 언니는 무사할 거야."

여자 아이는 엄마와 언니의 안부가 걱정돼 날마다 눈물로 밤을 새웠다. 당장 바닷가 마을의 집으로 돌아가 엄마와 언니를 만나보고 싶었다. 여자 아이는 장대비가 쏟아지는 가운데 밖으로 뛰쳐나와 바닷가 마을로 돌아가기 위해 무작정 걷기 시작했다.

"집으로 돌아갈 차비도 있어. 엄마가 급한 일이 있을 때 쓰라며 돈을 바지주머니에 넣고 꿰매주었거든. 집으로 돌아가는 길도 알고 있어. 이 산을 넘어 계속 걸어가다가 바다가 나오면 배를 타고 가면 돼."

여자 아이는 말을 마치자마자 심한 기침을 했다.

"비를 맞아 감기에 걸렸나봐."

여자 아이는 사진 한 장을 보여주었다. 늘 메고 다니는 가방 속에 소중히 간직해둔 가족사진이었다.

군인이 되어 전쟁에 나갔다가 머나먼 이국땅에서 전사한 아빠,

언제나 딸들을 따스하게 보살피는 엄마, 성격이 야무져 보이는 언니 그리고 여자 아이가 다정하게 어깨를 맞대고 찍은 가족사진이었다. 여자 아이는 귀여운 인형을 안고 있었다.

"아빠가 전쟁터로 떠나기 전에 찍은 가족사진이야. 아빠는 가족들이 뿔뿔이 흩어져 살 수밖에 없어 안타깝지만 이 사진을 보며 마음의 위안을 삼자고 했어. 나는 어서 전쟁이 끝나 가족들 모두가 한집에서 살아갈 수 있는 날이 오길 고대했는데 아빠가 전사했다는 소식을 듣게 되었어."

인형이 보기에도 더없이 소중한 사진이라는 생각이 들었다.

인형은 자기도 모르게 중얼거렸다.

"아무튼 넌 좋겠네, 가족들과 돌아갈 집이 있으니까."

여자 아이가 이상하다는 듯 물었다.

"넌 돌아갈 곳이 없어?"

인형은 대답을 하지 못하고 고개를 푹 숙였다.

밤새 많은 비가 내렸다. 날이 밝자 여자 아이는 자리에서 일어나 떠날 채비를 했다.

"너를 만나 큰 위안을 받았어. 부디 잘 지내."

여자 아이는 그렇게 말하고 나서 질척이는 숲길을 걸어가기 시작했다.

인형은 멀어져가는 여자 아이의 뒷모습을 바라보다가 갑자기 달리기 시작했다. 예쁜 부츠와 드레스가 빗물에 젖고, 온몸이 진흙투성이가 되었지만 아랑곳하지 않고 힘껏 달렸다.

"잠깐만 기다려. 내가 길동무가 돼줄 테니까 같이 가자."

여자 아이의 얼굴이 갑자기 환하게 밝아졌다.

"네가 같이 가준다면 나야 정말 고맙지."

여자 아이는 크게 기뻐하며 몸을 굽혀 인형을 안아주었다.

인형은 모처럼 따스한 품에 안기자 날아갈 듯 기분이 좋았고, 동행하기로 마음먹길 잘했다는 생각이 들었다. 먼 길을 가야할 텐데 서로 말벗이 되어준다면 외롭지 않은 여행이 될 것 같았다.

인형은 산길을 걸어보고 나서야 여자 아이를 따라나선 걸 후회했다. 차라리 여자 아이를 따라나설 게 아니라 적극적으로 말렸어야 한다는 생각에 후회막급이었다. 몸이 약한 여자 아이와 키가 자그마한 인형이 험준한 산길을 계속 걷는다는 건 결코 쉬운 일이 아니었다.

비가 그친 숲속에 숨이 턱턱 막히는 찜통더위가 밀어닥쳤다. 여자 아이와 인형은 나무뿌리에 걸려 셀 수도 없이 많이 넘어지는 바람에 온몸이 흙투성이가 되어가고 있었지만 계속 걸었다. 나뭇가지에 긁히고, 가시덤불에 찔려 다리가 온통 상처투성이였지만 여자 아이는 집으로 돌아가겠다는 생각 하나로 끈질기게 걸었다. 인형도 여자 아이를 따라 최선을 다해 걸었다.

'여자 아이는 집으로 돌아가는 길이 이리 험하고 힘든지 몰랐을 거야. 이제 곧 한 발짝도 걸을 수 없을 만큼 지쳐 오지마을로 되돌아가야 할지도 몰라.'

여자 아이는 발걸음을 떼어놓기 힘든 지경인데도 끝내 포기하

지 않고 걸었다. 그날 밤, 인형과 여자 아이는 숲에서 잤다. 천 가
방 속에 넣어온 고구마를 꺼내 배를 채우고 나서 개나 고양이처럼
피곤한 몸을 풀숲에 눕혔다.

다음날 아침에 눈을 뜬 여자 아이와 인형은 다시 여행길에 올
랐다. 가시에 찔리기도 하고, 벌레에 쏘이기도 하면서 어렵사리
숲을 빠져나온 여자 아이가 비로소 인형을 돌아보며 배시시 웃었
다. 그런 다음 다시 걸음을 떼어놓으려는 순간 여자 아이는 덤불
에 가려져 미처 보지 못했던 절벽 아래 강으로 떨어졌다.

너무나 순식간에 벌어진 일이라 인형은 마치 꿈을 꾸는 듯 머
리가 몽롱했다. 인형은 나뭇가지와 풀을 붙잡아가며 가까스로 강
으로 내려갔다. 흐르는 강물을 따라 내려가며 여자 아이를 찾아
보았지만 좀처럼 눈에 띄지 않았다. 비가 많이 내리는 바람에 물
빛이 탁하고 유속이 빨라 이미 멀리 떠내려간 듯했다.

인형은 높은 위치에 있는 바위나 나무를 타고 올라가 주변을
둘러보기도 했지만 여자 아이를 발견할 수 없었다. 이제는 강물
을 따라 계속 걸을 수밖에 없었다. 다시 날이 저물어 밤이 찾아오
고 있었다. 작은 새들과 풀벌레 소리가 요란하고, 별들이 하얗게
빛나는 밤에 인형은 강가의 풀숲에 쓰러져 있는 여자 아이의 시신
을 발견했다.

여자 아이는 강물에 떠내려가다가 풀숲으로 기어올라왔지만
끝내 기력을 잃고 쓰러져 숨을 거둔 듯했다. 여자 아이가 손에 쥐
고 있는 가족사진이 눈에 들어왔다. 인형은 숨이 끊어지는 마지

막 순간까지 흙탕물에 젖은 가족사진을 보며 엄마와 언니를 보고 싶어 했을 여자 아이를 생각하니 눈물이 앞을 가렸다.

'얼마나 가족들이 있는 집으로 돌아가고 싶었을까?'

인형은 가슴을 저미는 슬픔에 한참 동안 눈물을 흘렸다. 가까스로 울음을 그친 인형은 죽은 여자 아이와 온 가족이 활짝 웃고 있는 가족사진을 번갈아 바라보다가 혼잣말로 중얼거렸다.

"내가 바닷가 마을을 찾아가 이 사진을 너의 엄마에게 꼭 전해 줄게."

인형은 단호한 표정으로 여자 아이의 손에 쥐어져 있는 사진을 조심스럽게 빼내들었다.

인형이 사진 속의 여자 아이를 향해 말했다.

"이 사진을 전해줘야 네 영혼이 집으로 돌아갈 수 있을 테니까."

신기하게도 사진 속 여자 아이가 고개를 끄덕이며 고맙다고 인사한 것 같다는 느낌이 들었다.

인형은 사진을 품에 갈무리해 넣고 다시 걷기 시작했다. 별빛 아래에서 잠시 걸음을 멈추고 귀를 기울였다. 풀벌레소리와 새들이 날개를 퍼덕이며 하늘로 날아오르는 소리만이 들려올 뿐 사방이 적막하기 그지없었다.

인형은 다리에 힘을 모아 다시 걷기 시작했다. 여자 아이와 인형은 연약해 보인다는 점에서는 비슷했지만 사실은 많이 달랐다. 인형은 아무리 걸어도 지치지 않았다. 다만 인형은 키가 너무 작아서 시간이 많이 걸린다는 게 문제였다. 하루 종일 쉬지 않고 걸어도 보폭이 너무 짧다보니 긴 거리를 이동할 수 없었다. 사람이나 짐승이라면 거리낌 없이 지나다닐 수 있는 울퉁불퉁한 길도 인형에게는 몸이 묻혀버릴 만큼 험난한 웅덩이였다. 가끔 손으로 바위를 붙잡고 건너야 하는 길이 나타나기도 했다. 사람 무릎 정도 오는 풀숲이 인형에게는 머리 위까지 덮이는 정글이나 다름없었다.

인형은 험난한 여정을 마치고 마침내 사람들이 사는 마을로 내려왔다. 드레스가 너덜너덜해질 정도로 찢어져있었고, 금발머리가 엉망으로 헝클어져있었다. 집집마다 환하게 켜놓은 등불이 어두운 마을을 환하게 비추고 있었다. 인형은 사람들의 눈에 띄지 않게 조심하며 어느 집으로 다가가 집안을 들여다보았다.

사람들이 큰소리로 웃고 떠들며 즐거운 시간을 보내고 있었다. 과자를 먹으며 음악을 듣는 사람도 있었다. 책장에는 책이 가득 꽂혀있었고, 벽 가까이 텔레비전이 놓여있었다. 텔레비전 화면에서 마법처럼 다른 세상의 풍경이 흘러나왔다. 인형이 있던 오지 마을의 밤은 어두웠다. 불빛이 새어나가면 전투기가 날아와 공습을 한다며 창문에 등화관제를 해 희미한 불빛이라도 밖으로 새어나가지 않게 조심했다. 오지마을의 밤은 늘 무섭도록 고요했었다. 마을 사람들은 불빛이 새어나가 공습을 당할까 봐 두려워하며 밤새 불안에 떨었다.

지금 눈에 들어온 풍경은 전혀 달랐다. 인형은 너무 어지러워 눈앞이 빙글빙글 돌 지경이었다. 이 마을까지 걸어오는 동안 셀 수도 없이 많은 낮과 밤을 보냈다. 인간 세상의 시간으로는 잴 수도 없을 만큼 많은 세월이 흘렀다. 전쟁은 이미 오래 전에 끝났고, 사람들은 마침내 평화를 찾아 풍요로운 날들을 보내고 있었다. 전쟁으로 고통 받았던 날들은 이제 까마득히 먼 옛날이야기가 되었다.

인형은 문득 오지마을에 있는 학교의 현관에 있었을 때가 그리웠다. 인형을 구하기 위해 숲속에 몰래 숨겨두고 돌아간 선생님도 보고 싶었다. 날마다 찾아와 말을 걸어주던 아이들의 해맑은 얼굴도 보고 싶었다. 전쟁이 끝났으니 학교 현관에 놓인 유리 상자로 돌아간다고 해도 전혀 문제될 게 없을 듯했다.

인형은 혼자 조용히 중얼거렸다.

"학교로 돌아가기 전에 여자 아이의 집을 찾아 사진을 전해주어야 해."

하얀 드레스와 금발 머리, 손과 발까지 온통 너덜너덜해진 상태였다. 얼굴도 성한 곳이 없을 만큼 상처투성이였다. 인형은 생각할 수 있는 머리와 희로애락을 느낄 수 있는 감정이 있었지만 몸이 만신창이가 되었을 때 해결 방안이 뭔지 알 수 없었다.

'내가 죽게 되면 어디로 갈까? 천국? 아니면 여기에서 이대로 썩게 될까?'

인형은 밤길을 걸으며 혼잣말을 중얼거렸다.

"여자 아이의 집을 찾아야만 해. 사진을 전해주고 나서도 여행을 계속할 수 있다면 오지 마을로 돌아가는 거야."

그로부터 다시 긴 세월이 흘렀다.

길은 평탄해졌지만 인형은 사람들 눈에 띄지 않게 조심해서 걸어야 했다. 드레스가 너덜너덜해지고, 머리가 정신없이 헝클어진 상태라 사람들 눈에 띌 경우 어떤 봉변을 당할지 알 수 없었다.

인형은 여자 아이가 죽음이 목전에 임박한 순간까지 손에 쥐고 있던 사진을 가슴에 품고 밤낮없이 걸었다. 사람들의 왕래가 많은 도로를 피해 일부러 산길을 택해 걸을 때도 있었고, 우회해서 걸어야 할 때도 있었다. 큰 강이 앞을 가로막으면 강가를 오르내리며 다리를 찾아 헤맸다. 어떤 날은 호기심 많은 까마귀들을 피해 몸을 숨겨야 할 때도 있었다. 끝이 보이지 않는 숲속 길을 지나거나 까마득히 높은 산을 넘어가야 하는 경우도 있었다.

"가도 가도 끝이 없는 길이야."

인형은 가끔 그렇게 말하고 나서 한숨을 푹 쉬었다.

'여자 아이의 가족들은 아직 바닷가 마을에 살고 있을까?'

인형은 가끔 걸음을 멈추고 생각해봤지만 이내 고개를 저으며 계속 걸었다. 무슨 일이 있더라도 여자 아이와의 약속을 지키고 싶었다.

긴 여정을 계속하다보니 생각지도 못한 길동무도 생겼다.

어느 날, 넓은 강을 건너기 위해 다리를 찾아 헤매고 있을 때였다. 누군가 물에서 텀벙거리며 노래를 흥얼거리는 소리가 들려왔다. 인형은 소리가 나는 쪽을 향해 조심스럽게 다가갔다. 지금껏 한 번도 본 적 없는 동물들이 강에서 헤엄을 치며 놀고 있는 모습이 눈에 들어왔다.

인형을 발견한 동물들이 호기심에 찬 눈을 반짝였다. 이상하게 생긴 동물들 가운데 하나가 인형에게 물었다.

"인간처럼 생겼는데 굉장히 작네. 넌 누구니?"

"난 바다 건너 미국에서 온 인형이야. 주로 아이들과 친구로 지내. 근데 너희들은 누구니?"

"우린 수달이야."

수달들은 만나서 반갑다는 듯 물속에 있다가 갑자기 밖으로 솟아오르는 묘기를 선보였다.

수달이 인형을 바라보며 힘없이 말했다.

"우린 사실 살아있는 수달이 아니야."

그 말을 듣고 나서 자세히 보니 수달의 몸에서 희미하게 빛이 나고 있었고, 반투명 상태로 강물에서 떠다니고 있었다.

"여기가 너희들이 죽기 전에 살았던 강이니?"

"그래, 우린 죽어서야 예전에 살던 강으로 돌아왔어."

수달이 다정한 목소리로 말을 이었다.

"넌 왜 이 깊은 밤에 혼자 길을 걷고 있니?"

"설명하자면 이야기가 길어."

"그래도 듣고 싶어."

인형은 부드러운 밤바람을 맞으며 수달들에게 긴 이야기를 들려주었다.

"난 여자 아이가 들고 있던 사진을 집에 있는 엄마에게 전해주겠다고 약속했어."

인형의 눈에서 눈물이 흘러내렸다.

"그 아이가 목숨을 걸고 돌아가고 싶어 했던 집이야. 나는 돌아갈 곳이 없지만 그 아이의 영혼만큼은 반드시 집으로 돌아가게 해주고 싶어."

수달들이 서로 의견을 주고받았다. 이윽고 수달 가운데 하나가 목을 길게 빼고 말했다.

"우리도 너랑 같이 가줄게. 사실은 우리도 너처럼 돌아갈 곳이 없어."

다른 수달이 이어서 말했다.

"인간들이 강을 망쳐버렸어. 우리 수달들은 오염된 물에서는 살지 못해."

수달은 몹시 슬퍼하며 눈물을 흘렸다.

"우린 오래 전에 죽었고, 영혼만이 강을 떠다니고 있어. 우리도 너를 도와 여자 아이의 영혼이 집으로 돌아올 수 있도록 해주고 싶어. 전쟁 탓에 가족들과 헤어져 살다가 혼자 죽어간 아이가 너무 불쌍해. 영혼만이라도 고향으로 돌아올 수 있게 해주어야지."

인형은 수달들이 몸으로 다리를 놓아주어 강을 무사히 건널 수 있었다.

"수달들아, 고마워."

수달이 긴 수염을 실룩이며 말했다.

"우린 오래전에 죽어 고향의 강물 위에 떠있었는데 아무도 알아봐주지 않았어. 한때는 이 강에 무수히 많은 수달들이 살았는데 사람들은 그 시절을 까마득히 잊었나 봐. 이젠 아무도 이 강에서 놀고 헤엄치던 수달들을 떠올리지 않아."

수달 말고도 길동무들이 계속 늘어났다.

눈이 펑펑 쏟아지는 날 산등성이를 넘어갈 때였다.

누군가 낮은 목소리로 인형을 불렀다.

"날씨가 춥고, 눈이 펑펑 쏟아지는데 수달들을 데리고 어딜 가는 거야?"

인형은 눈 더미에 푹 파묻힐 것 같은 몸을 가까스로 추스르며 소리 나는 쪽을 돌아보았다.

"난 아이들의 친구인 인형이야. 서둘러 가야할 데가 있어. 너희들은 누구니?"

눈빛이 유난히 날카로운 짐승이 목구멍 깊은 곳에서 울려 나오는 낮은 목소리로 말했다.

"우린 늑대야."

늑대 무리 속에서 이빨 부딪치는 소리가 들려왔다. 눈보라가 몰아치는 산등성이에서 늑대들이 황금빛 눈동자를 번뜩이며 희미하게 웃었다.

"우린 사실 살아있는 늑대들이 아니야. 지난날에는 무리를 지어 다니며 숲속을 호령했지. 우리 종족들은 이제 다 죽었어."

이제 보니 늑대들의 몸에서도 수달들처럼 희미한 빛이 났다.

"넌 무슨 일이 있는데 그리 바삐 가는 거야?"

"굉장히 중요한 일이 있어."

인형은 지금까지 있었던 일을 늑대들에게 이야기해주었다.

인형의 길고 긴 이야기가 끝나자 늑대들 가운데 하나가 조용히 말했다.

"넌 키도 작고 몸이 가벼워 강한 바람을 맞으며 걷다가는 산등성이에서 굴러 떨어질 수도 있으니까 조심해야 돼."

"아무리 위험해도 감수해야지. 그 아이와의 약속을 반드시 지키고 싶어."

실제로 눈보라가 몰아치는 날 산등성이에서 굴러 떨어진 적이 여러 번 있었다. 그럴 때마다 수달의 영혼들이 옆에서 부축해주어 다시 산을 오를 수 있었다.

"인형은 몸이 깨지고 부서져도 고통을 느끼지 못해. 여러 가지 위험이 도사리고 있는 길을 가기에 딱 좋지."

인형은 여자 아이의 사진을 가슴에 갈무리하며 생긋 웃었다.

"그래, 이제 네 입장은 충분히 이해했어. 우리가 앞장서서 길을 안내하면 훨씬 안전하고 빠르게 바닷가 마을로 갈 수 있을 거야."

인형이 늑대들에게 감사를 표했다.

"그렇게 해준다면 고맙지."

"우리도 너의 길동무가 되어줄게. 우린 이제 날카로운 이빨도 없고, 눈 덮인 골짜기를 날아갈 듯이 뛰어다니던 발도 없어. 우리가 포효하면 산골짜기가 쩌렁쩌렁 울렸는데 영혼이 된 이후로는 입에서 소리가 터지지 않아. 비록 무력한 신세가 되었지만 네가 먼 길을 가는데 조금이나마 힘이 되어주고 싶어. 적어도 수달들보다는 우리가 더 큰 도움이 될 거야."

그 말을 들은 수달들이 잔뜩 화난 표정으로 늑대들을 쳐다보며 수염을 씰룩거렸다. 늑대들이 그 모습을 보고 재미있다는 듯 일제히 웃음을 터뜨렸다.

"원래는 우리가 대대로 살았던 산인데 인간들이 점령해버렸어. 이제 이 나라에서 우리가 살아갈 수 있는 산은 없어. 인간들이 무자비하게 총으로 쏘고, 덫을 여기저기 놓아 우리 종족의 씨를 말려버렸지. 인간들이 그 여자 아이처럼 착했다면 이런 일이 벌어지지 않았을 거야. 여자 아이의 영혼이 집으로 무사히 돌아갈 수 있도록 돕고 싶어."

늑대가 말을 끝내기 무섭게 인형을 안아들고 날아올라 산을 훌쩍 넘어 평지에 내려주었다.

"늑대들아, 고마워."

인형이 감사 인사를 하자 늑대들이 씁쓸한 미소를 짓고 나서 인형에게 한목소리로 부탁했다.

"우리도 제발 끝까지 같이 갈 수 있게 해줘. 우리는 윤기 흐르는 털, 날카롭게 번뜩이는 눈, 뭐든 잘게 씹을 수 있던 이빨을 모두 잃었어. 이제는 영혼밖에 남지 않았지만 우리는 체질상 한가하게 노닥거리며 살아가는 종족이 아니야. 비록 영혼뿐이지만 우리에게는 산골짜기를 호령하던 사냥꾼 기질이 있어."

늑대들이 사람의 귀에는 들리지 않는 소리로 포효했다. 늑대울음 소리가 굽이굽이 펼쳐진 산골짜기로 퍼져나갔다.

인형은 수달들과 늑대들의 호위를 받으며 계속 걸었다. 바다가 눈앞을 가로막자 수달들이 다리를 놓아주어 힘들이지 않고 배에 오를 수 있었다.

아무도 몰래 배에 오른 인형은 바닷물을 가르는 엔진소리를 들으며 바다를 응시했다. 오래 전 이 나라에 오기 위해 바다를 건널 당시의 기억이 어렴풋이 떠올랐다. 그때는 말도 하지 못하고, 감정도 없고, 마음대로 움직이지도 못하는 형편이었지만 바다를 건너 만나게 될 아이들에 대한 기대로 가슴이 부풀었다.

인형은 팔을 들어 갑판 위로 펼쳐진 먼 하늘을 가리켰다.

"저 멀리 바다 건너에 내가 태어난 나라가 있어. 이제는 떠나올 때의 기억조차 희미해졌을 만큼 많은 시간이 흘렀지. 세상을 자유롭게 여행하다가 내가 태어난 곳으로 돌아가 생을 마치고 싶어."

바다 냄새를 머금은 밤바람이 인형의 몸을 감쌌다. 인형은 아무런 구속도 받지 않고 세계 여러 나라를 여행하는 모습을 상상하는 것만으로도 기분이 좋았다.

"내가 자유롭게 여행하며 살 수 있는 날이 올까?"

긴 여행을 하다 보니 몸이 성한 구석이 없을 만큼 상처투성이였다. 심지어 손가락도 여러 개 떨어져나가 달랑 몇 개밖에 남아 있지 않았다. 어쩌면 자유롭게 여행할 기회가 주어지지 않을 수도 있다는 생각이 들었지만 후회는 없었다. 여자 아이와의 약속을 지킬 수 있다면 당장 죽는다고 해도 여한이 없었다. 짧은 보폭으로 한 걸음씩 내딛어 먼 길을 걸어오느라 힘겨운 날들이었지만 나름 즐거웠던 기억도 많았다.

초등학교 현관에 놓인 유리 상자 안에서 지낼 때 가끔 찾아와 말을 걸어주던 아이들이 떠올랐다. 여자 아이도 그런 아이들 가운데 하나였다. 그 당시 바닷가 마을에서 전학 와 친구가 없었던 여자 아이는 틈만 나면 인형을 찾아와 많은 이야기를 들려주었다.

어디선가 문득 여자 아이의 목소리가 들려왔다.

"너랑 함께해서 즐겁고 행복했어."

주위를 둘러보았지만 파도 소리만이 요란했다. 인형은 가슴에 품고 있던 사진을 꺼내 가만히 들여다보았다. 희미한 달빛이 내려앉은 사진 속에서 여자 아이가 환한 미소를 짓고 있었다.

* * *

다시 긴 시간이 흘렀다. 2019년 10월 31일, 핼러윈 데이를 맞아 바닷가 마을에도 축제 분위기가 한창 무르익어가고 있었다. 거리 여기저기에서 독특한 모습으로 변장한 아이들이 호박 초롱을 들고 다니는 모습을 자주 대할 수 있었다. 유령, 괴물, 마녀, 요정 따위로 변장한 아이들 여러 명이 거리에서 신나게 걸어 다니는 모습을 보자 으스스한 느낌이 들었다.

나나세는 변장한 아이들을 보며 혼잣말을 했다.

"핼러윈 데이와 오본 명절은 죽은 영혼들이 되살아오는 날이라는 점에서 비슷해."

바다 건너 외국에서 건너온 핼러윈 데이는 요즘 일본에서도 많은 사람들이 즐기는 행사로 자리잡았다. 핼러윈 데이가 급속도로 전파된 이면에는 마케팅을 노린 얄팍한 상흔이 개입되어 있기도 하지만 영혼 불멸을 믿는 이 나라 사람들의 종교관도 크게 한 몫 했을 것이다.

나나세는 13층 베란다에서 어두운 골목을 환하게 밝히고 있는 등불을 내려다보았다. 한기를 품은 바람이 불어와 긴팔 옷을 입었음에도 몸이 으슬으슬 떨려왔다.

검은 고양이가 난간 위를 걸어와 나나세의 팔에 찰싹 달라붙으며 긴 꼬리를 흔들었다.

핼러윈 데이는 죽은 자들의 축제였다. 인간의 삶은 짧고, 언제나 죽음이 가까이에 도사리고 있다. 눈에 보이지는 않아도 죽음은 항상 지척에 있다. 인간의 삶은 웃고 울고 화내고 싸우고 사랑하다보면 일장춘몽인 양 덧없이 흘러가버린다. 인간들은 매미의 짧은 생을 가엾다고 하지만 마녀의 눈으로 보자면 인간의 삶도 가엾을 정도로 짧긴 마찬가지다.

나나세의 눈길이 문득 한곳에 집중되었다. 미카즈키 거리를 감싸고 있는 어둠 속에서 뭔가 이상한 기척을 느꼈다. 마을 가까이 있는 숲에서 분명 신비한 느낌이 도는 파란 빛이 반짝이다가 사라지는 걸 보았다. 그렇다고 파란 빛에서 사악한 기운이 느껴진 건 아니었지만 왠지 머리가 쭈뼛했다.

'파란 빛의 정체가 뭐지? 핼러윈 데이를 맞아 아이들이 숲속에서 장난을 친 건가?'

나나세가 오른손 손바닥을 펼치자 별 가루처럼 반짝이는 빛과 함께 마법의 빗자루가 나타났다. 나나세는 빗자루에 사뿐히 올라타고 밤하늘로 날아올랐다. 차양이 넓은 검은색 고깔모자도 하늘에서 불러와 빨간 머리에 눌러썼다. 검은 고양이도 익숙한 몸짓으로 빗자루로 뛰어올랐다.

검은 고양이가 등 뒤에서 말했다.

"지금 입고 있는 검은색 원피스는 핼러윈 데이 복장이지?"

"아니, 그냥 아무 생각 없이 입었어."

나나세가 무심코 대답했다.

"검은색 고깔모자는?"

"별 생각 없이 쓴 거야."

마법의 빗자루가 마을 변두리의 숲으로 들어가는 길목에 나나세와 검은 고양이를 내려주었다. 나나세가 숲속을 주시하고 있는 가운데 자그마한 인형이 아장아장 걸어 나오는 모습이 눈에 띄었다. 어디를 헤매고 다녔는지 온몸이 흙투성이인데다 드레스가 너덜너덜해진 인형이었다. 손가락도 일부 떨어져나갔고, 부츠도 찢어진데다 발도 문드러져 똑바로 걷기 힘든 상태였다. 인형은 나뭇가지를 지팡이 삼아 나나세 쪽으로 다가왔다. 무엇보다 신기한 건 그토록 지쳐 보이는데 인형의 얼굴에 환한 미소가 드리워져 있다는 것이었다. 인형을 지키는 호위병들인 듯 여러 갈래의 빛이 주변에서 천천히 맴을 돌고 있었다.

나나세의 눈에는 수달들과 늑대들의 영혼이 보였다. 오래 전에는 산과 들, 강과 바다를 자유롭게 누비고 다녔던 종족들이었다. 수달이나 늑대는 점점 개체수가 줄어들더니 요즘은 아예 자취를 감춰버렸다.

나나세가 수달들과 늑대들을 바라보며 상냥하게 물었다.

"너희들은 인형의 친구들이니?"

나나세의 질문을 받은 수달들과 늑대들이 깊은 어둠에 물든 가을 들판을 등지고 몸을 웅크렸다. 나름 마녀에 대해 예의를 표하고자 취한 행동이었다. 죽어서 영혼만 남은 짐승들이지만 살았을 당시의 예절을 지키려고 애쓰는 모습이 대견했다. 녀석들은 이제 영혼이라서 매끈한 털가죽, 날카롭고 위협적인 눈동자는 존재하지 않았다.

인형이 갑자기 걸음을 멈추고 그 자리에 쓰러졌다. 나나세는 조심스럽게 인형에게로 다가갔다. 풀밭 위에 쓰러진 인형은 마치 죽은 듯 꼼짝도 하지 않았다. 금발의 곱슬머리는 언제 감았는지 알 수 없을 정도로 지저분했다. 낙엽과 진흙이 잔뜩 달라붙어 있는 머리카락에서 심한 악취가 났다. 검은 고양이가 코를 움켜쥐며 재채기를 했다.

더럽고 상처가 많아 지저분해보였지만 원래는 정교하게 잘 만든 인형이 분명했다. 몸에 걸치고 있는 드레스와 발에 신고 있는 부츠도 더러워지긴 했지만 예사로운 제품이 아니었다. 자세히 보니 예쁘고 귀티 나는 인형이 분명했다.

나나세가 인형 옆에 쪼그려 앉으며 말했다.

"난 인간이 아닌 마녀라서 걸어 다니는 인형을 보아도 전혀 놀라지 않아. 게다가 오늘밤은 핼러윈 데이야. 오늘 같은 날 걸어 다니는 인형을 본다고 해서 그리 놀랄 일은 아니지."

인형이 애교스러운 표정으로 나나세를 올려다보며 말했다.

"정말?"

방금 전까지 죽은 듯이 누워있던 인형의 표정이 언제 그랬냐는 듯 해맑았다.

인형이 나나세에게 지금껏 겪은 일을 이야기해주었다. 인형은 이야기 끝에 여자 아이의 가족사진을 보여주었다. 사진이 어찌나 심하게 변질됐는지 사람들의 얼굴을 제대로 알아볼 수 없었다.

나나세는 사진을 눈 가까이 가져와 자세히 들여다보고 나서야 행복한 가족들의 얼굴을 확인했다.

인형이 바닷가 마을을 바라보며 감격에 겨운 표정을 지었다.

"여기가 바로 내가 그토록 찾아 헤맨 바닷가 마을이구나. 아아! 드디어 도착했어."

인형이 힘겹게 몸을 일으켜 세우더니 나뭇가지 지팡이를 짚고 바닷가 마을을 향해 걷기 시작했다.

"여자 아이의 집이 이 마을 서쪽에 있다고 했어. 어서 집을 찾아내 여자 아이의 영혼이 돌아올 수 있도록 해주어야 해. 가족들이 여자 아이가 돌아오길 눈이 빠지도록 기다리고 있을 거야."

인형이 지팡이를 짚고 한 발짝씩 걸음을 떼어놓을 때마다 너덜너덜해진 몸이 균형을 잃고 흔들렸다. 인형을 뒤따르는 수달들과 늑대들의 영혼도 안타까운 표정을 감추지 못했다. 이제 그들이 인형을 도울 방법은 없었다. 그들은 마치 장례 행렬을 따라가듯 인형의 뒤에서 무거운 발걸음을 옮겨놓고 있었다.

나나세는 가만히 인형을 막아서며 걸음을 멈추게 했다.

인형이 긴 이야기를 들려주는 동안 나나세의 머릿속에서 죽은 여자 아이의 얼굴이 나타났다. 하얀 블라우스 차림에 수줍어하는 미소를 짓고 있는 아이였다. 아늑한 방에서 서로 어깨를 기대고 활짝 웃고 있는 가족들의 모습도 머릿속에 그려졌다. 그 아이의 가족들이 살고 있는 집이 바닷가 마을 어디쯤인지도 알 수 있었다.

그 해 8월, 전쟁이 끝나기 불과 며칠 전에 바닷가 서쪽 마을은 공습을 받아 화염에 휩싸였고, 여자 아이의 집도 예외 없이 화마를 피하지 못했다. 여자 아이의 엄마와 언니는 결국 탈출하지 못하고 목숨을 잃었다.

'여자 아이의 영혼을 맞아줄 가족도, 돌아갈 집도 이미 오래 전에 사라져버렸어.'

나나세는 이 끔찍한 상황을 알기에 인형을 막아섰던 것이다.

인형이 아랑곳하지 않고 눈 아래에 펼쳐진 마을로 발을 내디디려 하다가 지팡이를 헛짚었다. 인형이 몸을 비척이다가 풀이 무성하게 자란 길바닥에 무너져 내리듯 쓰러졌다. 인형은 끝내 다시 일어서지 못했다. 잠시 후 쓰러진 인형의 몸이 온데간데없이 사라진 자리에 자그마한 흙덩이만 덩그러니 남아있었다.

인형은 목적지를 불과 얼마 남겨두지 않은 기나긴 여정의 끝에서 기력이 다해 흙덩이가 되어버렸고, 그 옆에 구깃구깃한 사진 한 장만이 나뒹굴고 있었다.

수달들이 앞다리를 모아 배례했고, 늑대들도 사람의 귀에는 들리지 않는 소리로 인형을 애도하는 노래를 불렀다.

나나세는 멀리 퍼져나가는 늑대들의 노랫소리를 들으며 한참 동안 어둠 속에 서있었다.

깊은 한숨을 쉰 나나세가 주문을 외웠다. 멀리 떠난 영혼들을 불러 모으는 주문이었다. 나나세가 주문을 외우는 소리가 바람을 타고 바다 너머까지 울려 퍼졌다. 주문이 끝나고 나서 사람의 눈에는 보이지 않는 두 개의 작은 별과 더 작은 별 하나가 하늘에서 반짝이며 맴을 돌았다.

세 개의 별들이 한참을 맴돌다가 나나세가 있는 언덕 위로 날아왔다. 마치 반딧불처럼 작은 별들이 춤을 추듯 흙덩이와 가족 사진 위에서 맴을 돌며 반짝이는 빛을 발했다.

나나세가 미소를 지으며 말했다.

"비로소 가족들이 한 자리에 모이게 되었어. 여자 아이가 간절하게 엄마와 언니를 만나보고 싶어 했듯이 가족들 역시 눈이 빠지도록 아이를 기다리고 있었지. 지상의 집은 사라졌지만 영혼이 된 엄마와 언니는 아이가 돌아오길 간절하게 기다리고 있다가 내가 주문을 외워 부르자 즉시 내려온 거야."

나나세가 마법을 실현한 양손을 펼쳐 보이며 환하게 웃었다.

엄마와 딸이 어서 아이를 만나길 고대하며 언덕 위에 서있었다. 물론 그들이 살아 돌아온 건 아니었지만 분명 이 마을에서 아이를 만나길 고대하고 있었다.

여자 아이의 엄마와 언니가 나나세를 향해 사람의 귀에는 들리지 않는 목소리로 감사인사를 한 다음 흙덩이를 주섬주섬 어루만지자 인형의 몸이 다시 원래대로 돌아왔다. 엄마와 언니가 인형의 손을 잡아 조심스럽게 일으켜 세웠다. 단정하고 예쁜 모습으로 돌아온 인형이 여자 아이의 가족들을 향해 반갑게 인사했다.

가장 큰 기적은 그 후에 일어났다.

하얀 블라우스를 입은 여자 아이가 거기에 서있었다. 꿈에 그리던 바닷가 마을로 돌아온 아이의 눈앞에 그리운 가족들이 있었다. 가족들을 발견한 여자 아이의 커다란 눈에 눈물이 그렁그렁 맺혔다. 엄마와 언니 곁으로 다가가던 여자 아이는 그 옆에 서있는 작은 인형을 발견하고 감격한 표정을 지었다.

인형이 자랑스럽다는 듯 얼굴 가득 미소를 지으며 작은 손을 흔들어주었다.

여자 아이는 몸을 굽혀 인형을 끌어안았다. 영혼뿐인 여자 아이의 팔이 바람처럼 인형을 감쌌을 뿐이지만 둘 사이에 따스한 온기가 전해졌다.

나나세는 인형을 품에 안고 가족들을 향해 다가가는 여자 아이의 뒷모습을 바라보며 눈물을 글썽였다.

여자 아이와 가족들의 영혼은 다시 별이 되어 초승달이 떠있는 하늘로 날아올라갔다.

인형이 여자 아이와 가족들이 별이 되어 하늘로 날아 올라가는 모습을 지켜보며 혼잣말을 했다.

"이제부터 가족들이 영원히 떨어지지 않고 함께 지내게 될 거야. 하늘나라에 가면 전쟁터에 나가 숨을 거둔 여자 아이의 아빠도 있겠지. 가족들이 한 자리에 모이길 소망했던 여자 아이의 바람이 이루어져 다행이야."

인형은 여자 아이의 행복을 축원해주었다. 먼 길이었지만 여자 아이의 영혼을 바닷가 마을로 데려오길 잘했다는 생각이 들었다.

'길동무가 되어준 수달들과 늑대들도 나와 같은 심정일 거야.'

수달들과 늑대들은 따뜻한 눈빛으로 별빛 가득한 하늘을 올려 다보고 있었다.

인형이 말했다.

"수달들아, 늑대들아 너희들을 만나서 즐거웠어."

나나세가 주문을 외워 마법의 빗자루를 불러냈다. 빗자루에 올라탄 나나세가 수달들과 늑대들을 보며 물었다.

"너희들은 이제부터 어쩔 셈이야? 가고 싶은 곳이 어딘지 말해봐. 내가 데려다줄 테니까."

검은 고양이가 참지 못하고 끼어들었다.

"오늘밤에 좋은 일을 많이 하네. 넌 역시 착한 마녀야."

"핼러윈 데이니까 특별 서비스를 해야지."

수달들이 즐거운 표정으로 말했다.

"여행이 끝났으니 우린 다시 고향의 강으로 돌아가야죠. 많이 더러워지긴 했지만 그곳이 우리의 안식처니까."

수달들이 몸에서 희미한 빛을 내며 고향으로 출발했다.

늑대들이 뒤이어 말했다.

"우린 산으로 돌아가려고요. 조상 대대로 살아온 곳이니까요."

늑대들의 영혼도 눈앞에서 사라졌다. 영혼이 사라진 뒤에도 나나세의 귀에 제법 오랫동안 늑대가 포효하는 소리가 들려왔다.

"귀여운 인형, 넌 어디로 갈 거야?"

나나세가 묻자 인형이 조금도 망설이지 않고 즉시 대답했다.

"저도 고향으로 돌아가려고요. 머나먼 오지마을로요."

인형은 마음속으로 생각했다.

'그 학교가 아직 그대로 남아있을까? 현관에 내가 들어가 살던 유리 상자가 그대로 놓여있을까? 내가 돌아가면 반갑게 맞아줄 아이들이 있을까?'

인형은 오지마을로 돌아가기 전에 여행을 떠나고 싶었다. 먼 길을 걸어오는 동안 꿈꾸었던 일이었다.

'바닷가 마을까지 걸어오는 동안 너무 힘들었기 때문인지 당분간 유리 상자 속에 들어가 푹 쉬었으면 좋겠어.'

나나세가 이미 인형의 마음을 다 읽은 듯 부드럽게 웃었다.

"내가 오지마을까지 데려다줄게."

나나세는 인형을 품에 안은 채 빗자루를 타고 하늘로 날아올랐다. 나나세의 길고 빨간 머리카락이 바람에 흩날렸다.

마법의 빗자루를 타고 하늘로 날아오른 인형은 평생 처음 대하는 놀라운 풍경에 감탄을 금치 못했다. 인형은 한껏 눈을 크게 뜨고 작은 불빛들이 반짝이는 도시를 내려다보다가 머리 위로 눈을 돌려 찬란하게 펼쳐지는 우주 쇼를 넋을 잃고 감상했다.

"이제 오지마을에 데려다줄게."

인형은 기나긴 여정의 피로감이 한꺼번에 밀어닥쳐 잠시 조는 가운데 밤하늘로 낭랑하게 울려 퍼지는 나나세의 자장가 소리를 들었다.

"인정 많은 수달들도, 의협심 강한 늑대들도, 착하고 귀여운 인형도 잠시 쉬어요. 눈을 붙여 피로를 풀고 나서 찬란한 아침 햇살을 받으며 다시 눈을 떠요. 어서 달콤한 잠에 빠져들어요. 마녀들이 당신의 꿈을 지켜줄게요."

인형은 나나세의 따스한 품에 안겨 편안한 잠의 세계로 빠져들었다.

"마녀님, 정말이지 너무나 감사했어요."

인형은 나나세에게 감사 인사를 했지만 목소리가 작아 제대로 전달되었는지 알 수 없었다. 인형의 목소리는 잔잔하게 부는 바람결에도 쉽게 흩어져버리니까. 인형은 나나세의 팔에 살며시 힘이 들어간 걸 느끼고 나서야 안도했다. 마법의 빗자루가 유성처럼 하늘을 날고 있었다.

십자가 목걸이

12월 24일, 크리스마스이브를 맞아 화려한 조명과 크리스마스 장식품들이 항구 도시의 어둠을 사르고 불야성을 만들어내고 있었다. 거리의 가게들과 주택가의 정원에도 하늘의 별들이 내려와 앉은 듯 반짝이는 빛을 사방에 흩뿌리고 있었다. 유달리 추운 날씨에 하늘에는 먹구름이 가득해 금방이라도 눈이 펑펑 쏟아질 것 같았다.

대형 유통센터나 큰 건물들은 저마다 한층 화려한 장식물로 이목을 집중시키며 지나가던 사람들의 발걸음을 멈춰 세웠다. 노변의 가로수에도 반짝이는 장식품을 설치해 빛의 물결을 이루었다.

나나세는 검은 고양이와 함께 가로수가 늘어선 길을 걸어갔다. 날씨가 어찌나 추운지 숨을 쉴 때마다 입에서 하얀 입김이 쏟아져 나왔다. 나나세는 잠시 걸음을 멈추고, 가게의 진열창을 힐끗 쳐다보았다. 하얀 코트 차림에 하얀 베레모를 쓰고, 하얀 부츠를 신은 자신의 모습이 진열창에 나타났다. 하얀 색으로 통일한 패션과 베레모 아래로 내려온 빨간 머리가 환상적인 조화를 이루어 자신이 보기에도 귀엽고 발랄해보여 마음이 흡족했다.

사토 씨의 작은 도서관에서 대여해 읽은 책을 반납하고 돌아오는 길이었다. 책을 반납하러 갈 때마다 새로운 책을 빌려와 읽는 게 습관처럼 되었다.

핼러윈 데이가 끝나자마자 상인들은 크리스마스 장식물로 가게를 치장하기 시작했다. 니콜라는 11월이 붕 떠버린 것 같다며 아쉬워했지만 나나세는 화려한 장식물로 꾸며진 거리의 들뜬 분위기가 그다지 싫지 않았다.

'크리스마스가 되면 사람들이 즐겁고 행복해보여.'

불야성을 이룬 거리로 쏟아져 나온 사람들이 즐거운 대화를 나누는 소리와 어디선가 울려퍼지는 캐럴송이 한데 어우러져 크리스마스 분위기를 한껏 고조시키고 있었다.

'거리가 온통 떠들썩한 분위기라 외롭지 않아서 좋아.'

마녀들은 외로운 존재들이었다. 사람들이 친구들과 한자리에 모여 앉아 파티를 즐길 때 마녀들은 홀로 고독을 씹어야 한다.

나나세의 눈에 다정하게 손을 잡고 거리를 걷는 가족들의 모습이 보였다. 아이들은 반짝이는 장식품을 매달아놓은 가로수를 신기한 듯 바라보며 감탄사를 연발했다.

"우와! 가로수가 정말 예뻐!"

나나세의 귀에 가로수들끼리 이야기를 나누는 소리가 들려왔다.

"아이들이 좋아하니까 기분이 좋긴 한데 밤새도록 반짝이는 액세서리를 두르고 있자니 낯 간지러운 느낌이 들어."

나무들도 칭찬을 받으면 기뻐한다. 사람들이 냉정하게 그냥 지나치는 것보다는 잠시 멈춰 서서 바라봐주는 걸 좋아하고, 그늘에서 쉬며 이야기를 나누면 심심하지 않아서 더욱 좋아한다. 크리스마스 같은 대형 축제도 좋아한다. 사람들의 기분이 좋으면 나무도 기뻐한다. 나무와 화초들은 주인의 감정 상태와 기분에 민감하게 영향을 받는다.

나나세는 거리를 오가는 사람들의 즐거운 표정과 가로수들이 행복해하는 모습을 보는 것만으로도 덩달아 기분이 좋았다. 역 앞 공원에 있는 전나무도 오늘 따라 무척이나 즐거워보였다. 매년 크리스마스만 되면 전나무에 화려한 장식품들이 주렁주렁 매달린다. 그 중에서도 우듬지에 달아놓은 큰 별이 사람들의 시선을 집중시킨다.

니콜라의 말에 따르면 항구 도시에서 수령이 가장 오래된 나무라고 했다. 크리스마스에 공원을 찾은 사람들은 누구나 이 도시의 대표적인 크리스마스트리인 전나무 주변에 모여들어 기념사진을 찍는다. 전나무를 자세히 보면 마치 커다란 체구의 노인이 긴 팔을 뻗어 거리를 품어 안고 있는 것처럼 보인다.

나나세는 산타클로스가 연상되는 전나무를 바라보며 천천히 걸었다. 나이가 지긋한 전나무가 크리스마스를 맞아 공원을 찾은 사람들이 즐거운 시간을 보내는 모습을 지켜보며 행복을 빌어주는 모습이 보기 좋았다.

'사람들은 나무의 깊은 마음을 알기 힘들지.'

나무들은 사람들을 사랑해 언제나 건강과 행복을 기원하며 몸에 좋은 산소와 피톤치드를 내뿜어준다. 이 세상에는 사람들을 사랑해 상시적으로 도움을 베푸는 나무들이 많다. 사람들은 도움을 주는 존재들을 둘러볼 여유도 없이 바쁘게 살아간다. 도움을 주는 존재들에 대한 고마움을 아예 모르거나 알아도 너무 쉽게 망각해버린다.

'사람들이 도움을 받고도 쉽게 잊어버리기 때문에 마녀들이 대신 기억하는지도 몰라.'

마녀들은 사람들이 잠든 밤에도 눈을 반짝이며 마을을 지킨다. 마녀는 폭풍처럼 빠르게 날 수도 있고, 맹수처럼 날래게 달릴 수도 있다. 아무도 알아주지 않지만 마녀들은 인간들의 밤을 지키기 위해 최선을 다한다.

나나세는 밤의 서늘한 공기 속에서 별처럼 반짝이는 크리스마스 장식품과 즐거워하는 사람들을 바라보다가 문득 눈시울이 뜨거워졌다. 이제는 돌아갈 수 없는 고향과 지켜주지 못한 사람들의 얼굴이 떠올랐기 때문이다.

어디선가 바람을 타고 캐럴송을 부르는 소리가 들려왔다. 나나세는 아기 예수의 탄생을 축복하는 노래에 귀를 기울였다. 과거한때 지금처럼 신을 찬양하는 노래를 자유롭게 부를 수 없던 시절이 있었다. 신을 자유롭게 믿을 수 있는 시대가 오길 갈망했던 사람들은 목숨을 걸고 권력자와 싸웠다. 그들은 크리스마스파티를 자유롭게 즐기고, 찬송가를 맘껏 부르고, 아기 천사 인형을 집에 둘 수 있는 시대를 꿈꾸었다. 신앙의 자유를 얻어내기 위해 목숨을 걸었던 사람들이 이 나라에 있었다는 걸 기억하는 사람들은 그리 많지 않다.

나나세는 코트 주머니에서 낡은 천 주머니를 꺼냈다. 그 주머니에는 과거에 사용하던 금화, 열쇠, 크리스털 조각, 양피지 조각 그리고 작은 조개껍질로 세공한 십자가 목걸이가 들어있었다. 조개껍질에 다양한 조각품을 박아 넣고, 모자이크처럼 십자가를 그려 넣은 목걸이였다. 장인의 솜씨로 만든 목걸이가 아니라서 거칠고 투박해보였고, 오래 전에 만들어 색이 바래있었다.

십자가 목걸이가 크리스마스이브의 화려한 불빛을 받아 은은하게 빛났다. 나나세가 아주 오래 전에 누군가로부터 받은 소중한 선물이었다.

당시 이 나라에서 권력을 손에 쥐고 있던 사람들은 모든 기독교 활동을 금지시켰다. 신앙을 포기하지 않고 끝까지 버틴 사람들은 무자비하게 형장으로 끌려가 참수를 당했다. 권력자들이 아무런 제재도 받지 않고 잔인한 폭력을 제멋대로 휘두르던 시대였다.

목숨을 건지기 위해 신앙을 버린 척하며 은밀히 숨어서 종교 활동을 이어나간 사람들도 있었다. 신앙을 지키기 위해 깎아지른 절벽으로 이루어진 외딴섬에서 공동체를 이루고 살았던 사람들도 있었다. 그들은 은밀히 포교 활동을 펼치던 신부님과 종자가 목숨을 잃을 수도 있는 위기에 처하자 외딴섬의 공동체로 피신시켜주기도 했다. 그들은 신부님을 섬으로 데려가기 위해 목숨을 걸어야 했다.

섬사람들은 얼마 안 되는 땅에 말린 해초로 비료를 만들어 쌀과 조를 재배하고, 빗물을 모아 식수로 쓰고, 물고기나 조개를 잡아 주린 배를 채워가면서 험난한 섬 생활을 이어갔다. 겨울에는 바다에서 잡은 고기를 말려두었다가 먹거나 바닷새의 알을 주워 먹으며 겨우 식량을 해결했다.

폭풍우가 섬을 덮친 날에는 허술하게 지어놓은 오두막들이 날아가 큰 고초를 겪었다. 섬사람들은 어려운 일이 밀어닥칠 때마다 신부님을 중심으로 손을 잡고 기도하며 힘겨운 날들을 참고 견뎌냈다.

신부님은 일요일이 되면 섬사람들과 미사를 올렸다.

"지금 우리가 겪고 있는 고난의 역사는 언젠가 반드시 종언을 고하게 될 겁니다. 형제자매 여러분 기도합시다. 하느님이 우리를 지켜보고 계십니다. 고난을 참고 견디면 머지않아 하느님의 영광을 찬양할 수 있고, 찬송가를 맘껏 부를 수 있고, 큰소리로 성서를 낭송할 수 있는 날이 반드시 찾아올 겁니다."

섬에는 먹을거리가 부족하고, 식수도 모자라고, 병을 앓아도 치료할 약이 없어 목숨을 잃는 사람들이 적지 않았다. 섬에는 죽은 사람을 매장하기에 적당한 장소가 없어 아이들의 시신은 한 자리에 모아 묻었고, 어른들의 시신은 천국에서 다시 만날 날을 기약하며 벼랑으로 올라가 바다를 향해 던질 수밖에 없었다. 그 이후, 겨울만 되면 섬 여기저기에서 빨간 동백꽃이 피어났다.

어느 겨울 날, 버드나무로 엮은 바구니가 파도에 밀려와 섬에 닿았다. 바구니 안에는 편안하게 잠들어있는 갓난아기가 들어있었다. 하늘에서 함박눈이 펑펑 쏟아지던 날이었다. 몸이 얼어붙을 것처럼 추운 날씨였지만 갓난아기는 마치 바구니가 따스한 엄마 품인 양 얌전히 잠들어있었다. 돌고래들과 바닷새들이 갓난아기를 지켜주기 위해 바구니 주변을 떠나지 않았다. 섬사람들은 돌고래가 주둥이로 바구니를 밀어주고, 바닷새들이 상공을 날며 길 안내를 해준 끝에 섬에 무사히 도착했다는 걸 알 수 있었다.

"평범한 아이가 아니야. 하느님께서 이 아이를 우리에게 보내주신 거야."

섬사람들은 아이를 정성껏 키웠다. 비슷한 시기에 아이를 출산한 산모의 젖을 얻어먹고, 산모의 따스한 품에서 잠을 잘 수 있게 배려해주었다. 아이는 섬사람들의 세심한 보살핌을 받으며 건강하게 자라났다.

다만 아이의 발육이 너무 늦어 걱정이었다. 비슷한 시기에 출생한 다른 아이들은 다들 걷기 시작했는데 그 아이만 유독 기어다니지도 못하고 하루 종일 누워서 지냈다. 다른 아이들은 어른들의 일을 거들 수 있을 만큼 자랐는데 그 아이는 겨우 방바닥을 기어 다니고 있었다.

무엇보다 신기한 건 아이가 체구도 작고 걷지도 못했지만 섬사람들의 이름을 다 외우고 있고, 배운 적도 없는 글을 소리 내어 읽는다는 것이었다. 하늘을 보고 날씨를 예측했고, 바다를 살피다가 어른들에게 어디에 물고기가 많은지 알려주기도 했다.

섬사람들은 너무나 신기한 일이라 몹시 놀라워하는 한편 못내 두려운 생각이 들기도 했지만 하늘이 내려준 아이라고 믿으며 사랑하고 아껴주었다.

섬사람들 가운데 나이가 가장 많은 노인이 만면에 미소를 지으며 말했다.

"하느님이 아이를 우리에게 보내주신 게 틀림없습니다. 이 아이가 배운 적이 없는 글을 읽고, 바다의 어디쯤에 물고기가 많은지 알려주고, 날씨를 미리 예측한다는 건 기적 같은 일입니다. 하느님이 기적을 통해 우리에게 뜻을 전한 겁니다. 우리는 하느님의 뜻을 받들어 아이를 잘 키워야 합니다."

섬사람들은 아이에게 성서, 수학, 천문, 역사를 가르쳐주었다. 선교사 시절에 세계 여러 나라를 돌아다닌 경험이 있는 신부님은 풍부한 지식이 있어 아이를 가르치는 일일교사가 되어주었다. 어른들도 틈날 때마다 아이에게 그물을 다루는 요령이나 짚신을 만드는 방법을 가르쳐주었다.

신부님이 미사를 집전하며 말했다.

"인간의 죄는 예수님이 십자가에 못 박혔을 때 모두 구원받았습니다. 인간은 하느님께 사랑 받고, 행복해지기 위해 태어난 존재입니다. 지금은 우리가 이 섬에서 궁핍하고 고단한 시간을 보내고 있지만 머지않아 하느님의 보살핌 속에서 복된 삶을 누릴 수 있는 날이 찾아오리라 믿습니다. 그때가 되면 우리는 영원한 기쁨과 축복 속에서 행복하게 살아가게 될 것입니다."

버드나무 바구니에 실려온 아이는 단 한 번도 섬을 벗어나본 적이 없었다. 섬에서 살아온 게 전부라 다른 삶을 전혀 알지 못했기에 궁금하고 힘든 것에 대해 아쉬움이 없었다. 먹을거리가 모자라면 어른들은 먹지 않고 아이들에게 나눠주었다. 아이는 착한 어른들이 무슨 이유로 외딴섬에 숨어 살면서 고생을 하는지 알 수가 없었다.

'하느님은 왜 착한 어른들이 섬에서 고생하며 살도록 내버려둘까? 그들이 신앙의 자유를 지키기 위해 고통을 감수하고 있다는 걸 모르지 않을 텐데……. 하느님이 정말 있긴 하나? 눈에 보이지는 않지만 분명 어딘가에 존재하고 있을까?'

아이는 종종 마음속으로 그런 생각을 했다.

섬사람들은 어느 누구도 하느님의 존재를 의심하지 않았다. 언젠가 신앙의 자유를 찾게 되면 이 섬을 나가게 될 테고, 그때부터는 줄곧 행복한 미래가 열릴 거라고 믿어 의심치 않았다.

아이는 섬사람들의 말을 믿을 수 없었고, 왜 유독 자기 혼자만이 하느님에 대한 의문을 품고 있는지 이해할 수 없었다.

'내 부모는 어디에 있을까? 왜 혼자 바다에 떠서 이 섬에까지 오게 되었을까? 내 부모가 어딘가에 생존해있을까? 나를 낳아준 부모는 어떤 분들일까? 내 부모도 나처럼 나이를 먹는 속도가 느리고, 하느님의 존재에 대해 자꾸 의문을 품는 분들일까? 하느님이 존재한다면 왜 나를 다른 사람들과 다르게 만들었을까? 다른 사람들과 똑같았다면 이렇게 외롭지는 않았을 텐데…….'

아이의 생각들이 표정에 나타났는지 섬에서 가장 친하게 지내는 소녀가 어깨를 감싸 안아주며 차분히 말했다.

"혼자라고 생각하지 마. 너를 소중하게 여기는 내가 있잖아. 넌 내 동생이야. 좋은 시절이 찾아오면 섬을 떠나서 같이 살자."

아이는 섬을 떠날 수 있는 날을 상상하며 소녀와 즐겁게 이야기를 나누었다. 하느님을 믿을 수 있는 자유가 보장되는 나라가 되면 섬사람들 대부분이 육지로 되돌아갈 마음을 품고 있었다. 섬 아이들은 물고기와 조개, 해초, 바닷새 알, 밀과 조 말고는 다른 음식을 먹어본 적이 없기에 맛있는 음식이 뭔지도 몰랐다. 다만 육지에 가면 다양한 먹을거리가 있고, 어른들이 아이들에게 음식을 양보하느라 배를 곯지 않아도 된다는 말을 듣고 어서 섬을 떠날 수 있는 날이 오기를 소망했다.

섬 아이들은 옷이 해지면 깁거나 꿰매 입었는데 육지에 가면 촉감이 부드러운 천으로 만든 새 옷을 사 입게 될 거란 말도 들었다. 바닷새의 가슴 털처럼 부드럽고 따스한 천으로 만든 옷을 입으면 활동하기 편할 거라는 말을 들었지만 경험해본 적이 없어 어떤 느낌인지 가늠할 수 없었다. 육지에 가면 매주 일요일마다 신부님이 집전하는 미사를 올리며 찬송가를 부를 수 있고, 나뭇가지로 얼기설기 엮은 오두막이 아니라 대리석과 벽돌, 유리를 조합해

지은 성당에서 하느님을 찬양하게 될 거란 말을 듣고 더욱 가슴이 부풀었다. 섬사람들은 아기 예수가 태어난 크리스마스에는 모두 한자리에 모여 즐거운 파티를 열고, 캐럴송을 부를 수 있는 곳으로 돌아갈 수 있기를 간절히 소망했다.

아이 또한 그날이 오길 손꼽아 기다렸다. 한시바삐 그런 날이 되어 소녀를 비롯한 섬사람들이 기뻐하는 모습을 보고 싶었다. 하느님을 믿지 않았지만 그런 날을 앞당길 수 있다면 진심을 다해 기도하리라 다짐했다.

친하게 지내는 소녀의 여동생이 갓난아기 때 죽었다. 섬에는 먹을거리가 부족하고, 병에 걸려도 치료할 약이 없었다. 권력자들의 눈을 피해 몰래 숨어 살고 있는 형편이라 약을 구하러 육지로 나갈 수도 없었다. 신부가 보유하고 있던 약이 조금 있었지만 오래 전에 떨어졌다. 많은 아이들이 병을 앓다 죽어갔고, 어른들은 햇볕이 잘 드는 양지에 무덤을 만들어주었다.

소녀는 아이를 죽은 동생처럼 생각했다. 아이를 안아주는 팔에도, 흐트러진 머리카락을 쓰다듬어주는 손길에도 항상 친언니 같은 따스한 마음이 배어있었다. 소녀의 관심과 사랑이 무덤에 묻혀 있는 동생을 대체한 것이라고 할지라도 아이는 소녀의 배려가 고마웠다.

소녀는 진심으로 하느님을 믿고, 자주 기도하며 소원을 빌었다.

"네가 건강하고 행복하게 살아가는 것이 내가 가장 바라는 소원이야."

236

아이는 하느님을 믿지 않았지만 진심으로 행복을 빌어주는 소녀가 곁에 있다는 것만으로도 고마웠다.

아이가 소녀에게만 특별히 귀띔해준 이야기가 있었다. 신부님을 비롯한 섬사람들에게는 비밀에 부치기로 약속했다. 아이는 땅을 박차고 하늘로 날아오를 수 있었고, 숨을 크게 내쉬어 나뭇조각에 불을 붙일 수도 있었다. 어느 날, 그런 일들이 가능할 것 같다는 느낌이 들어 무심코 해보았더니 뭐든 마음대로 되었다. 아이가 섬사람들과 결정적으로 다른 부분이었다. 만약 섬사람들이 아이에게 그런 신비한 능력이 있다는 걸 알게 될 경우 의심어린 눈으로 바라보게 될 수도 있었다. 아이가 가진 능력은 보통사람은 상상조차 할 수 없는 신비의 영역에 해당하니까. 아이가 보통사람들과는 태생적으로 다르기 때문에 애초에 누군가 바구니에 넣어 바다로 떠내려 보낸 것일 수도 있었다. 아이는 그런 생각이 들 때마다 기분이 꺼림칙했다.

'내가 어떤 아이인지 드러나면 섬사람들이 나를 의심어린 눈빛으로 바라보며 경계하겠지?'

아이는 누구보다 소녀가 어떤 태도를 보일지 궁금했다. 아이가 보통사람들과 다르다는 사실을 알고도 소녀가 과연 애정 어린 시선으로 바라보며 친동생처럼 보살펴줄 수 있을지 의문이었다.

아이는 고심 끝에 소녀에게 만큼은 자신이 가진 능력을 솔직하게 보여주기로 했다. 어떤 결과가 나오든 섬에서 가장 믿고 따르는 소녀를 속여서는 안 된다는 생각이 들었기 때문이다. 설령 소

녀가 놀라운 사실을 알게 되어 이전과는 다른 태도를 보인다고 해
도 어쩔 수 없는 일이라고 생각했다.

아이는 소녀가 보는 앞에서 땅을 박차고 하늘로 날아오르는 능
력을 보여주었다.

소녀가 눈을 휘둥그렇게 뜨고 말했다.

"정말 굉장해. 마치 천사 같아."

소녀가 몹시 놀라긴 했지만 아이를 이상한 눈으로 바라보지는
않았다.

* * *

아이는 섬사람들의 오랜 소망이 이루어지는 날을 볼 수 없게
되었다. 폭풍우가 심하게 몰아치던 어느 겨울날, 해룡을 타고 하
늘에서 내려온 신사가 아이를 데려가겠다고 했다. 어두운 하늘에
서 은빛 비가 쏟아져 내리고 있었고, 벽력같은 천둥소리에 이어
요란한 번개가 하늘을 가르더니 해룡을 탄 신사가 나타나 섬사람
들을 내려다보았다. 거인처럼 키가 큰 신사는 언뜻 보기에도 보
통사람들과는 확연히 달랐다. 신사가 머리에 쓰고 있는 실크해트
Silk Hat(예장용 모자로 원통형의 크라운으로 챙이 비교적 좁게 되어 있다 - 옮긴이
주), 몸에 두른 망토, 발에 신은 부츠가 하나같이 검은색이었다.

신사가 쏟아지는 폭우 속에서도 조용하지만 단호한 목소리로
말했다.

"세계 각지를 돌며 아이를 찾아 헤맸는데 이제야 만날 수 있게 되었네요. 그동안 이 아이를 따스하게 보살펴준 것에 대해 진심으로 감사드립니다. 이제 이 아이는 내가 데려가겠습니다."

분명 이 나라의 언어가 아니었는데 다들 말뜻을 알아들을 수 있다는 게 신기했다.

"이 아이를 사랑으로 보살펴주신 걸 잘 알고 있고, 거듭 고개 숙여 감사드립니다. 이 아이가 섬에 남아 있을 경우 서로에게 불행한 일이 될 수 있기에 부득이 내가 데려가고자 합니다."

나이 지긋한 노인이 용기 있게 앞으로 나섰다.

"하느님이 우리에게 특별히 맡겨주신 아이입니다. 어디에서 온 뉘신지 모르지만 우리는 아이를 데려가는 걸 허락할 수 없습니다."

섬사람들이 하나같이 노인의 말에 동의한다는 뜻으로 고개를 끄덕였다.

"이 아이는 인간의 모습을 하고 있지만 마성을 가지고 있습니다. 여러분들이 감당하기에는 벅찬 능력이죠."

신사는 아이에 대해 추가로 설명했다.

"이 아이는 지금 이 자리에 있는 그 어떤 사람보다도 오래 살게 될 겁니다. 새처럼 하늘을 날 수 있고, 신비한 마법을 펼칠 수 있고, 장사보다 힘이 강하고, 맹수보다 빨리 달릴 수 있습니다. 손바닥을 펼쳐 불을 부르고, 물을 소용돌이치게 할 수도 있죠. 이 아이는 보통사람들과 달라서 하느님을 믿을 수 없는 존재입니다. 이 아이 스스로 운명을 좌지우지할 수 있기 때문이죠. 다시 한 번 말하지만 이 아이는 여러분과 함께 지낼 수 없습니다."

섬사람들 가운데 비교적 젊은 청년이 호락호락 물러서지 않겠다는 듯 앞으로 나섰다.

"그럼 이 아이가 악마가 보낸 사탄이라는 건가요? 만약 이 아이가 사탄이라고 해도 우리에게는 신앙의 힘이 있으니까 걱정하지 마세요. 우리는 이 아이를 절대로 넘겨줄 수 없습니다."

그 말이 가시가 되어 아이의 가슴에 박혔다.

'난 인간이 아니라 마성을 가진 사탄인가? 그럼 이곳에 남아서는 안 돼. 끝내 하느님의 존재를 부정하게 될 테니까.'

아이는 이제 섬을 떠나는 게 자신을 위해서나 섬사람들을 위해 바람직한 일이 될 거라고 판단했다. 어디에서 온 누구인지는 모르지만 아이는 신사의 손을 잡아주기로 마음먹었다.

'아무튼 내가 떠나면 입이 줄어드니까 아이들에게 조금이나마 더 많은 음식을 나눠줄 수 있을 거야.'

아이를 어느 누구보다 각별히 사랑해준 소녀가 떠나지 말아달라는 듯 손을 꼭 잡았다. 소녀는 금방이라도 울음을 터트릴 듯 눈에 눈물이 그렁그렁했다.

한겨울의 차가운 파도가 높이 치솟는 가운데 아이는 진눈깨비를 맞으며 한동안 소녀의 손을 잡고 서있었다. 마침내 소녀의 손을 살며시 놓은 아이가 손바닥을 펼쳐 하늘을 향해 뻗었다. 순식간에 진눈깨비가 그치더니 먹구름을 뚫고 빛이 쏟아져 내렸다.

아이는 섬사람들을 향해 고개 숙여 인사하고 나서 말했다.

"그동안 정성을 다해 보살펴주시고, 따스한 사랑을 베풀어주셔서 감사합니다. 날짜를 기약할 수는 없지만 여러분이 주신 은혜를 잊지 않고 꼭 찾아뵙겠습니다. 지금은 마음 편히 섬을 떠날 수 있게 해주십시오."

말을 마친 아이는 땅을 박차고 공중에 떠있는 해룡을 향해 날아올랐다.

아이가 해룡의 목에 앉아 뒤를 돌아보니 섬사람들이 그 자리에서 무릎을 꿇고 하느님에게 기도를 드리고 있었다. 해룡이 까마득히 멀어질 때까지 섬사람들은 기도를 멈추지 않았다.

버드나무 바구니에 담겨 바다를 떠돌다가 섬에 도착한 아이가 바로 나나세였다. 섬사람들은 갓난아기를 데려와 나나세라는 이름을 붙여주고 성심성의껏 보살펴주었다. 나나세의 엄마가 지은 이름은 마리였다.

나나세는 엄마와 함께 유람선을 타고 여행 중이었는데 해난사고로 배가 가라앉는 바람에 바다를 떠돌게 되었다. 비록 갓난아기였지만 나나세는 이미 범상치 않은 힘을 보유하고 있었다. 들짐승, 바다짐승, 바닷새들이 나나세를 보호해주기 위해 모여들었다. 나나세는 바다짐승들의 보호를 받고, 젖을 얻어먹으며 해류를 따라 표류하게 되었다.

햇살이 강한 한낮에는 새들이 육지로 날아가 부리로 시원한 물을 머금고 와 입술 안으로 넣어주었고, 몸이 얼어붙을 듯이 추운 밤에는 새들이 바구니에 내려앉아 날개와 깃털로 찬바람을 막아주었다.

바다짐승들과 바닷새, 해류의 도움을 받아 도착한 곳이 바로 빨간 동백꽃이 지천으로 피는 섬이었다. 나나세에게 섬은 고향이나 다름없었다.

나나세의 엄마도 신비로운 힘을 지닌 마녀였는데 해난사고 당시 중상을 입었다. 심한 부상을 당한 몸이었지만 한 사람의 목숨이라도 더 구하려고 동분서주하다가 기력을 잃고 탈진해 바다 밑으로 가라앉았다. 훗날 들은 이야기지만 엄마는 사람들을 구하려고 떠나기에 앞서 돌고래에게 나나세를 맡기면서 뒷날을 부탁한다는 말을 남겼다고 했다.

해룡을 타고 찾아온 신사가 나나세에게 돌고래에게 들은 이야기를 전해주었다. 신사를 만난 돌고래는 버드나무 바구니에 갓난아기를 태우고 주둥이로 밀며 섬에 데려다주었다는 이야기를 들려주었다.

나나세의 엄마 이름은 초코였다. 교토에 마녀들이 많이 살았는데 초코는 가장 능력이 출중했던 마녀 가문의 후계자였다.

해룡을 타고 온 신사로부터 들은 이야기였다. 신사는 남장을 하고 다니길 좋아했지만 사실은 마녀였다. 신사는 지난날 동유럽을 여행하던 중 초코와 만나 인연을 맺게 되었다. 초코와 마음이 너무나 잘 맞아 한동안 여행을 함께했다.

"마녀들이 우연히 만나는 경우는 흔치 않아. 마녀들은 대개 신분을 노출하지 않고 사람들 틈에 섞여 살아가기 때문에 우연히 마주친다는 건 그리 흔한 일이 아니야. 초코와 나는 고향을 떠나 떠돌아다니다가 동유럽에서 우연히 만났으니 대단한 인연이라고 할 수 있지. 태어난 곳이 다르고, 언어와 피부색이 달라도 마녀들은 결국 뿌리가 같은 동포들이야. 마녀는 인간에 비해 수명이 길고, 강력한 마법을 펼칠 수 있지만 예기치 않은 공격을 받고 횡사하는 경우도 더러 있어. 마녀들이 가급적 사람들과 친분을 맺지 않고 은밀하게 몸을 숨기고 살아가는 이유야. 사람들의 눈에 신분이 노출될 경우 공격의 대상이 되기 쉬우니까. 일본의 마녀들 중에는 권력자들을 돕는 대신 안전이 보장되는 삶을 선택한 경우도 있어. 초코의 가문이 그랬어."

권력자들은 마녀들의 외부 활동을 허락하지 않았다. 초코는 총명하고 아름다운 마녀였고, 늙어죽을 때까지 집안에 틀어박혀 편안하게 살아가는 걸 바라지 않았다. 미지의 세계에 대한 호기심이 많고, 모험심이 강하고, 어느 누구보다 용감했기에 초코는 교토를 떠나기로 결심했다. 초코는 집에서 나와 가느다란 비단 끈을 날아가는 철새를 향해 던졌다. 철새가 비단 끈을 입에 물었고, 초코는 끈을 잡고 긴 머리카락과 옷자락을 나부끼며 하늘로 날아올랐다.

교토 사람들은 철새 무리에 섞여 하늘을 나는 초코를 보고, 선녀가 날아간다며 넋을 잃고 올려다보았다. 초코는 고향을 내려다보며 슬픈 표정을 지었지만 이후 다시는 교토로 돌아오지 않았다.

초코가 나나세의 아버지와 만나고 헤어졌던 이야기도 들었다.

초코는 아름다운 오로라 현상을 볼 수 있는 북유럽을 여행하던 중 매력적인 청년을 만나 서로 사랑하게 되었다. 병약한 청년의 생이 얼마 남지 않았다는 걸 예견했지만 초코는 이미 시작된 사랑을 멈출 수 없었다. 청년이 죽고 나서 얼마 후 임신했다는 사실을 알게 되었다. 초코는 숲의 짐승들이 지켜주는 가운데 홀로 아이를 낳았다.

나나세는 자신을 낳아준 부모를 생각했다. 부모 덕분에 세상에 나온 것만으로도 큰 축복을 받았다는 생각이 들었다. 이미 두 분다 시간의 저편으로 떠나 다시는 만날 수도 없고, 다정하게 이야기를 나눌 수도 없게 되었지만 이렇게 세상을 보게 해준 것만으로도 감사한 일이라고 생각했다.

해룡을 타고 온 신사는 초코와 함께 여행할 때 품에 안고 있는 나나세를 보았다. 초코가 아이를 데리고 여행을 떠났다가 해난사고로 숨을 거두었다는 걸 알게 되었지만 나나세의 행방을 알 수 없었다. 그때부터 신사는 나나세를 찾아 나섰다. 초코가 여행 중에 만났던 사람들과 동물들을 찾아다닌 끝에 겨우 나나세가 빨간 동백꽃이 지천으로 피는 섬에 살고 있다는 사실을 알게 되었다.

신사는 품에서 아직 새끼인 검은 고양이를 꺼내 나나세에게 건네주었다. 고양이는 눈물을 글썽이며 나나세를 끌어안았다.

"나의 마리!"

검은 고양이는 새된 목소리로 다시는 떨어지지 않겠다며 눈물을 글썽였다.

"이제부터 검은 고양이가 너의 길동무가 되어줄 거야. 초코가 살아있을 때 너랑 자매처럼 지낸 고양이야. 넌 갓난아기 때라 기억나지 않겠지만 그 사실을 내가 증명해줄 수 있어."

신사는 검은 고양이의 윤기 나는 털을 쓰다듬으며 말을 이었다.

"초코가 여행 중에 만난 고양이야. 해난사고 때 고양이도 목숨을 잃을 뻔했지만 자기라도 살아남아 아직 갓난아기인 너를 도와야 한다는 생각에 기를 쓰고 살아남았대. 고양이도 한동안 너의 행방을 찾지 못해 안타까워하며 바다를 헤매고 다녔나 봐. 내가 너를 찾아다닐 때 고양이가 부서진 배의 파편을 타고 바다에 떠있는 걸 보았어. 날카로운 이빨을 드러내고 상어들이 다가오지 못하도록 겁을 주고 있는 모습이 어찌나 귀여워 보였는지 몰라. 너희들을 다시 만나게 해줄 수 있어서 다행이야."

나나세는 검은 고양이를 살며시 끌어안았다. 기억나지는 않지만 갓난아기 때 검은 고양이를 많이 좋아했던 것 같다는 느낌이 들었다.

검은 고양이를 안고 눈을 감고 있자 그 옛날 엄마의 품에서 맡았던 달착지근한 향기가 났다. 어디선가 엄마의 심장에서 울리던 고동소리와 아련한 자장가 소리가 들려오는 듯했다.

나나세는 자신이 세상에 나올 수 있었던 사연을 알게 되었고, 사랑스런 고양이와도 재회할 수 있게 되어 눈물이 나도록 기뻤다. 비로소 이제 자신이 있어야 할 곳이 어디이고, 어떤 일을 하며 살아가야 하는지도 알게 되었다. 이제 동백꽃이 피는 섬을 잠시 잊기로 했다. 아낌없는 사랑을 베풀어주었던 섬사람들도 잠시 시간의 저편에 묻어두기로 했다.

나나세는 신사의 손에 이끌려 첫 여행을 떠났다. 그 후로 다양한 나라를 돌며 많은 일을 겪었다. 여행을 하다가 가끔 마녀들을 만나 아름다운 추억을 쌓기도 했다. 마녀들은 어린 나나세를 끔찍이 귀여워해주었고, 어떻게 살아가야 하는지 세심하게 가르쳐주었다. 아무리 많은 시간이 흐른다고 해도 영원히 잊지 못할 추억들이었다. 마녀로 산다는 건 섬에서의 단조로운 생활과는 전혀 달랐다. 유랑민처럼 여러 나라를 정처 없이 떠돌아다니며 위험에 처한 사람들을 구해야 하는 모험의 연속이었지만 보람 있는 날들이었다.

마녀들끼리 끈끈한 유대관계를 갖는 시기가 있다. 나나세도 어른이 된 이후에는 대부분의 시간을 홀로 보내고 있지만 어린 시절에는 엄마 같은 마녀들을 따라다니며 살아가는 방법을 배웠다. 이제 와서 생각해보면 다시는 만날 수 없고, 목소리를 들을 수 없는 엄마의 모습을 마녀들에게서 찾으려 했는지도 모른다.

세월이 흘러 나나세는 신사와도 헤어졌고, 혼자 여행하는 것에 익숙해지게 되었다. 그러던 어느 날 문득 동백꽃이 피는 섬이 떠올라 한번 찾아가기로 마음먹었다. 섬을 떠나오던 날 반드시 찾아오기로 약속했던 생각이 나며 자책감이 일었다. 마녀와 인간은 시간의 흐름과 속도가 달리 느껴진다. 당연히 찾아가봐야 했음에도 마녀의 시간으로는 그리 오래 되지 않은 일이라 섬에 가봐야 한다는 생각을 미처 하지 못했다.

나나세는 마법의 빗자루를 타고 섬으로 향했다. 함박눈이 내리는 섬의 상공에 다다른 순간 어린 시절의 추억이 떠올라 마음이 애잔했다. 나나세는 하늘에서 섬사람들을 위해 어떤 도움을 주어야 할지 곰곰이 생각했다.

섬을 떠나 마녀로 사는 동안 많은 경험을 쌓았고, 살아가는 데 필요한 지식도 얻었다. 나나세는 자신이 보유한 능력으로 섬의 척박한 자연환경을 살기 좋은 땅으로 바꿀 수 있을 것 같았다. 어린 시절에 사랑을 베풀어준 섬사람들에게 조금이나마 은혜를 갚고 싶었다. 나나세는 섬사람들이 기뻐하며 웃는 얼굴을 상상하며 아래로 내려갔다. 설령 섬사람들이 자신을 두려워하거나 기피해도 개의치 않기로 마음먹었다. 섬사람들의 궁핍한 생활에 조금이나마 도움이 되는 일을 해줄 수 있다면 더는 바랄 게 없었다.

나나세가 부푼 마음으로 내려선 섬은 예전과 판이하게 달라져 있었다. 아무리 둘러보아도 섬사람들의 자취는 그 어디에도 보이지 않았고, 빨간 동백꽃만이 변함없이 피어있었다. 쓸쓸한 겨울 바다에서 바닷새들이 날개 치는 소리만이 구슬프게 들려올 뿐 섬사람들의 기척은 들리지 않았다. 절벽 위에 다닥다닥 붙어있던 오두막들은 칼로 도려낸 듯 잔해만이 남아있었다.

바닷새들과 물고기, 바다짐승들이 슬픈 이야기를 들려주었다. 나나세가 떠나고 나서 몇 년 후 산더미 같은 해일이 마을을 덮쳐 오두막과 사람들을 모두 휩쓸어갔다고 했다. 무엇보다 안타까운 소식은 섬사람들이 해일에 쓸려간 이후 손꼽아 기다리던 신앙의 자유가 일부 허용되었다는 것이었다. 그 이후로도 일본 정부는 한동안 포교 금지령을 해제하지 않았다. 다수의 순교자들이 목숨을 던지고, 세계 여러 나라에서 종교 탄압을 멈추라는 압박을 가한 연후에야 하느님을 믿을 수 있는 자유가 주어졌다.

나나세는 섬사람들과 어린 시절을 보낸 고향을 영원히 잃어버렸다. 섬은 남아 있었지만 반겨줄 사람이 아무도 없으니 고향이라고 할 수도 없었다.

나나세는 이후로도 계속 후회하며 자책했다.

'왜 좀 더 빨리 섬에 가볼 생각을 하지 않았을까?'

아무리 해일이 밀어닥쳐도 나나세가 섬에 있었다면 섬사람들을 무사히 구출할 수 있었다. 농사를 지을 땅이 부족해 늘 식량이 모자라 굶주려야 했던 섬사람들을 궁핍에서 벗어나게 해줄 수도 있었다. 진작 섬을 방문했더라면 그들이 손꼽아 기다리던 신앙의 자유를 누릴 수 있게 해줄 수도 있었다.

섬사람들이 해일에 휩쓸려 바다로 사라져갈 때 나나세는 세계 각지를 여행하며 마녀에게 주어진 일에 충실하고 있었다. 섬사람들이 따스하게 보살펴주고, 사랑을 베풀어준 것에 대해 감사하는 마음을 잠시 잊고 살았다. 이제 고향은 사라졌고, 보고 싶던 사람들을 모두 잃게 되었다. 섬의 일부를 농토로 개간해 작은 행복이나마 맛보게 해주고 싶었는데 이제는 아무것도 해줄 수 없게 되었다.

"맛있는 음식을 배불리 먹게 해주고 싶었어. 크리스마스에는 방한복을 선물해 따스한 겨울을 나게 해주고 싶었는데……."

나나세는 십자가 목걸이를 손바닥에 올려놓고 바라보며 씁쓸한 표정을 지었다.

언제나 나나세에게 잘해주었던 소녀는 항상 기도했다.

'하느님을 자유롭게 믿을 수 있는 나라가 되게 해주소서.'

끝내 소녀의 기도는 이루어지지 않았다.

* * *

섬사람들은 어른이든 아이든 십자가 목걸이를 기가 막히게 잘 만들었다. 처음에는 어디에나 지천으로 널려 있는 조개껍질을 주 워 아이들의 장난감을 만들어주었는데 손재주가 좋은 누군가가 근사한 목걸이를 만든 걸 보고 나서 다들 따라하게 되었다.

섬사람들은 조개껍질을 주워 깨끗이 손질한 다음 갈고 다듬고 나서 숯이나 초목의 즙으로 십자가를 그려넣어 다양한 모양의 목 걸이를 만들었다.

섬에서는 마땅히 갈 곳이 없어 섬사람들은 언제나 시간이 많았다. 그들은 화롯가에 둘러앉아 십자가 목걸이를 만들며 도란도란 이야기꽃을 피웠다. 그렇게 만든 목걸이를 좋아하는 사람에게 선물로 주기도 했다. 혹시 육지 사람들이 섬에 오더라도 작은 목걸이라서 금세 감출 수 있었고, 다급할 때는 밟아서 깨버리면 그만이었다. 이제 십자가 목걸이를 만들던 사람들은 아무도 남아있지 않았다.

나나세는 십자가 목걸이를 손에 들고 다시 한 번 바라보았다. 목걸이를 만들어준 소녀의 따스한 마음이 떠올라 눈물이 났다. 나나세는 크리스마스 장식품으로 치장한 전나무 아래에 서서 밤하늘을 올려다보았다.

'참혹한 일이 벌어지는 동안 하느님은 왜 섬사람들을 구조해주지 않았을까? 왜 그토록 착하고 마음 따스한 사람들이 해일에 휩쓸려 죽어가는데 구원의 손길을 뻗어주지 않았을까? 내가 그들을 까마득히 잊고 지낼 때 왜 어서 가서 만나보라고 재촉하지 않았을까? 어린 시절에 나를 끔찍이 사랑해준 그들을 왜 다시 만날 수 있도록 배려해주지 않았을까?

나나세는 섬사람들을 알고 있는 유일한 존재였다. 이 세상에서 그들이 한 일을 속속들이 기억하는 존재는 나나세밖에 없었다.

섬사람들은 척박한 환경 속에서도 열심히 일하고, 간절히 기도하고, 가난하지만 서로 도와가며 살았다. 바구니에 태워져 섬에 온 갓난아기를 마을로 데려와 진심으로 사랑하고 귀여워해주었다.

'이 세상 어느 누구보다도 착한 사람들이 그 섬에서 힘겹게 살아가고 있는데 왜 아무도 관심을 보이지 않았을까?'

나나세는 발밑에 쭈그려 앉아있는 검은 고양이에게 속삭였다.

"난 섬사람들에게 아무것도 해주지 못했어. 자책해봐야 아무 소용없다는 걸 알지만 살아가는 동안 두고두고 가슴이 쓰릴 거야."

검은 고양이는 그 마음을 잘 안다는 듯 가만히 고개를 끄덕였다.

대부분의 마녀들은 사람들을 위험으로부터 보호해주는 일을 한다. 나나세도 지금껏 헤아릴 수 없을 만큼 많은 사람들을 위기에서 구해주었다. 사람들이 도움을 받은 사실을 알지 못하도록 은밀하게 임무를 수행했다. 대형사고와 천재지변이 일어나면 지체 없이 달려가 사람들의 목숨을 구했다. 아까운 생명을 구할 때마다 기쁘고 자랑스러워하며 마녀로 태어나길 잘했다는 생각이 들었다.

나나세는 전나무 아래에서 십자가 목걸이를 손에 들고 어디선가 들려오는 캐럴송에 귀를 기울였다. 살아오는 동안 사람들이 어려움에 처하거나 위기에 봉착해 도움을 청하면 기꺼이 달려가 손을 내밀어 주었다. 그런 한편 목숨을 건진 사람들이 행복하게 살아가는 모습을 볼 때마다 섬사람들이 떠올랐다. 그들이 보고 싶었지만 다시는 만날 수 없었다. 이미 죽은 자들 앞에서 속죄의 말을 해본들 아무런 의미가 없다는 걸 알고 있었다. 섬사람들은 그 어려운 환경 속에서도 바구니에 태워져 섬에 닿은 갓난아기를 거두어주고, 아낌없이 사랑해주고, 부족한 식량을 나누어주고, 건강하게 자랄 수 있도록 세심하게 보살펴주었다.

나름 사정이 있었다고는 하지만 나나세는 섬을 떠나온 이후 오랫동안 그들을 찾아가지 않았다.

'섬사람들은 은혜를 저버린 나를 많이 원망하고 미워했을 거야.

십자가 목걸이를 만들어주었던 언니도 나를 많이 원망했겠지?'

그토록 하느님을 믿었는데 끝내 섬사람들의 소원은 이루어지지 않았다.

'섬사람들이 믿었던 하느님은 애초부터 존재하지 않았다고 보는 게 옳지 않을까?'

"이 세상에 하느님은 없어."

나나세는 그렇게 말하고 나서 허탈하게 웃었다. 그러자 손에 들고 있던 십자가 목걸이가 눈 녹듯이 사라져버렸다.

"아아! 하느님이 노한 건가?"

나나세의 입에서 자기도 모르게 탄식이 흘러나왔다. 눈앞에서 조개껍질에 십자가를 그려넣은 목걸이가 사라져버렸다.

하늘에서 하얀 눈이 펑펑 내리기 시작했다.

나나세의 뺨을 타고 뜨거운 눈물이 흘러내렸다. 눈송이가 뺨에 닿을 때마다 살갗이 따끔거렸다.

나나세는 눈물을 흘리면서 웃었다.

"마녀가 십자가 목걸이를 갖고 있다는 것 자체가 이상한 일이지. 언젠가는 녹아 사라지리라는 걸 알고 있었지만 하필이면 왜 오늘 이런 일이 일어났을까? 오늘은 크리스마스이브인데?"

나나세는 그렇게 혼잣말을 하고 나서 손바닥에 남아있는 가루를 꼭 쥐었다. 그때 누군가의 따스한 손이 나나세의 손을 감쌌다.

그리운 소녀의 목소리가 들려왔다.

"난 사라지지 않았어."

해일이 밀어닥쳤을 때 바다로 휩쓸려갔던 소녀가 너덜너덜해진 옷차림에 짚신을 신은 모습으로 눈앞에 서있었다.

"어느새 어른이 되었구나. 정말 보고 싶었는데 이제야 만나다니……."

소녀는 나나세보다 나이가 많았는데 여전히 작고 야윈 소녀의 모습을 하고 있었다.

"방금 전 내가 하느님께 십자가 목걸이를 원래대로 돌려놓아달라고 기도했어. 자, 손을 펴봐."

소녀가 시키는 대로 손을 펴자 손바닥에 놓여있는 십자가 목걸이가 눈에 들어왔다. 목걸이에 선명하게 그려진 십자가가 빛을 발했다.

나나세가 믿을 수 없다는 듯 놀란 얼굴로 소녀를 바라보았다.

소녀가 힘주어 말했다.

"하느님은 나의 기도를 언제나 들어주시지."

소녀는 눈을 반짝이며 거리를 둘러보다가 말했다.

"크리스마스 장식물들이 너무 예뻐! 여기가 어디지? 바다 속에는 이런 거리가 없어. 마치 여기가 천국 같아."

나나세는 어떻게 대답해야할지 몰라서 말을 더듬었다.

"여긴 천국이 아니라 바닷가 근처의 항구 도시야."

소녀가 고개를 끄덕이더니 장난스럽게 미소를 지으며 말했다.

"놀라지 마. 난 이미 오래 전에 죽었어. 섬에 산더미 같은 해일이 밀어닥쳤을 때 섬사람들 모두가 바다로 휩쓸려갔지. 나도 그

때 죽었어."

나나세는 고개를 끄덕였다.

"그래, 나도 알아."

"그 일이 있은 뒤에 섬에 다녀왔구나?"

"내가 너무 늦게 가서 정말 미안해. 좀 더 일찍 가서 언니를 만났어야 하는데……. 모든 게 내 잘못이야."

"아니, 누구의 잘못도 아니야. 천재지변은 어느 누구도 막을 수 없어. 너무 속상해 하지 마."

"그렇게 말해줘서 고마워."

"아무튼 대충 상황을 알고 있으니 내 말을 빨리 알아들을 수 있겠구나. 해일이 덮치던 날 나는 하느님에게 마지막 기도를 올렸어. 다시 한 번 너를 만나게 해달라고. 단 한 번만이라도 좋으니 너를 만날 수 있다면 소원이 없겠다고 기도했지. 네가 떠날 때 먹을거리가 부족한 섬에 사느니 다른 곳으로 가는 게 좋을 거라고 생각해 붙잡지는 않았지만 정말 많이 보고 싶었어. 행복하게 잘 살아가고 있는지 궁금하기도 했지. 하느님이 기도를 들어주신 거야. 좀 늦긴 했지만 이렇게 널 다시 만나게 되었잖아."

소녀가 생글생글 웃으며 말을 이었다.

"나나세, 네가 행복해보여서 안심이야. 어릴 때는 비쩍 말랐었는데 지금은 적당히 살도 붙고 몰라보게 예뻐졌네. 옷차림도 너무 멋져. 마치 천사 같아."

나나세는 계면쩍은 미소를 지었다.

소녀가 고개를 들고 앞쪽을 바라보더니 표정이 환해졌다.

"저기에 다들 모였네. 널 만나고 싶어 한 분들이 많아."

나나세는 눈 내리는 공원의 크리스마스트리 아래에 서있는 섬사람들을 보았다. 신부님, 노인들, 어른들, 아이들이 활짝 웃으며 손을 흔들어주었다.

섬사람들은 크리스마스트리와 형형색색의 장식품들을 넋을 잃고 바라보았다. 아이들은 신이 나서 싱글벙글했고, 청년들은 황홀한 눈빛으로 크리스마스트리를 올려다보았다. 신부님은 온화한 미소를 지으며 가슴에 성호를 그렸다. 섬사람들은 시공을 뛰어넘은 영혼들이라서 거리에 나온 사람들 가운데 어느 누구도 그들의 존재를 알아볼 수 없었다.

소녀가 나지막한 목소리로 나나세에게 말했다.

"섬사람들 모두가 너를 좋아했어. 넌 남달리 똑똑하기도 하고, 신기한 점이 많은 아이였지. 날씨도 예상하고, 새와 물고기와도 대화가 가능했으니까. 넌 항상 섬사람들이 궁핍한 생활에서 벗어나 행복하게 살아갈 수 있게 해달라고 기도했지. 그런 너를 볼 때마다 난 크게 감동했어. 너야말로 정말 좋은 아이라고 느꼈지."

"나도……."

나나세는 '나도 언니를 정말 좋아했어.'하고 말하려고 했지만 슬픔이 북받쳐 말이 나오지 않았다.

소녀가 나나세의 귓가에 대고 속삭였다.

"이제야 널 보고 싶어했던 소원이 이루어졌어. 이제 다시 하느님 곁으로 돌아갈 시간이야. 언젠가 다시 만날 날이 있을 거야. 그 때까지 행복하게 잘 살아야 해."

정겹고 따스한 목소리가 밤바람에 섞여 사라져갔다. 소녀와 섬 사람들이 미소를 머금고 밤하늘로 멀어져가는 모습이 눈에 들어 왔다. 그들이 사라지는 모습을 바라보고 있다가 문득 정신을 차 리고 보니 손안에 있던 십자가 목걸이가 사라지고 없었다.

* * *

나나세는 크리스마스트리 아래에서 소녀와 나누었던 이야기들 과 섬사람들을 만난 일들이 혹시 꿈은 아니었는지 헷갈렸다. 다 만 동백꽃이 지천으로 피는 섬이 존재하고, 그 섬에 숨어 살았던 사람들이 있었고, 그들이 자유롭게 하느님을 믿을 수 있는 미래를 꿈꾸다가 해일이 밀어닥치는 바람에 바다로 휩쓸려간 건 분명 꿈 이 아니었다. 섬사람들이 모두 사라졌다고 해서 아예 존재하지도 않았다고 치부해서는 안 된다고 생각했다. 손 안에 있던 십자가 목걸이도 지금은 사라졌지만 방금 전까지 분명 존재했다.

나나세는 손을 가만히 쥐어보았다.

'눈에 보이지는 않지만 분명 여기에 십자가 목걸이가 있어.'

방금 전까지 십자가 목걸이가 손안에 있었다는 걸 알고 있었다.

사람들의 눈에는 보이지 않겠지만 나나세는 마녀라서 섬사람 들을 분명 두 눈으로 똑똑히 보았다. 방금 전까지 섬사람들이 여기에 있었고, 웃으며 손을 흔들어주었다. 그들이 하늘나라로 돌아가는 모습도 눈으로 확인했다.

마녀들은 그리움을 간직하고 살아간다. 지나가는 바람 속에서, 하늘에 떠있는 별에서, 나뭇잎이 스치는 소리에서 그리운 사람들의 기척을 느낀다. 이 별에서 경험한 따스한 기억의 조각들을 소중하게 가슴에 품고 산다.

나나세는 긴 머리카락에 쌓인 눈을 털며 검은 고양이에게 말했다.

"크리스마스이브인데 케이크라도 사갈까?"

"치즈 케이크 어때? 이왕이면 레어 치즈케이크보다는 갈색으로 구운 게 더 좋아."

"그래, 오늘은 네 소원대로 해줄게."

"니콜라와 함께 파티를 여는 건 어때? 크리스마스이브니까 기분 좀 내야지."

"좋은 생각이야."

나나세는 고개를 끄덕이고 나서 문득 생각했다.

'크리스마스이브에 내 소원이 이루어졌어.'

섬사람들은 이 나라에서 하느님을 자유롭게 믿을 수 있게 되었다는 걸 확인했다.

나나세는 아직 하느님에 대해 잘 모르지만 눈 섞인 바람 속에서 하느님의 존재를 느꼈다. 눈송이가 점점 굵어지고 있었다.

'오늘밤에는 눈이 쌓이겠네. 아이들이 신나하는 화이트크리스

마스야.'

아이들은 눈이 펑펑 쏟아져 내려 화이트크리스마스가 되길 간절하게 바라고 있을 것이다.

눈이 소리 없이 조용히 내려쌓였다. 세상 곳곳에 묻혀있는 그리움의 조각들을 온화하게 끌어안듯이.

나나세와 검은 고양이는 함박눈이 내리는 가운데 하얀 입김을 쏟아내며 거리를 걷고 있었다. 크리스마스트리의 불빛이 그들을 배웅하며 반짝거렸다.

———

제가 아동문학작가였을 때《바람 언덕의 루루》라는 마녀 이야기를 쓴 적이 있습니다.

아이 마녀는 사람이 살지 않는 북유럽의 언덕 위에 지은 집에서 봉제 곰 인형과 함께 살아가면서 위험한 일이 발생할 때마다 마법을 발휘해 사람들을 구합니다. 위기에 빠진 사람들이 도움을 청하면 마법의 빗자루를 타고 하늘을 날아가 아슬아슬한 모험을 펼치는 마녀 이야기를 쓰는 동안 즐거웠던 기억이 납니다. 아이들에게 각별한 사랑을 받았고, 깊은 추억이 남아있는 책입니다. 저도 젊고, 담당편집자도 파릇파릇하던 시절이라 책에 대해 밤새워 토론하며 즐겁게 글을 썼습니다. 가끔 글이 풀리지 않아 압박감을 받기도 했지만 대체로 즐겁게 써내려간 책입니다.

그 책을 쓴 이후 저는 주로 일반적인 소설을 쓰는 작가가 되었습니다. 어린이 책을 쓰는 일은 줄어들었지만 마음속에 늘 마녀 아이 이야기가 남아있었습니다.

내 손이 그 이야기를 쓰던 시절의 즐거움을 기억하고 있었고, 다시 한 번 마녀 이야기를 써보고 싶었습니다. 주로 일반 소설을 쓰는 지금의 내가 일본을 배경으로 하는 마녀 이야기를 쓴다면 과연 어떤 내용이 나올지 궁금했습니다.

마녀 이야기에 대한 지난날의 좋은 기억이 무르익어 쓰기 시작한 소설이 바로 《마녀는 꿈을 지킨다》입니다.

교토 출신 마녀의 몸에서 태어난 나나세는 13층 건물에서 길동무인 검은 고양이와 함께 지냅니다. 이 시대 마녀들이 지친 발걸음을 쉬어가는 곳으로 주인 역시 마녀입니다. 마녀들은 음습하고 어두운 곳을 좋아했던 과거와 달리 자유롭고 우아하게 살고 있습니다. 아마도 마녀사냥이 사라진 영향이겠지요. 아무튼 새로운 개념의 마녀들입니다.

현대의 마녀들은 다양한 방식으로 살아갑니다. 많이 변화된 모습이지만 여전한 게 한 가지 있습니다. 사람을 향한 마녀들의 따뜻한 시선입니다.

마녀들은 오래 살기에 짧은 생애를 누리는 인간들에게 연민을 가지고 있습니다. 마녀들의 따스한 시선 속에는 서로 질시하고 괴롭히고 죽이는 인간들에 대한 분노와 희생자들에 대한 연민, 깊은 애도와 슬픔이 깃들어있습니다.

나나세 이야기를 다 쓰고나서 깨달았지만 저에게 마녀 이야기는 하루하루를 소중히 여기며 열심히 살아가는 이름 모를 거리의 사람들에 대한 사랑이자 공감의 표현이었습니다. 때로는 부조리한 이유로 아무런 보호를 받지 못하고 희생당하는 약자들에 대한 사랑이었습니다. 세상의 약자인 보통사람들을 끌어안아주고, 그들의 생애를 기리고 축복해주고 싶은 마음이었습니다.

세상에는 수많은 사람들이 살고 있습니다. 소소한 꿈을 꾸는 사람도 있고, 큰 꿈을 가진 사람도 있습니다. 사람들은 가족이나 이웃을 사랑하고, 그들의 행복을 기원하고, 울고 웃기도 하고, 화를 내기도 하며 살아갑니다.

사람들은 누구나 주어진 생을 살게 됩니다. 직물을 구성하는 한 가닥의 실처럼 사람들은 정성을 기울여 인생이라는 직물을 완성해 갑니다.

직물은 하나하나의 실이고, 한 가닥의 실에는 인생이 들어있습니다. 우리는 주변에 웃고 울고 사랑하고 꿈꾸며 살아온 누군가가 있었다는 사실을 의식하지 않습니다. 산업재해와 자연재해로 잔혹하게 생을 마친 사람들도 있습니다.

마녀가 상처받고 쓰러진 인간들을 끌어안아주고 지켜주려 했지만 끝내 뜻을 이루지 못해 울었듯이, 마녀 나나세도 인간의 불합리한 죽음에 분노하는 한편 지켜주지 못한 자신을 책망합니다.

원고를 다 쓰고나서 다시 읽어보다가 많이 깨달았습니다. 아무런 힘도 없고, 그저 한 줄기 실에 지나지 않는 제가 누군가의 작고 사랑스러운 일상을 축복해주고, 불행하게 쓰러져간 사람들에게 손길을 내밀어주는 이야기였기를 바랍니다.

저는 마법을 부릴 능력이 없습니다. 이 이야기도 언젠가는 잊혀져가겠지요. 이 이야기를 읽은 누군가가 지금까지 살아온 한 가닥 한 가닥의 실을 상상해준다면 제 이야기는 바로 그때 마법으로 바뀔 것이라고 생각합니다.

마법으로 꿈을 지켜주는 수호천사 마녀들

생명을 가진 것들은 영원하지 않고, 소멸을 반복한다. 인간의 생이 끊임없이 뻗어가는 식물이라면 마녀의 생은 광물과도 같다. 아무리 원해도 인간은 인간 이외의 어떤 것도 될 수 없다. 그런 인간에게 천사 같은 존재가 있어 끈을 이어준다면 소멸이 아닐 수도 있을 것이다. 이 소설에서 마녀들은 마법의 기적을 일으켜 그 끈을 연결해준다.

오래된 항구. 마녀가 사는 마을은 현실이지만 현실과는 조금 벗어난 거리에 있다, 그 마을에 들어서면 아무리 걸어도 같은 곳을 걷고 있다. 그러다 어느새 와본 적 없는 길을 걷고 있고, 따뜻한 불빛이 골목을 환하게 비추이고 있다. 이 세상에서 아주 오래 산 마녀가 인간을 위해 밝혀놓은 등불이다. 멈춰 선 골목 끝에 카페 '마녀의 집'이 있다. 마녀들이 사는 집이다. 어두운 주변과는 달리, 불빛에 싸인 그곳의 마녀들은 간절히 염원하는 사람들을 위해 가만히 기적을 걸어 꿈을 이뤄준다. 마녀들은 이 세상 사람이 아닌 영혼들까지도 평온하게 이끌어준다. 인간보다 훨씬 오래 사는 마녀들은 인간 가까이에 살며, 만나고 헤어짐을 거듭하며 살아간다.

170세의 아직 젊은 마녀 나나세와 사역마 고양이, 그리고 베테랑 마녀 니콜라. 그렇게 사람들 속에 스며들어 인간들과 어울려 살며 여행을 계속하는 두 마녀를 중심으로 이야기가 전개된다. 기억을 망각하는 인간들과는 달리 마녀들은 모든 것을 간직한 채 오래오래 혼자 살아간다. 인간의 10년이 마녀들에게는 1년의 시간이다. 마녀들은 인간이 늙어 죽는 것을 수없이 봐왔다. 마녀들은 인간을 먼저 떠나보낼 때마다 애절하고 슬프다. 그들과의 사랑과 우정도 한 순간의 꿈처럼 허무하다. 하지만 마녀들은 그 사람들을 위해 알아채지 못하게 가만히 다가가 마법을 걸고 기적을 일으킨다. 그렇게 인간의 생명을 살리고 그들의 행복을 위해 소리 없이 도와준다.

각각의 이야기에서 사람보다 오랜 세월을 살아야 하는 마녀들의 슬픔도 느껴진다. 이 소설의 마녀들은 인간을 좋아하며 인간

사회에서 살아가지만, 그 속에 녹아들지 못하여 고독을 느끼기도
한다.

어려서부터 우리가 접해온 마녀들은 〈헨젤과 그레텔〉, 〈잠
자는 숲속의 미녀〉에서와 같이 주로 악역이었다. 그러나 이 소설
속 마녀들은 한결같이 깊은 감동을 주는 착한 마녀들이다. 이야
기 속에서 주인공 화가가 아이였을 때 열차사고에서 살아남아, 자
신을 구한 마녀를 천사였다고 말할 정도로 마녀들은 숭고한 존재
들이다. 이야기 속의 마녀도, 고양이도, 인형도, 동물들도, 외로움
과 슬픔을 뼈저리게 느끼고 있기에 인간의 따뜻한 마음을 더욱 소
중히 여긴다.

우리는 달에 토끼가 살고 있다고 믿었던 동심을 어른이 되면서
어딘가에 두고 왔다. 이 책은 상상력이 풍부하고 순수했던 어렸
을 때로 독자를 데려다주는 마법의 빗자루 같은 소설이다. 아이
였을 때 마녀나 요괴, 천사의 존재를 믿었던 독자들이라면 자신의

이야기 같은 느낌이 들 것이다. 이 책의 어느 이야기든 내면에 잠들어 있는 동심을 눈뜨게 해준다. 오래된 바닷가 마을의 정경이 머릿속에 그려지면서 잊고 있었던 감각이 되살아나고, 검은 고양이가 딸린 그 마녀를 어딘가에서 꼭 만날 수 있을 것만 같고, 보이지는 않지만 주변 어딘가에 그런 마녀가 꼭 살고 있을 것만 같을 것이다.

원래 아동문학가였던 저자는 따뜻하고 아름다운 판타지 소설과 시리즈물을 다수 출간했는데, 이번에는 남녀노소가 두루 즐길 수 있는 재미있는 이야기를 만들어냈다. 미야자키 하야오 감독의 지브리 애니메이션을 접할 때처럼, 일본의 연중행사와 전통을 배경으로 이야기가 전개되는데도 자연스럽게 몰입하게 된다.

과학은 마법의 힘을 갖지 않은 인간들에게 주어진 "인공의 마법"이라는 마녀의 말은 놀랍다. 판타지 소설이지만 마녀는 현실적인 관점에서 과학을 말한다. 이 책에서 마법은 만능도 아니고 공격적이지도 않다. 마녀들은 후회도 하고 고통스런 기억이나 슬품, 추억 따위로 힘들어하기도 한다. 세상에 남아 있는 마녀들은 그리 많지 않다. 한때 마법과 기적이 중심이었던 시대가 있었으나 지금은 과학과 기술의 시대가 되었다. 사람들은 이제 마녀의 존재를 믿지 않는다. 과학이 중심축을 이루는 시대가 되면서 신비주의 세계는 발붙일 곳을 잃었다. 이제 얼마 남지 않은 마녀들만이 은밀히 몸을 숨기고 살아간다. 사람들이 어둠을 멀리하고 기적을 믿지 않게 되면서 마녀들은 설자리를 잃었다. 과학이 만들어낸 빛이 세상의 어두운 구석을 환하게 밝히게 되면서 오로지 사람들만이 살 수 있는 곳으로 바뀌었다. 과학은 인간들에게 "인공의 마법"이라고 마녀가 말했지만, 지금 우리 인간들은 과학을 인류 모두의 행복을 위해 사용하고 있을까. 과연 과학이 사람을 구하는 마녀들의 마법을 대신하고 있을까.

마녀나 등장인물들은 하나 같이 주변이 모두 행복해지기를 바라는 마음 따뜻한 존재들이어서 이 소설을 읽고 나면 독자들은 위안을 받고 있다고 느껴질 것이다. 현실이 힘들다 해도 마녀들의 기적 같은 힘에 이끌려 좋은 꿈을 꿀 수 있을 것만 같다. 어쩌면 우리에게는 수호천사 같은 마녀가 한 명쯤 뒤를 봐주고 있을지도 모른다.

인간의 꿈을 지켜주는 마녀들의 진혼곡 같은 이야기도 큰 감동을 준다. 죽은 자들도 니콜라의 카페를 찾아와서 살았을 때의 추억을 이야기한다. 때로는 자신이 죽은 것조차 알아차리지 못하는 귀신도 있다. 마녀는 위험에 빠진 인간을 구하기도 하지만, 길 잃은 영혼들과 소통하여 그 영혼들에게 가야할 길을 인도해주기도 한다. 이 소설을 읽고 있으면 마녀의 마법을 빌어서 이 세상을 떠난 자신의 소중한 사람들과 한 순간만이라도 만나고 싶어질 것이다. 사랑하는 사람을 저 세상으로 떠나보내고 슬퍼하는 이들에게 마녀는 "영혼은 사라지는 것이 아니라 이 세상에 녹아있다"라고 알려준다. 소중한 사람을 떠나보내고 상실감으로 슬퍼하는 사람들에게 이 얼마나 큰 위로의 말인가. 마녀가 등장하는 판타지 소설이지만 이처럼 깊은 감동을 주는 이야기로 가득하다.

저자가 '후기'에서 "아무런 힘도 없고, 역사도 바꿀 수 없고, 그저 한 줄기 실에 지나지 않는 제가 누군가의 작고 사랑스러운 일상을 축복해주고, 불행하게 쓰러지는 사람들에게 손길을 내밀어주는 이야기였기를 바랍니다. 저는 마법을 부릴 능력도 없습니다. 이 이야기도 언젠가는 잊혀져가겠지요. 이 이야기를 읽은 누군가가 지금까지 살아온 한 가닥 한 가닥의 실을 상상해준다면 제 이야기는 바로 그때 마법으로 바뀔 것이라고 생각합니다."라고 썼듯이, 자신의 삶을 소중히 여기며 최선을 다해 살아간다면 언젠가 기적 같은 삶으로 바뀌지 않을까. 그렇게 생각하면 지금은 깜깜한 어둠 속을 걷는다 해도 용기 내어 나아갈 수 있으리라.

이 소설을 읽는 당신의 주변에도 아무도 알아채지 못하게 마녀가 살고 있을지도 모른다. 이웃집에 당신이 모르는 사이에 이사와 있는 낯선 주민, 그리고 항상 웃는 얼굴이었지만 한두 마디밖에 대화를 나누지 않았는데 어느새 어디론가 이사가버린 그 이웃이 바로 마녀였을지도 모른다.

천사 같은 마녀가 가까이에 살고 있고, 그 마녀가 자신을 지켜 준다고 생각하면 마음이 든든해질 것이다. 어딘가에서 인간 세상을 위해 애쓰고 있는 그런 마녀들 덕분에 더 나은 세상이 오지 않을까 기대감마저 생긴다.

이 소설은 한국 독자의 정서에 맞춰 내용을 약간 수정했음을 밝혀둔다.

기적 같고, 행복의 부적 같은 이 소설이 한국의 독자들에게도 많이 사랑받기를 바란다.

한성례

마녀는 꿈을 지킨다

초판 1쇄 인쇄일 ㅣ 2021년 7월 20일   초판 1쇄 발행일 ㅣ 2021년 7월 25일

지은이   ㅣ 무라야마 사키
옮긴이   ㅣ 한성례
펴낸이   ㅣ 강창용
편 집   ㅣ 신선숙, 강동균, 강석호
디자인   ㅣ 가혜순
영 업   ㅣ 최대현

펴낸곳   ㅣ 씨큐브
출판등록 ㅣ 1998년 5월 16일 제10-1588
주 소   ㅣ 경기도 고양시 일산동구 중앙로 1233(현대타운빌) 302호
전 화   ㅣ (代)031-932-7474
팩 스   ㅣ 031-932-5962
이메일   ㅣ feelbooks@naver.com

ISBN   979-11-6195-139-3   03830

씨큐브는 느낌이있는책의 장르 분야 브랜드입니다.